高等职业教育"新形态"精品系列教材·汽车类

汽车传感器与检测技术

主　编　刘春晖　鲁学柱　宋丽玲
副主编　皮邵辉　张北京　崔　珊
参　编　刘宝君　孙长勇　刘逸宁　张洪梅

北京理工大学出版社
BEIJING INSTITUTE OF TECHNOLOGY PRESS

内 容 简 介

本书从实用角度出发,系统、全面地介绍了目前汽车上比较常用的传感器结构、工作原理和检测方法。全书内容共分为九章,分别为汽车传感器概述、位置和角度传感器、气体和液体流量传感器、气体和液体压力传感器、气体浓度传感器、速度传感器、温度传感器、爆震和碰撞传感器以及其他类型传感器。

本书是以图进行讲解,减少了没有必要的文字叙述,内容全面、翔实,实用性强,浅显易懂。本书可作为高职高专院校、高等工科院校汽车类专业教材,也可作为汽车维修、汽车检测及相关技术人员的培训资料或参考书。

版权专有 侵权必究

图书在版编目(CIP)数据

汽车传感器与检测技术 / 刘春晖,鲁学柱,宋丽玲主编 . —北京:北京理工大学出版社,2021.3(2021.5重印)

ISBN 978-7-5682-9591-8

Ⅰ. ①汽… Ⅱ. ①刘… ②鲁… ③宋… Ⅲ. ①汽车-传感器-检测-高等学校-教材 Ⅳ. ①U463.607

中国版本图书馆 CIP 数据核字(2021)第 040208 号

出版发行 /	北京理工大学出版社有限责任公司
社　　址 /	北京市海淀区中关村南大街5号
邮　　编 /	100081
电　　话 /	(010)68914775(总编室)
	(010)82562903(教材售后服务热线)
	(010)68948351(其他图书服务热线)
网　　址 /	http://www.bitpress.com.cn
经　　销 /	全国各地新华书店
印　　刷 /	三河市天利华印刷装订有限公司
开　　本 /	787毫米×1092毫米　1/16
印　　张 /	19
字　　数 /	445千字
版　　次 /	2021年3月第1版　2021年5月第2次印刷
定　　价 /	45.00元
责任编辑 /	陈莉华
文案编辑 /	陈莉华
责任校对 /	周瑞红
责任印制 /	李志强

图书出现印装质量问题,请拨打售后服务热线,本社负责调换

前 言

△ 汽车传感器与检测技术

随着电子技术的发展,为了提高新型汽车的动力性、经济性、安全性、舒适性以及减少排气污染,电子控制技术已在汽车各控制系统中广泛应用。汽车电子控制系统主要包括汽车传感器、电子控制器、执行器三部分。汽车传感器是汽车电子控制系统中至关重要的元件,担负着信息的采集和传输功能,汽车传感器工作性能的好坏,直接关系汽车的运行状况和车辆行驶的安全性、经济性。电子控制器是汽车电子控制系统的核心部件,用于对各传感器及开关等输入信号进行预处理、分析和判断,并根据信号处理的结果输出控制信号,控制执行器工作。

汽车传感器主要用于采集汽车运行的信息,并转换为电信号输入电控单元,为汽车实现自动控制提供参考信息。汽车传感器是汽车电子技术领域研究的核心内容之一。传感器在汽车上的应用从最初的发动机控制系统扩展到汽车的各个系统中,主要涉及发动机电子控制系统、底盘电子控制系统、车身电子控制系统和汽车舒适与安全控制系统。目前,一辆普通家用轿车安装有几十个传感器,而豪华轿车上的传感器数量甚至为几百个。

目前汽车大多采用车载网络共享电子控制系统的"触角"——传感器的信息,汽车传感器性能的好坏会直接影响到相关系统甚至整个汽车的性能。因此掌握汽车传感器的工作原理、安装位置、检测和拆装方法就变得至关重要。

本书以汽车传感器为研究对象,系统讲述了位置和角度传感器、气体和液体流量传感器、气体和液体压力传感器、气体浓度传感器、速度传感器、温度传感器、爆震和碰撞传感器、其他传感器等不同类型的传感器的安装位置、类型、结构原理及检测方法,同时对汽车传感器的常见故障诊断方法进行了系统的总结。本书最大的特点是以图进行讲解,减少了没有必要的文字叙述,同时具有内容新颖、系统性强、实用性强等优点。

本书由山东华宇工学院刘春晖、济南职业学院鲁学柱、泰山职业技术学院宋丽玲担任主编,由济南市技师学院皮邵辉、张北京、山东工业职业学院崔珒担任副主编,参加本书编写工作的还有山东华宇工学院刘宝君、孙长勇、刘逸宁、张洪梅。

由于编者水平有限,书中难免有疏漏和不当之处,恳请广大读者批评指正。

编 者

目 录

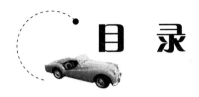

△ 汽车传感器与检测技术

▶ **第一章　汽车传感器概述** ·· 1

　第一节　传感器的分类及组成 ·· 1
　　一、传感器的定义及组成 ·· 2
　　二、汽车传感器的分类 ·· 3
　　三、传感器信号的类型 ·· 3
　第二节　汽车传感器的检测 ·· 7
　　一、传感器检测注意事项 ·· 7
　　二、传感器的检测方法 ·· 7

▶ **第二章　位置和角度传感器** ·· 12

　第一节　节气门位置传感器 ·· 12
　　一、概述 ·· 12
　　二、触点式节气门位置传感器 ·· 14
　　三、线性可变电阻式节气门位置传感器 ······································ 15
　　四、有怠速开关的可变电阻式节气门位置传感器 ······················ 18
　　五、双可变电阻式节气门位置传感器 ·· 19
　　六、霍尔式节气门位置传感器 ·· 21
　　七、速腾节气门控制单元 ·· 26
　　八、智能电子节气门 ·· 32
　　九、感应式节气门位置传感器 ·· 36
　第二节　加速踏板位置传感器 ·· 37
　　一、双可变电阻式加速踏板位置传感器 ······································ 37
　　二、双霍尔式加速踏板位置传感器 ·· 38
　　三、感应式加速踏板位置传感器 ·· 39
　第三节　曲轴位置传感器 ·· 43
　　一、曲轴位置传感器的功用和安装位置 ······································ 43
　　二、磁感应式曲轴位置传感器 ·· 43

三、霍尔式曲轴位置传感器 ··· 47
　　四、光电式曲轴位置传感器 ··· 53
第四节　凸轮轴位置传感器 ·· 55
　　一、概述 ·· 55
　　二、霍尔式凸轮轴位置传感器 ·· 56
　　三、磁阻式凸轮轴位置传感器 ·· 57
　　四、新捷达霍尔式凸轮轴位置传感器检修 ························· 60
第五节　液位传感器 ·· 62
　　一、浮子舌簧开关式液位传感器 ····································· 63
　　二、浮子可变电阻式液位传感器 ····································· 64
　　三、热敏电阻式液位传感器 ··· 67
　　四、电容式液位传感器 ·· 68
　　五、半导体型液位传感器 ·· 71
第六节　转向盘转角传感器 ·· 72
　　一、光电式转向盘转角传感器 ·· 72
　　二、滑动电阻式转向盘转角传感器 ·································· 78
　　三、霍尔式转向盘转角传感器 ·· 78
　　四、各向异性磁阻式转向盘转角传感器 ··························· 78
　　五、磁感应式转向盘转角传感器 ····································· 81
第七节　离合器和制动器踏板位置传感器 ······························ 82
　　一、离合器踏板位置传感器 ··· 82
　　二、制动踏板位置传感器 ·· 86
第八节　其他位置和角度传感器 ·· 87
　　一、水平位置传感器 ··· 87
　　二、电动机械式助力转向电机位置传感器 ························· 89
　　三、进气歧管风门位置传感器 ·· 92
　　四、废气再循环电位计 ·· 94

第三章　气体和液体流量传感器 ·· 96

第一节　热丝式和热阻式空气流量传感器 ······························ 96
　　一、空气流量传感器概述 ·· 96
　　二、热丝式空气流量传感器 ··· 97
　　三、热阻式空气流量传感器 ··· 100
第二节　热膜式空气流量传感器 ·· 100
　　一、热膜式空气流量传感器 ··· 100
　　二、新型热膜式空气流量传感器 ····································· 103
　　三、热膜式空气流量传感器检测 ····································· 108
第三节　液体流量传感器 ·· 112

一、舌簧开关式液体流量传感器 ……………………………………………… 112
　　二、光电式燃油流量传感器 …………………………………………………… 112
　　三、静电式冷媒流量传感器 …………………………………………………… 113

▶ 第四章　气体和液体压力传感器 ………………………………………………… 115

第一节　进气压力传感器 ……………………………………………………… 115
　　一、半导体压敏电阻式传感器 ………………………………………………… 115
　　二、真空膜盒式进气压力传感器 ……………………………………………… 120
　　三、电容式进气压力传感器 …………………………………………………… 122
　　四、表面弹性波式进气压力传感器 …………………………………………… 123

第二节　轮胎压力传感器 ……………………………………………………… 123
　　一、轮胎压力监控系统的结构组成 …………………………………………… 124
　　二、轮胎压力监控系统的工作过程 …………………………………………… 128
　　三、轮胎压力监控系统的功能 ………………………………………………… 128

第三节　座椅占用识别传感器 ………………………………………………… 130
　　一、前乘客侧座椅占用识别传感器 …………………………………………… 130
　　二、座椅占用识别压力传感器 ………………………………………………… 131
　　三、座椅占用识别传感器检测 ………………………………………………… 132

第四节　制动压力传感器 ……………………………………………………… 133
　　一、压阻式制动压力传感器 …………………………………………………… 133
　　二、压电式制动压力传感器 …………………………………………………… 136
　　三、电容式制动压力传感器 …………………………………………………… 137

第五节　其他压力传感器 ……………………………………………………… 139
　　一、机油压力传感器 …………………………………………………………… 139
　　二、大众直喷发动机燃油压力传感器 ………………………………………… 141
　　三、电控柴油机共轨燃油压力传感器 ………………………………………… 142
　　四、制冷剂压力/温度传感器 …………………………………………………… 145
　　五、空调制冷剂高压传感器 …………………………………………………… 146

▶ 第五章　气体浓度传感器 …………………………………………………………… 151

第一节　氧传感器 ……………………………………………………………… 151
　　一、普通氧传感器 ……………………………………………………………… 151
　　二、宽域氧传感器 ……………………………………………………………… 158

第二节　氮氧化物（NO_x）传感器 …………………………………………… 163
　　一、结构 ………………………………………………………………………… 163
　　二、工作原理 …………………………………………………………………… 164
　　三、安装位置与功能 …………………………………………………………… 167

第三节　空气质量传感器 ……………………………………………………… 168

一、安装位置和作用 ··· 168
　　二、工作原理 ··· 169
　　三、功能 ··· 169
　　四、检测 ··· 170
第四节　烟雾浓度传感器 ·· 171
　　一、结构与工作原理 ··· 171
　　二、检测 ··· 172

第六章　速度传感器 ·· 174

第一节　发动机转速传感器 ·· 174
　　一、柴油发动机转速传感器 ··· 174
　　二、舌簧开关式发动机转速传感器 ··· 176
　　三、具有转动方向识别功能的发动机转速传感器 ······································· 178
第二节　车速传感器 ·· 180
　　一、舌簧开关式车速传感器 ··· 180
　　二、电磁感应式车速传感器 ··· 182
　　三、光电式车速传感器 ··· 183
　　四、霍尔式车速传感器 ··· 184
　　五、磁阻元件式车速传感器 ··· 186
第三节　轮速传感器 ·· 189
　　一、磁感应式轮速传感器 ··· 190
　　二、磁阻式轮速传感器 ··· 193
　　三、霍尔式轮速传感器 ··· 196
　　四、新型霍尔式轮速传感器 ··· 198
　　五、新型主动型 ABS 轮速传感器 ·· 200
第四节　组合式加速度传感器 ·· 202
　　一、组合式加速度传感器概述 ··· 202
　　二、组合式加速度传感器检测 ··· 204
第五节　加速度与减速度传感器 ·· 205
　　一、纵向加速度传感器 ··· 205
　　二、横向加速度传感器 ··· 206
　　三、奥迪 A8 加速度传感器 ··· 208
　　四、横摆率传感器和线性 G 传感器 ·· 210

第七章　温度传感器 ·· 211

第一节　发动机用温度传感器 ·· 211
　　一、温度传感器的类型 ··· 211
　　二、进气温度传感器 ··· 212

三、冷却液温度传感器 …………………………………………………………… 216
　　四、排气温度传感器 ……………………………………………………………… 219
　　五、EGR 监测温度传感器 ………………………………………………………… 221
　　六、燃油温度传感器 ……………………………………………………………… 222
　　七、机油温度传感器 ……………………………………………………………… 223
　第二节　电动汽车用温度传感器 ……………………………………………………… 224
　　一、HV 蓄电池温度传感器 ……………………………………………………… 224
　　二、HV 蓄电池进气温度传感器 ………………………………………………… 225
　　三、辅助蓄电池温度传感器 ……………………………………………………… 226
　　四、混合动力系统马达温度传感器 ……………………………………………… 227
　第三节　汽车空调用温度传感器 ……………………………………………………… 229
　　一、仪表板温度传感器 …………………………………………………………… 229
　　二、车外温度传感器 ……………………………………………………………… 230
　　三、蒸发器出口温度传感器 ……………………………………………………… 232
　　四、新鲜空气进气道温度传感器 ………………………………………………… 237
　　五、脚坑出风口温度传感器 ……………………………………………………… 237
　第四节　热敏铁氧体温度传感器 ……………………………………………………… 238
　　一、结构与工作原理 ……………………………………………………………… 238
　　二、传感器的检测 ………………………………………………………………… 239
　第五节　其他温度传感器 ……………………………………………………………… 240
　　一、自动变速器油温传感器 ……………………………………………………… 240
　　二、冷却液温度表 ………………………………………………………………… 241

▶ 第八章　爆震和碰撞传感器 ……………………………………………………………… 245

　第一节　爆震传感器 …………………………………………………………………… 245
　　一、发动机爆震的检测方法、功用及分类 ……………………………………… 245
　　二、磁致伸缩式爆震传感器 ……………………………………………………… 247
　　三、压电式爆震传感器 …………………………………………………………… 249
　　四、爆震传感器的检测 …………………………………………………………… 250
　第二节　碰撞传感器 …………………………………………………………………… 252
　　一、碰撞传感器的分类 …………………………………………………………… 252
　　二、机电结合式碰撞传感器 ……………………………………………………… 253
　　三、水银开关式碰撞传感器 ……………………………………………………… 255
　　四、电子式碰撞传感器 …………………………………………………………… 256
　　五、碰撞传感器检测 ……………………………………………………………… 258

▶ 第九章　其他类型传感器 …………………………………………………………………… 260

　第一节　智能型蓄电池传感器 ………………………………………………………… 260

  一、工作原理 ………………………………………………………………… 260
  二、结构、安装位置 ………………………………………………………… 260
  三、IBS 功能 ………………………………………………………………… 262
  四、电子分析装置 …………………………………………………………… 262
 第二节 扭矩传感器 …………………………………………………………… 263
  一、新皇冠电控助力转向系统结构 ………………………………………… 263
  二、电控助力转向系统基本工作原理 ……………………………………… 267
 第三节 空气湿度传感器 ……………………………………………………… 268
  一、安装位置和作用 ………………………………………………………… 268
  二、空气湿度的测量 ………………………………………………………… 269
  三、传感器的温度测量 ……………………………………………………… 270
  四、空气湿度传感器电路图 ………………………………………………… 271
 第四节 日照光电传感器 ……………………………………………………… 271
  一、结构 ……………………………………………………………………… 271
  二、原理 ……………………………………………………………………… 272
  三、检测 ……………………………………………………………………… 273
 第五节 其他传感器 …………………………………………………………… 274
  一、车身高度传感器 ………………………………………………………… 274
  二、车身加速传感器 ………………………………………………………… 276
  三、主动巡航控制传感器 …………………………………………………… 277
  四、燃油油面高度传感器 …………………………………………………… 280
  五、GPS 导航转角传感器 ………………………………………………… 281
  六、偏转率传感器 …………………………………………………………… 283
  七、玻璃破碎传感器 ………………………………………………………… 285

▶ 参考文献 ……………………………………………………………………… 287

第一章 汽车传感器概述

△ 汽车传感器与检测技术

第一节 传感器的分类及组成

汽车电子控制系统的功用是提高汽车的整体性能，包括动力性、经济性、安全性、舒适性、操纵性、通过性以及排放性等。虽然汽车车型不同、档次不同，采用电子控制系统的功能和多少也不尽相同，但是汽车电子控制系统的基本结构都是由传感器（传感元件与开关信号）、电控单元（Electronic Control Unit，ECU）和执行器（执行元件）三部分组成的，这是电子控制系统的共同特点。汽车电子控制系统的基本结构如图 1-1 所示，汽车电控系统的传感器与执行器在发动机上的分布如图 1-2～图 1-4 所示。

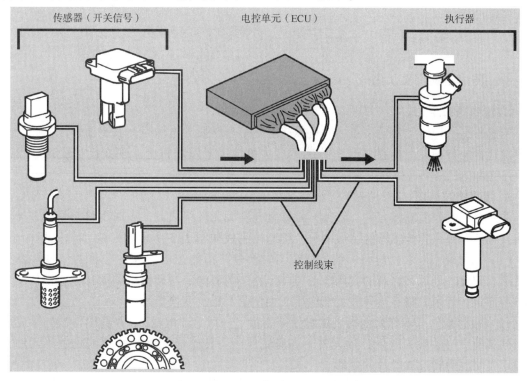

图 1-1 汽车电子控制系统的基本结构

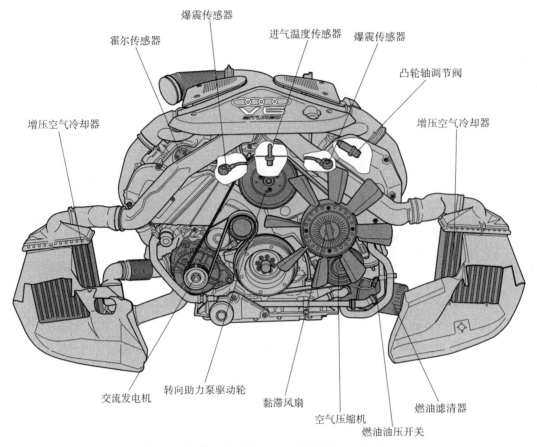

图 1-2 发动机传感器、执行器的分布（前视图）

一、传感器的定义及组成

1. 传感器的定义

传感器是一种信号转化装置，它可以将非电信号转换为电信号，其主要作用是向汽车电脑提供运行的各种工况信息。汽车传感器过去单纯用于发动机上，现在已扩展到底盘、车身、灯光和电气等各个系统。

2. 传感器的组成

传感器一般是由敏感元件、转换元件和其他辅助元件组成的。有时也将信号调节与转换电路及辅助电源作为传感器的组成部分。传感器组成如图 1-5 所示。

（1）信号调节与转换电路。信号调节与转换电路指能把传感元件输出的信号转换为便于显示、记录、处理和控制的有用电信号的电路，信号调节与转换电路的选择要视传感元件的类型而定，常用电路有信号放大器电桥、振荡器、阻抗变换器等。

（2）敏感元件。敏感元件指直接感受被测量（一般为非电量），并输出与被测量成确定关系的其他量（一般为电量）的元件。如应变式压力传感器的弹性膜片就是敏感元件，它的作用是将压力转换成膜片的变形。

（3）转换元件。转换元件指传感器中能将敏感元件感受（或响应）的被测量转换成适

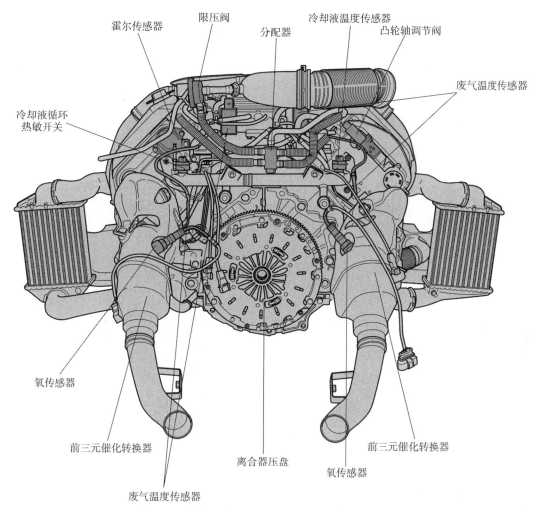

图 1-3 发动机传感器、执行器的分布（后视图）

合传输和（或）测量的电信号部分。当输出为规定的标准信号时，则一般称为变送器，又称转换器，一般情况下不直接接收被测量，而是将敏感元件输出的量转换为电量输出。如应变式压力传感器的应变片，它的作用是将弹性膜片的变形转换为电阻值的变化。

二、汽车传感器的分类

汽车传感器的种类很多，且一种被测参数可用多种不同类型的传感器来测量，而同种传感器往往也可以测量多种被测参数。传感器的分类有多种方法，常见的分类方法如图 1-6 所示。

三、传感器信号的类型

汽车上传感器的电子信号可以分为直流、交流、频率调制、脉宽调制和串行数据信号。电子信号是控制系统中各个传感器、控制电脑和其他设备之间相互通信的基本语言，电子信号各有不同的特点，用于不同的通信目的。

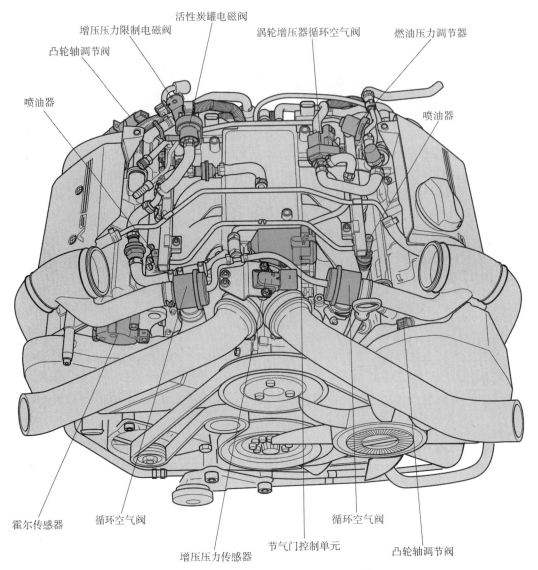

图1-4 发动机传感器、执行器的分布（上视图）

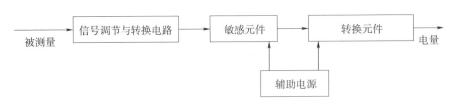

图1-5 传感器的组成

1. 直流（DC）信号

在任何周期，方向不随时间变化的电压、电流信号属于直流信号。直流信号可以分为恒压直流信号和非恒压直流信号两种。在汽车中产生恒压直流信号的电源装置有蓄电池电压和控制电脑PCM输出的传感器参考电压。图1-7所示是非恒压直流信号波形。

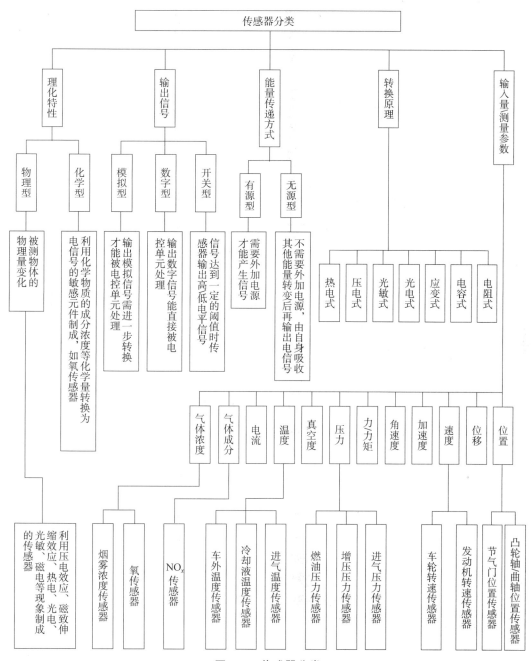

图 1-6 传感器分类

2. 交流（AC）信号

大小和方向随时间变化的信号属于交流信号。在汽车中产生交流信号的传感器主要是磁电传感器和爆震传感器等。图 1-8 所示是磁电传感器产生的交流信号波形。

3. 频率调制信号

保持波的幅度恒定而改变频率称为频率调制。在汽车中产生可变频率信号的传感器主要是光电传感器和霍尔传感器。

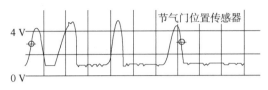

图 1-7 非恒压直流信号波形

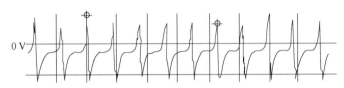

图 1-8 磁电传感器产生的交流信号波形

4. 串行数据信号

串行数据信号是按时序逐位将组成数据和字符的码元予以传输的信号。串行数据传输，所需通信线少，串行传送的速度低，但传送的距离可以很长，因此串行适用于距离长而速度要求不高的场合。若汽车中具备有自诊断能力和其他串行数据传送能力的控制模块，则串行数据是由发动机控制电脑（PCM）、车身控制电脑（BCM）、防盗和防滑制动系统（ABS）或其控制模块产生，以及配备自我诊断的各种电脑之间传递的信号。

在汽车发动机控制电脑和其他电子智能设备中用来通信的串行数字信号是最复杂的信号，在实际中，要用专门的解码器读取。发动机冷却液温度传感器故障时 PCM 输出的串行数据信号波形如图 1-9 所示。

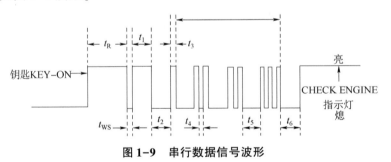

图 1-9 串行数据信号波形

5. 脉宽调制信号

脉冲宽度调制（PWM）简称脉宽调制。脉宽调制信号就是经过脉冲宽度调制的信号。脉冲宽度就是在一个周期内元件持续的工作时间，脉宽信号波形如图 1-10 所示。

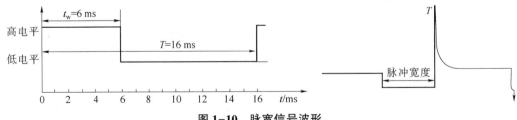

图 1-10 脉宽信号波形

第二节 汽车传感器的检测

一、传感器检测注意事项

（1）除在测试过程中特殊指明外，不能用指针式万用表测试ECU及传感器，应使用高阻抗数字式万用表或车用专用万用表进行测试。禁止使用"划火法"来检查晶体管电路的通、断状况。不要用普通试灯法去测试任何和ECU相连接的电气装置，以防止晶体管损坏，脉冲电路应采用LED灯或示波器检查。

（2）电控系统中，故障多的不是ECU、传感器和执行部件，而是连接器。连接器常会因松旷、脱焊、烧蚀、锈蚀和脏污而接触不良或瞬时短路，因此当出现故障时不要轻易地更换电子器件，而应首先检查连接器的状况。

（3）蓄电池搭铁极性切不可接错，必须负极搭铁。严禁在发动机高速转动时将蓄电池从电路中断开，以防产生瞬时过电压将ECU和传感器损坏。

（4）在点火开关接通的情况下，不要进行断开任何电气设备的操作，以免电路中产生的感应电动势损坏电子元件。

（5）当断开蓄电池时需注意这样几点：一是必须关闭点火开关，如果在点火开关接通的状态下断开蓄电池连接，电路中的自感电动势会对电子元器件有击穿的危险；二是检查自诊断故障码是否存在，若有故障码，应记下代码后再断开蓄电池；三是断开蓄电池前，应牢记带防盗码的音响设备的编码，否则下次使用时，音响系统自锁会影响使用。

（6）检修氧传感器时，要注意不要让氧传感器跌落碰撞到其他物体，不要用水冷却。换氧传感器时，一定要用专用的防粘胶液刷涂螺纹，以免下次拆卸困难。

（7）注意屏蔽线。对电磁式凸轮轴位置传感器输出信号情况，仅通过测量电压或电阻来确定其好坏是不全面的。有很多电磁式传感器测量电阻电压都正常，但线路屏蔽不好也会导致故障。

（8）跨接起动其他车辆或用其他车辆跨接本车时，需先关闭点火开关，才能拆装跨接线。

（9）在拆卸或安装电感性传感器时，应将点火开关断开，以防止其自感电动势损伤ECU和产生新的故障。

二、传感器的检测方法

1. 故障征兆现象判断法

依据故障征兆，运用经验判断，是最直观、最简单的解决车辆故障和判断传感器好坏的方法之一。但其有两个缺点：一是经验积累时间长，短时间内不可能达到很高水平；二是判断结果准确率低，误判的可能性较大。

例如，在维修大众车系发动机时，如果出现发动机油耗和排气污染增加，发动机出现怠速不稳、缺火、喘振等故障现象，则很大可能是氧传感器出现故障。这是因为：一是从车型来看，该车型出现氧传感器故障的概率比较高；二是从现象上来看，氧传感器出现故障，将使电子燃油喷射系统的电脑不能得到排气管中氧浓度的信息,因而不能对空燃比进行反馈控制,从而出现上述症状。

2. 替代法

替代法就是对可疑传感器,通过试换的方法来查找故障,又称试换法。

替代法可确定故障部位或缩小故障范围,但不一定能确定故障原因。在检修传感器时,最好使用相同车型、相同年款、相同型号和相同规格的传感器,暂时替代有疑问的传感器。替代后若故障现象消失,说明该故障并不是因为传感器而引起,故障在其他部分。

使用替代法检验传感器的好坏,简单又直接,但要求有一定的维修经验和可以用来替换的正常传感器。替换时需要注意两点:一是不能用不同输出特性的传感器来替代,容易引起错误判断;二是不要绝对地认为新的零件就是好的零件,最终导致误判,因为有的新零件本身就是坏的。

3. 测试灯检测法

测试灯有自制的测试灯和检测专用的测试灯,可以自带电源,也可以不带电源。自制的测试灯可以用发光二极管(LED)外接300~500 Ω电阻串联制成,汽车测试灯如图1-11所示。测试灯主要有以下几个功能。

(1)检查传感器、电控元件本体或连接电路的通断。

(2)检测传感器参考电压供给是否正常。

(3)根据测试灯发光二极管频闪信号,可以检查传感器是否有脉冲输出,或ECU是否有执行信号输出。

4. 万用表检测法

汽车上使用万用表,除了早期手工调码读取故障码时要求使用指针式万用表,一般都不主张使用指针式万用表,甚至在检测某些元件,特别是半导体元件、有关ECU电路时,强调必须使用数字式万用表。这是因为数字式万用表阻抗大,通过元器件的电流小,可以避免在测量时烧毁其他元器件。

(1)电阻检测法。电阻检测法主要用于可变电阻、电位计传感器、磁电传感器电阻的检测,对于半导体元件,一般要与标准元件的测量值进行对比才能得出结论。例如,对磁电式轮速传感器,可以用欧姆表检查其电阻值,一般在室温时,电阻在600~2 300 Ω范围内为正常。电阻太小为线圈短路;电阻过大为连接不良;电阻非常大为断路;线圈与外壳导通为搭铁。万用表检测轮速传感器如图1-12所示。

图1-11 汽车测试灯

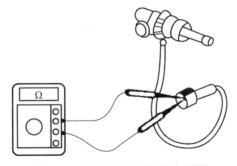

图1-12 万用表检测轮速传感器

（2）电压检测法。对于有源传感器，由于工作时自身可以产生电压，因此可以使用电压检测法来检测传感器工作是否正常。例如，氧传感器、磁电式曲轴位置/凸轮轴位置传感器、爆震传感器等。仍以 ABS 用磁电式轮速传感器为例，拆开 ABS ECU 接线插座或拔下轮速传感器的接线插头，使被测车轮以 1 r/s 的速度转动时，使用万用表交流 mV 挡，测量各车轮的轮速传感器对应端子间的电压时，万用表指示值应为 70 mV 以上。若测量值低于规定值，原因可能是传感器与轮齿的间隙过大或传感器本身有问题，需要更换新件。

（3）电流检测法。电流检测法主要用于产生电流调制信号的新型集成电路传感器，如主动型轮速传感器，通过万用表也可以对传感器进行检测，其线路连接如图 1-13 所示。将万用表拨至量程在 200 mA 以上的电流挡处，将表笔串在其中一根输出线上，另一根输出正常接线（指针式万用表要注意极性），接通汽车电路使 ABS 系统通电，用手缓慢转动传感器安装侧的车轮，正常情况下，电流指示应在 7~14 mA 来回波动。如果读数值只固定在 7 mA 或 14 mA 上，同时调整空气间隙无效时，则说明传感器失效。另外，如果接通电路后电流数值直接显示为 0 或 100 mA 以上时，在确认万用表接线无误后，可以判定传感器已经断线或短路。

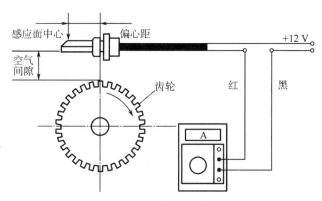

图 1-13 电流检测法检测主动型轮速传感器

5. 解码检测法

读取与清除故障码是解码器（图 1-14）的主要功能，因此很容易判断出故障的大致方向和部位，为传感器的检测和排查提供了方向，但有以下几点需要注意。

（1）并不是所有的故障都会出现故障码。例如，由于三菱 V73 的 6 线式步进电机是 ECU 以脉冲方式进行控制的，没有监控装置，所以出现故障后，没有故障码。又如，当水温传感器的电阻发生漂移而不准确时，如果电阻总值没有超出规定范围，虽然有故障，但不会显示故障码。

（2）故障码的含义说明需弄清楚是传感器或执行器自身故障还是线路故障；线路故障要分清是短路还是断路，是与电源短路或断路，还是与接地短路或断路等。只有清楚、明白故障码的确切含

图 1-14 道通解码器

义,才能更好地利用故障码排除故障,维修起来也可以少走弯路。

(3) 通过解码器查出的故障码,只是说明某一系统或相关系统有故障,不要看到故障码就断定是该传感器或执行器有故障,就要更换,其他与之相关系统同样会造成同样故障而出现相同的故障码。

例如,在检查 ABS 系统时,如果出现"轮速传感器信号不良"故障码时,不要立即更换轮速传感器,首先要检查电路各连接插头与插座针脚接触是否良好,传感器出发轮是否有脏污、锈蚀、断路或短路等现象,有些安装在车轮上的传感器其磁芯经常会吸附一些制动鼓磨掉的铁屑而导致工作不良,此时只需拆下传感器并清除磁芯上的污垢即可解决问题。同时还要观察感应齿圈是否有变形、缺齿等现象,这些都是导致出现"轮速传感器信号不良"故障码的原因,而轮速传感器本身并不一定损坏。

(4) 要弄清楚是历史性故障码还是当前的故障码以及故障码出现的次数。如果是历史性故障码,就表示故障较早之前出现过,现在不出现了,但在 ECU 里面有一定的存储记忆;而当前故障码则表示是最近出现的故障,当前故障绝大部分和目前出现的系统有很大关系。

例如,大众公司的解码器上故障码前显示"SP"均表示临时的偶发性故障。故障发生的原因不外乎这几种情况:发动机运转或点火钥匙打开的过程中拔下了某个电气插头;或者某个传感器或执行器的插头虚接;是软故障,不是硬故障。

(5) 当读不出故障码但车辆依旧有故障症状,此时要利用解码器的数据流对传感器和执行器进行深入的分析和判断。所谓数据流,简单来说就是电控系统中的一些主要传感器和执行器的当前工作参数值(如发动机转速、蓄电池电压、空气流量、喷油时间、节气门开度、点火提前角、水温等)。在维修过程中,可以通过阅读数据流来分析、发现故障所在,特别是当电控系统无故障码可供参考时,数据流分析就更加重要。每个传感器和执行器在一定条件下的工作参数值是有一定标准范围的,可以通过实际值与标准值的比较来判断某传感器和执行器是否存在异常。

(6) 当参考故障码排除故障后,要利用解码器来清除故障码,也就是从 ECU 内部记忆体中清除其故障码记忆,并在发动机运转一段时间后(有条件的,可以进行路试),再通过解码器来测试是否还会出现相似的故障现象,或者存储同样的故障码。

6. 示波器检测法

图 1-15 带有示波功能的大众 VAS053

示波器(图 1-15)主要用来显示控制系统中输入、输出信号的电压波形,以供维修人员根据波形来分析判断电控系统故障。示波器比一般电子设备的显示速度快,是唯一能显示瞬时波形的检测仪器,是电控系统故障诊断中的重要设备。示波器检测是最准确、最直观的检测方法,可以将传感器的输出电流或电压以波形的形式显示出来,也是传感器等电气元件检测的发展方向。

仍以上述主动型轮速传感器为例,将示波器的信号输入接线分别接在传感器输出端与信号处理电路的接地端(注意区分传感器电源端进线及信号输出端),接通汽车电路使系统通电,此时用手缓慢转动传感器安装侧的车轮,正常情况下,示波器应显示出方形脉冲波形,如图 1-16 所示。如果没有脉冲波形或与波形不一致，则要调整传感器的安装空气间隙，如果调整后仍没有脉冲波形，则说明传感器失效，需要更换传感器。

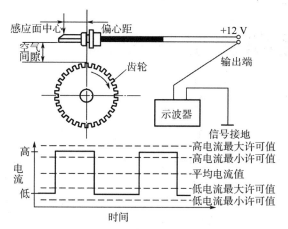

图 1-16　用示波器法检测主动型轮速传感器

第二章 位置和角度传感器

用来测量元件运转或运动所处位置的传感器称为位置传感器或者角度传感器。位置和角度传感器的类型有很多,主要有节气门位置传感器、加速踏板位置传感器、曲轴位置传感器、凸轮轴位置传感器、水平位置传感器、离合器位置传感器、电动机械式助力转向电机位置传感器、液位传感器、进气歧管风门位置传感器等。

第一节 节气门位置传感器

一、概述

发动机工况(如起动、怠速、加速、减速、小负荷和大负荷)不同,对混合气浓度的要求也不相同,发动机各工况对可燃混合气浓度的要求如表2-1所示。节气门由驾驶员通过加速踏板来操纵,以改变发动机的进气量,从而控制发动机的运转。不同的节气门开度标志着发动机的不同运转工况。为了使喷油量满足不同工况的要求,电子控制燃油喷射系统在节气门体上装有节气门位置传感器(Throttle Position Sensor, TPS),其外形及安装位置如图2-1所示。

表2-1 发动机各工况对可燃混合气浓度的要求

工况	过量空气系数α	性质	原因
冷起动	0.2~0.6	浓	冷起动是指发动机在冷车状态下的起动。起动时转速低,进气流速和温度都较低,雾化和汽化条件差。发动机温度越低,冷起动时所要求的混合气越浓
暖机	浓度随温度升高而减小	浓	暖机工况是指发动机冷起动后,发动机逐渐热车至正常工作温度的怠速工作过程。此时应提供较浓的混合气,随着发动机温度逐渐升高,混合气浓度应逐渐减小
怠速	0.6~0.8	浓	怠速时进入气缸内的混合气少,而残留在气缸中的废气所占的比例较大,不利于燃烧
小负荷	0.7~0.9	稍浓	和怠速工况类似,混合气浓度随节气门开度增加而减小

续表

工况	过量空气系数 α	性质	原因
中负荷	0.9~1.1	经济或理论	中等负荷工况是指节气门开度在25%~85%范围内的各种转速工况。在此工况下，由于节气门开度较大，燃烧条件好，如果只考虑发动机燃料的经济性，应供给较稀的经济混合气。但在当前发动机压缩比较大的情况下，稀混合气容易产生过多的氮氧化合物，同时为保证排气管中的三元催化转化器能正常发挥作用，在中等负荷工况下也通常使用理论混合气
大负荷和全负荷	0.85~0.95	功率	当汽车上坡或加速时，驾驶员常将加速踏板踩下，使节气门全开或接近全开，这种工况称为大负荷或全负荷。此时为保证发动机能发出尽可能大的功率，应供给较浓的功率混合气
加速	0.6~0.8	浓	加速工况是指驾驶员猛踩加速踏板，使节气门突然开大的过程。此时进入发动机气缸的空气突然增加，由于汽油的运动惯性比空气大，其雾化和蒸发也需要一定的时间，为保证进入气缸的混合气不至于瞬时变稀，应在节气门急剧开大的过程中，及时加浓混合气，满足发动机加速的需要

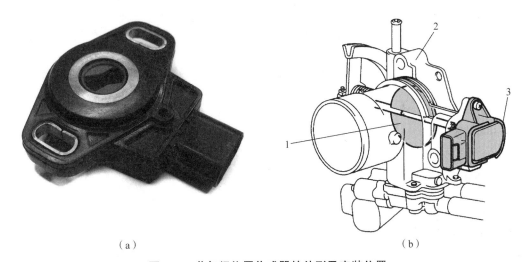

（a）　　　　　　　　　　　　　　　（b）

图 2-1　节气门位置传感器的外形及安装位置

（a）外形；（b）安装位置

1—节气门；2—节气门体；3—节气门位置传感器

1. 功用

在发动机电控燃油喷射系统中，节气门位置传感器的作用主要是将节气门开度以及节气门开度变化的快慢转变为电信号输入发动机 ECU，用于判别发动机的各种工况，从而控制不同的喷油量和点火正时。在安装电控自动变速器的汽车上，节气门位置传感器信号是变速器换挡和变矩器锁止时的主要信号。在新型智能电子节气门控制系统中，节气门开启角度不再由加速踏板拉索直接进行控制，而是由节气门伺服电动机根据 ECU 信号进行驱动。电子节气门轴上节气门位置传感器用来检测节气门的实际开度,ECU 以此作为反馈信号,实时控制节气门伺服电动机,对节气门开度做出适当的调整。

2. 类型

传统拉索控制式节气门配备的节气门位置传感器常见的类型有触点式、线性可变电阻式和带怠速开关的可变电阻式三种。新型智能电子节气门控制系统所用的节气门位置传感器,常见的类型有双可变电阻式和线性双霍尔式两种。

二、触点式节气门位置传感器

1. 结构和电路

触点式节气门位置传感器又称为节气门开关。它有两副触点,分别为怠速触点(IDL)和全负荷触点(PSW,又称功率触点)。其结构与电压输出信号如图 2-2 所示,由一个和节气门同轴的凸轮控制两开关触点的开启和闭合。

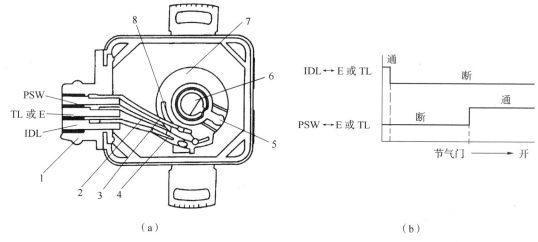

(a)　　　　　　　　　　　　　　(b)

图 2-2　结构与电压输出信号

(a) 结构;(b) 特性

1—连接器;2—动触点;3—全负荷触点;4—怠速触点;5—控制臂;6—节气门轴;7—凸轮;8—槽

2. 输出特性

当节气门处于全关闭的位置时,怠速触点(IDL)闭合,功率触点(PSW)断开,如图 2-3(a)所示,ECU 接收到 TPS 输入的这两个信号时,如果车速传感器输入 ECU 的信号表示车速为零,那么 ECU 将判定发动机处于怠速状态,并控制喷油器增加喷油量,保证发动机怠速转速稳定而不致熄火。如果车速传感器输入 ECU 的信号表示车速不为零,那么 ECU 将判定发动机处于减速状态运行,并控制喷油器停止喷油,以降低排放和提高经济性。

当节气门开度增大时,凸轮随节气门轴转动并将怠速触点(IDL)顶开,如果功率触点(PSW)保持断开状态,ECU 接收到这两个信号时,如图 2-3(b)所示,则判定发动机处于部分负荷状态,此时 ECU 将根据空气流量传感器信号和曲轴转速信号计算确定喷油量,保证发动机的经济性和排放性能。

当节气门接近全部开启(80%以上负荷)时,凸轮转动使功率触点(PSW)闭合,IDL 端子保持断开,如图 2-3(c)所示,ECU 接收到这两个信号时,将判定发动机处于大负荷状态运行,并控制喷油器增加喷油量,保证发动机输出足够的功率,故大负荷触点称为功率触点。在此状态下,控制系统将进入开环控制模式,ECU 不采用氧传感器信号。如果此时空调系统仍在工作,那么 ECU 将中断空调主继电器信号约 15 s,以便切断空调电磁离合器线圈电流,使空调压缩机停止工作,增大发动机的输出功率,提高汽车的动力性。触点式节气门位置传感器与 ECU 的连接线路如图 2-4 所示。

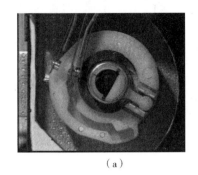
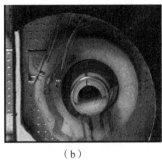
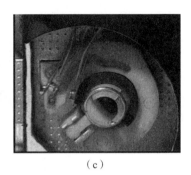

图 2-3　触点式节气门位置传感器的两种状态
(a) 怠速;(b) 部分负荷;(c) 全负荷

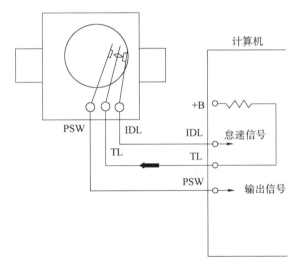

图 2-4　触点式节气门位置传感器与 ECU 的连接(丰田 1G-EU)

三、线性可变电阻式节气门位置传感器

1. 结构原理

线性可变电阻式节气门位置传感器的内部是一个旋转式可变电阻电位器,其滑动触点与节气门轴连接,其组成与控制电路如图 2-5、图 2-6 所示。线性可变电阻式节气门位置传感器的设计避免了开关式节气门位置传感器只能检测发动机怠速工况和全负荷工况的弊端,因此可以获得节气门从全闭到全开连续变化的信号,从而更精确地判断发动机的运行工况。电位器有 3 个接线端子,分别与电位器电阻的两个固定端和滑动触点连接。如果在两个固定端之间外加一个恒定的电压,电位器的 3 个接线端子之间就形成了一个分压电路,当滑动触点

在节气门的带动下转动时,触点在电阻体上的位置发生变化,改变了触点与电位器任一固定端之间的电阻,该端子上的电压便随之发生变化。

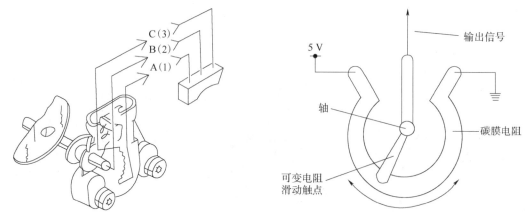

图 2-5　线性可变电阻式节气门位置传感器

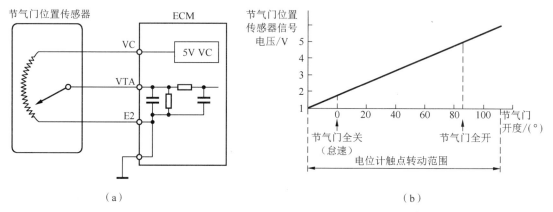

图 2-6　线性可变电阻式节气门位置传感器控制电路

在图 2-6（a）的控制电路中,电位器电阻的两个固定端分别为电源和搭铁端子,来自 ECU 的 5 V 基准电压施加在这两个端子上,电位器的滑动触点则作为传感器的信号端子,ECU 根据该端子上信号的电压值确定节气门的开度,同时通过电压信号的变化获得节气门开度的变化速率。

为保证信号电压和节气门开度之间的线性关系,通常采用可靠性高、工作寿命长、线性度好的线绕电位器,同时使电位器触点的转动范围大于节气门的转动范围,让电位器的实际工作范围处于其线性度最好的中间 70% 左右范围内,ECU 以该工作范围内的最小信号电压值作为判定节气门全关的信号,即怠速信号,将其最大信号电压值作为判定节气门处于全开的信号,即满负荷信号,如图 2-6（b）所示。

为防止电位器的制造加工误差和传感器的安装调整造成节气门开度信号与节气门实际开度之间出现偏差(特别是节气门全关的怠速位置),影响 ECU 对发动机的控制,有些发动机在更换这种节气门位置传感器时,或 ECU 断电后,需使用专用的 ECU 解码器(或检测仪),对节气门的开度进行初始化设置,让 ECU 获得传感器信号的实际最小值和最大值,并将其存储在存储器内,为其将传感器信号电压值转换为节气门的开度,特别是判定怠速、全负荷工况提供参照的标准。

2. 检测

不同型号的节气门位置传感器,其电阻值及输出电压信号值也不完全相同。下面以2008款别克凯越发动机节气门位置传感器为例,说明其检测方法。图2-7所示为2008款别克凯越节气门位置传感器与发动机控制模块的连接电路图。

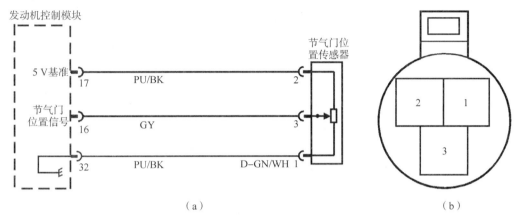

图2-7 2008款别克凯越节气门位置传感器与发动机控制模块的连接电路图
(a)连接电路图;(b)节气门位置传感器插接器端子排列

(1)供电电压及搭铁检测。

将点火开关置于"OFF"位置,拔下传感器插头,再将点火开关置于"ON"位置,用高阻抗数字万用表电压挡测量传感器电线束侧2端子与搭铁之间的电压,该电压值应为+5 V。

用高阻抗数字万用表欧姆挡测量电线束侧1端子与蓄电池负极之间的电阻,该电阻值应为0 Ω。如果测量值不符合要求,则应进一步检查发动机控制模块端子,如果17端子的输出电压为+5 V,32端子与蓄电池负极间的电阻为0 Ω,则说明发动机控制模块工作正常,故障发生在发动机控制模块与TPS的连接线束上,应对线束进行检修。如果发动机控制模块17端子的输出电压不是+5 V,或者32端子与蓄电池负极间的电阻不是0 Ω,则说明发动机控制模块存在故障,应更换新的PCM。插上TPS插头,将点火开关置于"ON"位置,将2端子线束刺破,用数字万用表电压挡测量TPS 2端子与搭铁之间的电压,改变节气门的开度,使节气门处于全开、全闭等任何位置,该电压值应稳定在5 V左右。

(2)阻值和连续性检测。

① 阻值检测。将点火开关置于"OFF"位置,拔下TPS插头,用欧姆表测量2—1、3—1、2—3间的电阻值,该电阻值应符合表2-2的规定。如果测量值不在此范围内,则更换TPS。

② 连续性检测。用万用表电阻挡测量传感器信号端3与搭铁端1间的电阻,该电阻值应随节气门开度逐渐开大而由小到大、平滑地连续变化;否则表明TPS有故障,应予以更换。

(3)输出电压检测。

插上传感器插头,将点火开关置于"ON"位置,用高阻抗数字万用表电压挡测3端子的输出电压。当节气门完全关闭时,该电压应为0.53 V;当节气门缓慢打开时,该电压应在0.5~

4.2V平滑变化。若检查结果与上述规定不符,则表明节气门位置传感器有故障,应予以更换。

表2-2 滑动电阻式节气门位置传感器的电阻值　　　　　　　　　　　kΩ

节气门状态	节气门全闭	节气门全开
A—B	3.98~4.5	3.98~4.5
C—B	1.13~1.36	4.25~4.88
A—C	4.25~4.88	1.13~1.36

四、有怠速开关的可变电阻式节气门位置传感器

1. 结构原理

有怠速开关的可变电阻式节气门位置传感器是在线性可变电阻式节气门位置传感器的基础上设一个怠速触点而成,其结构和原理电路如图2-8所示。这种传感器有两个与节气门轴同轴的触点,一个触点可在电阻器上滑动,并与电阻器形成一个电位计,它将节气门开度值转化为电压值;另一个触点专门用于确定节气门全关位置,提供怠速信号,也称为怠速测量触点(IDL触点)。这是因为滑动电阻构成的电位器所给出的电阻只能反映节气门开度的相对值。对节气门开度的同一位置来说,电位器输出的电压会因温度以及电位器的磨损、节气门的磨损等因素而在一定范围内变化,这样就难以保证节气门开度值的测量精度。设置怠速测量触点后,不仅可以精确地确定怠速工况,还可用此时的电位器输出值对节气门开度值进行校正。

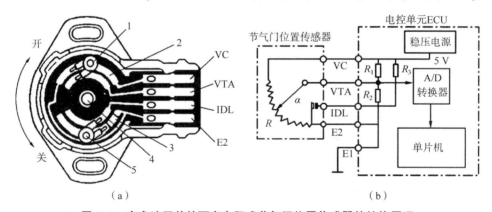

图2-8 有怠速开关的可变电阻式节气门位置传感器的结构原理
(a) 内部结构;(b) 原理电路
1—可变电阻滑动触点;2—电源电压(5V);3—绝缘部件;4—节气门轴;5—怠速触点

有怠速开关的可变电阻式节气门位置传感器与电控单元ECU的线路连接如图2-8(b)所示。传感器内电阻R的两端一直加有ECU输送来的5V电压,动触点α根据节气门开度的状况在电阻R上滑移,由此改变ECU的VTA端子的电压。这一电压信号经A/D转换器变成数字信号,再输入到单片机中去。从图2-8中可以看出,传感器通过VTA、电阻R_2与E2相连,但是因为R_1、R_2都大于R,所以电流的流经途径是VC端子→电阻R→E2端子,VTA端的电位并不受电阻R_1、R_2的影响。

当节气门全闭时,触点闭合,IDL端的电位为0,这样就把节气门全闭这一情况通知给

了 ECU。收到 VTA 端子、IDL 端子传来的信号之后，ECU 根据这些信号判断出车辆的行驶状态，再决定进行过渡时期空燃比修正，或是输出增量修正，或是切断油路，或是进行怠速稳定性修正。

2. 输出特性

组合式 TPS 的输出特性如图 2-9 所示。当节气门关闭或开度很小时，怠速触点闭合，其输出端 IDL 输出低电平（0 V）；当节气门开度稍一变化时，怠速触点断开，输出端 IDL 输出高电平（5 V）。当节气门开度变化时，可变电阻的滑臂便随节气门轴转动，滑臂上的触点便在镀膜电阻上滑动，传感器的输出端子 VTA 与 E2 之间的信号电压随之发生变化，节气门开度越大，输出电压越高。传感器输出的线性信号经过 A/D 转换器转换成数字信号后再输入 ECU。

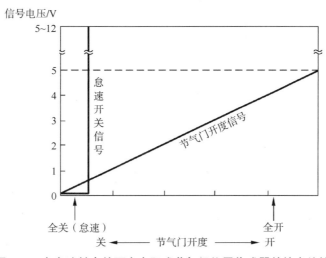

图 2-9　有怠速触点的可变电阻式节气门位置传感器的输出特性

五、双可变电阻式节气门位置传感器

在电子节气门系统（图 2-10）和电控柴油机系统中，一般使用双可变电阻式节气门位置传感器。两个传感器一般都是组合安装，当一个传感器发生故障时能及时被识别，增加了系统的可靠性。从两个传感器输出信号的变化关系来看，双可变电阻式节气门位置传感器有反相式和同相式两种类型，其中同相式双可变电阻式节气门位置传感器又分为同斜率线性变化和不同斜率线性变化两种类型。

1. 结构原理

双可变电阻式节气门位置传感器有 4 个接线端子，其中 2 个分别是两电位器共同的电源端子和搭铁端子，如图 2-11（a）中的 VC 和 E2，另外 2 个端子连接两电位器各自的滑动触点，作为传感器的两个信号端子，如图 2-11（a）中的 VTA1 和

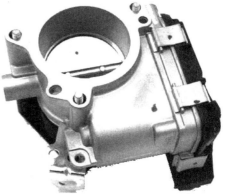

图 2-10　标致雪铁龙电子节气门

VTA2。每个电位器的工作原理和控制电路都与前述的可变电阻式节气门位置传感器完全相同,但两个电位器在相同工作范围内的电阻值有所不同,这使得两滑动触点上的信号电压值产生差异,两者之间形成一定角度(或平行、相交)的两条直线,如图2-11(b)所示。

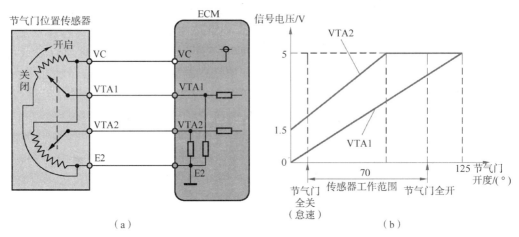

图2-11 双可变电阻式节气门位置传感器的控制电路

这种节气门位置传感器的两个信号不仅可让ECU获知节气门开度,还有利于ECU对该传感器进行故障监测。ECU在发动机工作过程中不断比较这两个信号电压的数值,一旦发现两信号电压的差值(或两信号电压之和)与标准不符,即判定该传感器有故障,立即启动失效保护模式。

2. 爱丽舍节气门位置传感器检修

爱丽舍1.6 L轿车装备的16气门TU5JP4型发动机采用了BOSCH公司电喷系统的智能电子节气门。电子节气门轴上的双节气门位置传感器用来监控节气门的准确开度,节气门位置传感器(两个可变电阻)的滑片与节气门同轴。当节气门转动时,可变电阻滑片同步转动,当加上5 V工作电压后,变化的电阻转化为电压输出信号,可变电阻的输出电压随节气门位置的变化而改变,可使ECU准确感知节气门的开度。由于两个可变电阻是反相安装,因此当节气门位置发生变化时,两路信号电压均呈线性变化,其中一个增加,同时另一个减小。图2-12所示为双可变电阻式节气门位置传感器的端子布置,图2-13所示为双可变电阻式节气门位置传感器的反相输出。

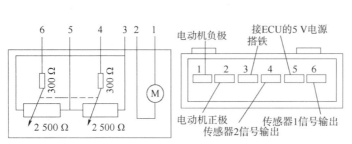

图2-12 双可变电阻式节气门位置传感器的端子布置

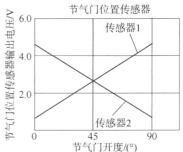

图2-13 双可变电阻式节气门位置传感器的反相输出

综合式节气门位置传感器和双可变电阻式节气门位置传感器的检测,都可以依照滑动电阻式节气门位置传感器的检测方法来进行。

六、霍尔式节气门位置传感器

1. 结构原理

为进一步提高节气门位置传感器的可靠性,现代一些发动机采用了霍尔式节气门位置传感器。这种传感器采用由霍尔元件制成的霍尔式非接触式电位器,取消了接触式的滑动触点,大大提高了电位器的工作寿命。霍尔式节气门位置传感器(图2-14)由固定在壳体上的霍尔元件和随节气门轴转动的永久磁铁组成。永久磁铁固定在节气门轴上,随节气门开度的变化而转动,霍尔元件则固定在永久磁铁的两极中间。来自 ECU 的 5 V 电源施加在片状霍尔元件的一个方向上,在霍尔元件中产生一个恒定的电流。由于霍尔元件固定在永久磁铁产生的磁场中,在垂直于电流方向的两个端面间即产生霍尔电压,该电压即传感器的信号电压,如图 2-15(a)所示。

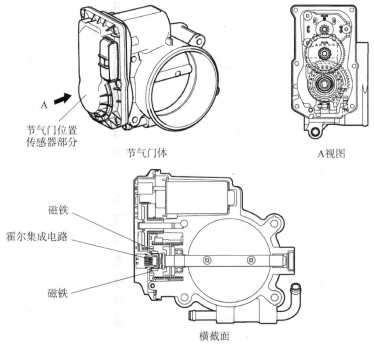

图 2-14 霍尔式节气门位置传感器

当节气门全关时,永久磁铁的磁场方向与霍尔元件之间有较大的夹角,其产生的霍尔电压也较小;当节气门开大时,永久磁铁的磁场方向与霍尔元件之间的夹角逐渐减小,在节气门全开时,磁场垂直于霍尔元件,如图 2-15(b)所示。由于霍尔电压的大小与垂直作用在霍尔元件上的磁场强度成正比,因此在节气门从全关到全开的过程中,传感器即产生与节气门开度成正比的信号电压。

霍尔式节气门位置传感器也可以采用由主、副两个霍尔元件组成的双霍尔式节气门位置传感器,图 2-16 所示为这种传感器的电路图。该传感器有 4 个接线端子,分别是电源端子

(图 2-16（a）中的 VC)、搭铁端子（图 2-16（a）中的 E)、节气门开度信号端子（图 2-16（a）中的 VTA1）和故障监测信号端子（图 2-16（a）中的 VTA2)。其作用原理与双可变电阻式节气门位置传感器的作用原理基本相同。

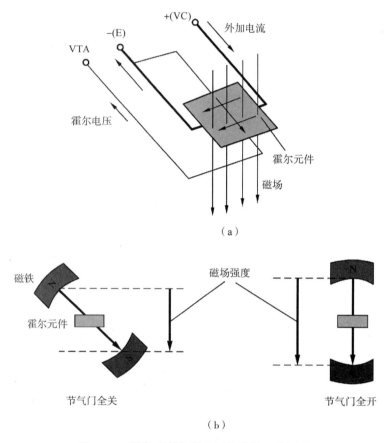

图 2-15　霍尔式节气门位置传感器工作原理

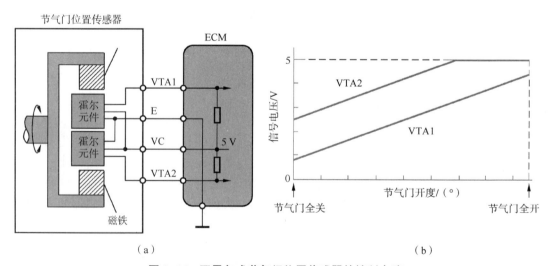

图 2-16　双霍尔式节气门位置传感器的控制电路

2. 检测

以 2008 款三菱格蓝迪为例介绍双霍尔式节气门位置传感器的检测，其内部构造如图 2-17 所示，安装位置如图 2-18 所示。

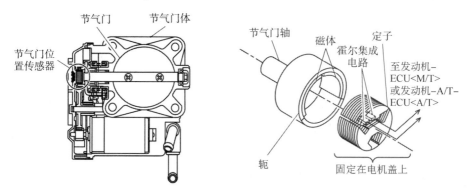

图 2-17 三菱格蓝迪车电子节气门系统用节气门位置传感器内部构造

当节气门全闭时，如图 2-19（a）所示，磁场方向向上，流入霍尔集成电路的磁通量最大，此时，节气门位置传感器电压输出最小。当节气门全开时，如图 2-19（c）所示，磁场方向反相向下，流入霍尔集成电路的磁通量最大。此时，节气门位置传感器电压输出最大。当节气门半开时，如图 2-19（b）所示，磁通量为零，节气门位置传感器输出电压在中间值。节气门位置传感器通过两个系统（主、副）输出，提高了系统测量故障的准确性，增强了故障保护功能，确保了可靠性。其输出特性如图 2-20 所示。

图 2-18 三菱格蓝迪电子节气门系统安装位置

 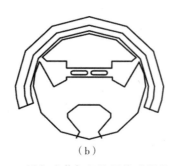 

（a） （b） （c）

图 2-19 霍尔式节气门位置传感器的工作原理

(a) 完全关闭；(b) 打开一半；(c) 完全打开

（1）输入电压检测。节气门位置传感器与 ECU 的连接电路图如图 2-21 所示，依据线路连接图进行检测。关闭点火开关，拔下节气门位置传感器插头，打开点火开关，用万用表电压挡测量线束侧 5 端子，检查是否有 5 V 电压输入。如果没有，则应检查传感器 5 端子与

ECU C-113 中的 106 端子是否导通，如果不导通，则检查线路线束；如果导通，则说明 ECU 没有 5 V 电压输出，应更换 ECU。

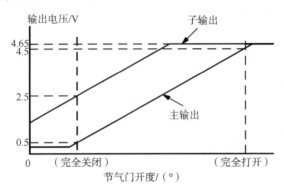

图 2-20 主、副传感器信号输出特性

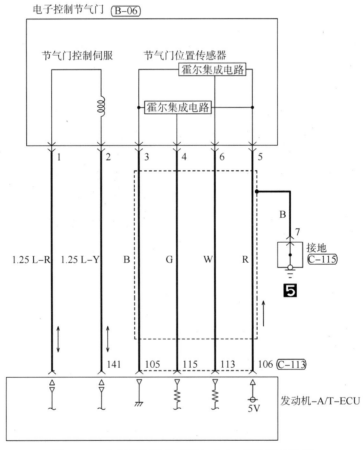

图 2-21 节气门位置传感器与 ECU 的连接电路图

（2）输出电压检测。由于在使用万用表检测传感器的输出电压时，需要配备专用线束三通插头，或刺破信号线，因此，三菱公司推荐使用其专用解码器 MUT-Ⅲ（图 2-22），通过读取数据流从而进行输出电压的检测。将点火开关置于"ON"（副）和读取 79 项节气门位置传感器（主）的电压值，观察电压值是否可以随节气门的打开而同步变大，如果变化不同步或中间有断点，则说明节气门位置传感器线路本身有故障。有关节气门位置传感器的数据流如表 2-3 所示。

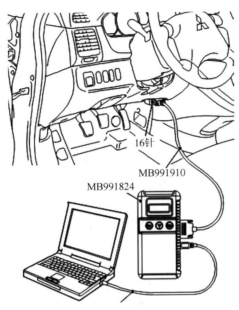

图 2-22　诊断接口位置及专用解码器 MUT-Ⅲ 的连接

表 2-3　有关节气门位置传感器的数据流

项目	位置	工作情况	节气门参数
8A	节气门位置传感器（主）	点火开关置于"ON"位置，用手指完全关闭节气门	0~12%
		点火开关置于"ON"位置，用手指完全打开节气门	75%~100%
9A	节气门位置传感器（主）中间开度学习值	点火开关置于"ON"位置，不论节气门是打开还是关闭	0.8~1.8 V
79	节气门位置传感器（主）	点火开关置于"ON"位置，用手指完全关闭节气门	0.3~0.7 V
		点火开关置于"ON"位置，用手指完全打开节气门	≥4.0 V
14	节气门位置传感器（副）	点火开关置于"ON"位置，用手指完全关闭节气门	2.2~2.8 V
		点火开关置于"ON"位置，用手指完全打开节气门	≥4.0 V

（3）搭铁检测。关闭点火开关，拔下节气门位置传感器插头，打开点火开关，用万用表电压挡测量线束侧 3 端子与蓄电池负极是否导通。正常情况下，应该导通，如果不导通，则应检查线路、接头、ECU。

（4）节气门伺服控制检测。打开点火开关，用万用表电压挡测量线束侧 1 端子与搭铁，检查是否有 12 V 电压输入。如果没有，则应检查传感器 1 端子与 ECU C-113 中的 133 端子是否导通，如果不导通，则检查线路线束；如果导通，则说明 ECU 没有 12 V 电压输出，应更换 ECU。ECU C-113 中的 133 端子和 141 端子间应有 12 V 电压，否则应更换 ECU。

（5）故障码检测。在维修过程中，用三菱专用解码器读出电子节气门系统的故障码，从而准确、快速地判断故障部位，节气门系统故障码如表2-4所示。

表2-4 节气门系统故障码

DTC	故障码含义	DTC	故障码含义
P0122	位置传感器（主）电路输入过低	P1121	节气门控制伺服电动机电源过低
P0123	节气门位置传感器（主）电路输入过高	P1122	节气门控制伺服电动机插接器松脱
P0222	位置传感器（副）电压过低	P2100	节气门控制伺服电路（断路）
P0223	节气门位置传感器（副）电压过高	P2101	节气门控制伺服电动机故障
P0638	节气门控制伺服电路范围/性能故障	P2102	节气门控制伺服电路（低压短路）
P0642	节气门位置传感器电源参考电压过低	P2103	节气门控制伺服电路（高压短路）
P0657	节气门控制伺服继电器电路故障	P2135	（主传感器和副传感器）范围/性能故障

（6）电子节气门系统的初始化。在更换新的节气门体后，或由于节气门阀片区有油污被清洁后，都要进行节气门的自学习，将电子节气门系统进行初始化。具体方法有如下几种。

① 起动发动机，进行暖机，使发动机冷却液温度达到80℃以上。

② 如果发动机冷却液温度已在80℃以上，则不必进行暖机，可直接将点火开关置于"ON"位置。

③ 再把点火开关旋回至"LOCK"位置，停止发动机运转。

④ 在"LOCK"位置停止10 s，然后再次起动发动机，使发动机怠速运转。

⑤ 10 min后，在变速器N挡，指示灯及散热器冷却风扇等电气附件全关条件下，检查发动机怠速是否正常。若怠速正常，则说明节气门自学习后节气门位置适当，怠速节气门开度正常；反之，若怠速不正常，则节气门需按上述过程重新进行学习操作。至此，节气门学习完成。

七、速腾节气门控制单元

1. 控制机理

在电子节气门系统中，节气门不是通过加速踏板的拉线来控制的。节气门与加速踏板之间无机械式连接装置，加速踏板位置由两个加速踏板位置传感器传递给发动机控制单元。这两个传感器与加速踏板一体，是可变电阻，且包在一个壳体内。加速踏板位置是发动机控制单元的一个主要输入参数。节气门是由节气门控制单元内的一个电动机（即节气门控制器）来控制的，在整个转速及负荷范围均有效。如图2-23所示，节气门由节气门控制单元根据发动机控制单元指令来控制。当发动机不运转且点火开关打开时，发动机控制单元根据加速踏板位置传感器的信息来控制节气门开度，也就是说，当加速踏板踏下一半时，节气门也打开一半。当发动机运转（有负荷）时，发动机控制单元可能不依靠加速踏板位置传感器来打开或关闭节气门，也就是说，尽管加速踏板踏下一半，但节气门已完全打开，这样可以避免节流损失。另外还能在一定负荷状态下减少有害物质排放并降低油耗。发动机所需扭矩由发动机控制单元通过节气门开度及进气压力确定。

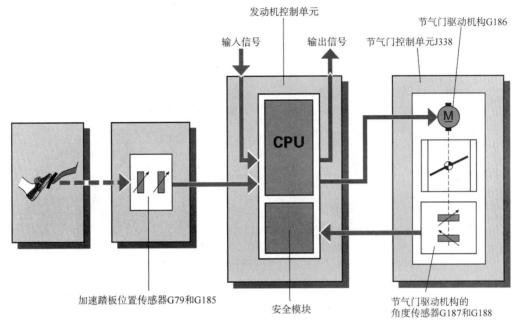

图 2-23 电子节气门的控制功能

驾驶员踩下加速踏板,加速踏板传感器将加速踏板的位置转换为电信号,并传递给发动机 ECU,ECU 实时将驾驶员输入的信号传递给节气门执行器(电动机),执行器将节气门转动到相应的角度。ECU 可以独立于加速踏板的位置,调整节气门的位置,其优点是发动机可以根据各种不同的需求(如驾驶员输入的信号、废气的排放、燃油消耗以及安全性等)来确定节气门的位置。

如果认为电子节气门(E-Gas)仅是由一个或两个部件组成的,那是完全错误的。它包括用于确定、调整及监控节气门位置的所有部件,如节气门控制单元、加速踏板位置传感器、EPC 警报灯、发动机控制单元等。电子节气门体安装在空气流量计和发动机之间的进气管上,用来改变进气通道面积,从而控制进气量和发动机的运行工况。

2. 速腾节气门控制单元 J338

速腾节气门控制单元 J338 在进气歧管上,它的作用是保证发动机获得所需空气量。

如图 2-24 所示,节气门控制单元由节气门壳体、节气门、节气门驱动器 G186、节气门角度传感器 1-G187 及节气门角度传感器 2-G188 等部件构成。

节气门控制单元既不可以打开,也不可以修理。更换节气门控制单元后,必须对节气门控制单元进行基本设定。如图 2-25 所示,ECU 操纵节气门驱动器来打开或关闭节气门,两个角度传感器将节气门最新位置反馈给 ECU。出于安全考虑,使用了两个角度传感器。如图 2-26 所示,节气门驱动器 G186 就是一个电动机,它由 ECU 来操纵,通过一套小齿轮机构来带动节气门运动,可实现从怠速到全负荷位置的无级调节。

如图 2-27 所示,节气门在机械下止点这个位置上是关闭的,该位置用于对节气门控制单元进行基本设定,而电动下止点(图 2-28)这个位置预存在 ECU 内,它比机械下止点稍高一点。节气门在工作时最多可运动(关闭)到电动下止点,这样可防止节气门与壳体发生干涉。

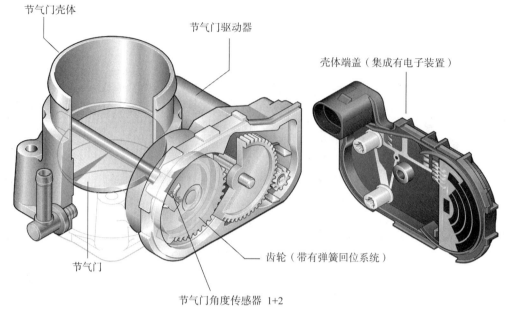

图 2-24 节气门控制单元

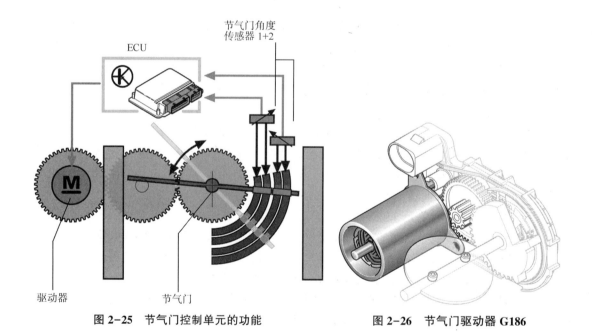

图 2-25 节气门控制单元的功能

图 2-26 节气门驱动器 G186

如图 2-29 所示，在节气门驱动器不通电时，弹簧回位系统将节气门拉至应急运行位置。在这个位置时，只能以较高的怠速转速来完成某些行驶工况（受到限制）。

如图 2-30 所示，电动上止点由 ECU 来确定，它是车辆行驶时节气门打开最大角度的点。机械上止点（图 2-31）在电动上止点的上方，它不会影响发动机功率，因为它在节气门轴的"阴影"内。

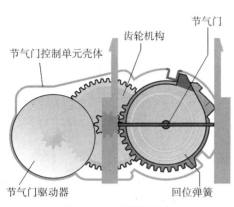
图 2-27　机械下止点

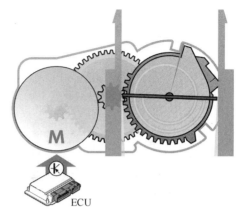
图 2-28　电动下止点

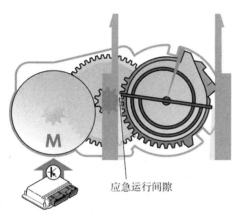
图 2-29　应急运行位置

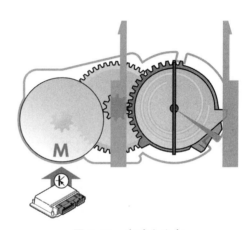
图 2-30　电动上止点

如果节气门驱动器失效了，那么节气门被自动拉到应急运行位置。故障存储器内记录一个故障，EPC 故障指示灯就被接通了，此时驾驶员只能使用应急功能，舒适功能被关闭（如定速巡航）。

如图 2-32 所示节气门角度传感器 1-G187 和 2-G188 都是滑动接触式电位计。滑动触点在齿轮上，齿轮装在节气门轴上。传感器扫描壳体盖上的轨道，节气门位置不同，电位计轨道上的电阻也不同，因此发送到 ECU 的电压信号也不同。

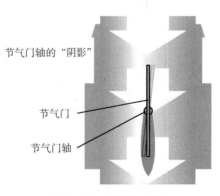
图 2-31　机械上止点

这两个电位计的特性曲线是相反的。因此 ECU 可以区分出这两个电位计，并执行检查功能。当 ECU 从某个角度传感器接收到不可靠的信号或根本接收不到信号时，则故障存储器内存储一个故障，EPC 故障指示灯被接通，影响转矩的子系统（例如定速巡航和发动机牵引力矩调节）被关闭。此时 ECU 使用负荷信号来校验剩余的那个角度传感器，加速踏板的反应与正常时一样。

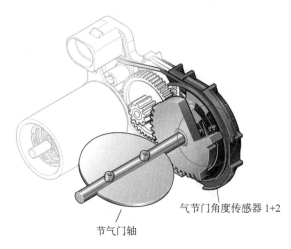 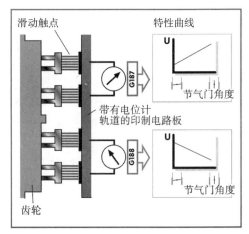

图 2-32 节气门角度传感器

当 ECU 从两个角度传感器都接收到不可靠的信号或根本接收不到信号时，则两个传感器都会在故障存储器中记录故障，EPC 故障指示灯被接通，节气门驱动器被关闭，发动机以 1 500 r/min 的高转速怠速运行，对加速踏板不再做出反应。

3. EPC 故障指示灯

EPC 故障指示灯 K132 位于组合仪表上，它是一个黄色的灯，其上带有 EPC 字样，如图 2-33 所示。在接通点火开关后，EPC 故障指示灯亮 3 s，如果故障存储器内没有故障记录或者在这段时间内没有识别出故障，该灯就熄灭。当系统出现故障时，ECU 会接通该灯，故障存储器内也会记录下故障。EPC 故障指示灯出现故障时不会对电子节气门的功能产生影响，但是会导致故障存储器内记录一个故障，而且对系统内其他故障就不能再实现视觉提示了。

4. 附加信号

（1）制动灯开关 F 和制动踏板开关 F47。这两个开关集成在制动踏板上的一个部件内，如图 2-34 所示。制动踏板开关 F47 是起安全作用的，是用作 ECU 的第二个信息传感器。收到制动踏板已踏下的信号后，ECU 将关闭定速巡航装置，并且默认为怠速状态（如果某个加速踏板位置传感器失灵）。

 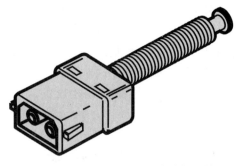

图 2-33　EPC 故障指示灯　　　　图 2-34　制动灯开关 F 和制动踏板开关 F47

如果制动灯开关 F 和制动踏板开关 F47 中的一个开关失效，或者识别出输入信号不可靠，ECU 就会关闭舒适功能，如定速巡航。如果这两个开关都损坏，那么发动机转速就被限制为较高的怠速转速。

（2）离合器位置传感器 G476。ECU 根据离合器位置传感器 G476 的信号来判定离合器踏板是否已踏下，如果离合器踏板已踏下，那么定速巡航和负荷变换功能就被关闭了。

5. 节气门控制单元的检测

（1）EPC 指示灯功能检查。打开点火开关，EPC 指示灯应亮，起动发动机后，如果故障存储器中没有关于电控节气门系统的故障，EPC 指示灯将熄灭；否则，应进行检查（可用 VAS5052 引导功能对 EPC 指示灯进行检查）。

① 如果开始时 EPC 指示灯不亮，应检查从发动机控制单元到 EPC 指示灯的导线。检查方法是关闭点火开关，接上检测盒 VAG1598/31，但不接发动机控制单元。用 VAG1594 连接检测盒上插孔 1 与 EPC 搭铁。打开点火开关，EPC 指示灯应亮。如果 EPC 指示灯不亮，则检查组合仪表板内 EPC 指示灯是否烧坏，或按电路图检查 EPC 指示灯供电情况。如果 EPC 指示灯和供电都正常，则按电路图排除发动机控制单元到 EPC 指示灯之间导线短路或断路处。如果导线无故障，则应更换发动机控制单元。

② 如果 EPC 指示灯亮的时间超过 3 s，或 EPC 指示灯一直亮，则应检查导线是否对搭铁短路。检查方法是起动发动机并怠速运转，如果 EPC 指示灯不熄灭，则读取故障码。如果无故障码，则关闭点火开关，接上检测盒 VAG1598/31，但不接发动机控制单元。检查 VAG1598/31 与 EPC 搭铁，与组合仪表板端子间的导线连接是否对搭铁短路，规定值应为无穷大。如果未达到规定值，则按电路图排除发动机控制单元到 EPC 指示灯之间导线对搭铁短路处。如果导线无故障，则应更换发动机控制单元。

（2）节气门位置传感器 G187、G188 的检查。将 VAS5052 连接到诊断座上，起动发动机，输入发动机电控系统，选择"读测量数据块"功能，显示区 1 显示节气门位置传感器 1-G187 的开度百分比，规定值为 3%~93%；显示区 2 显示节气门位置传感器 2-G188 的开度百分比，规定值为 97%~3%；显示区 3 显示加速踏板位置传感器 1-G79 的开度百分比，规定值为 12%~97%；显示区 4 显示加速踏板位置传感器 2-G185 的开度百分比，规定值为 4%~49%。

怠速时显示区 1 至显示区 3 的值为 8%~18%，显示区 4 为 3%~13%。慢慢将加速踏板踩到底，显示区 1 节气门位置传感器 G187 的百分比值应均匀升高，公差范围为 3%~93%，而显示区 2 节气门位置传感器 G188 的百分比值应均匀降低。如果显示达不到上述要求，则检查节气门控制部件的供电及导线，尤其要注意插头是否松动或锈蚀。如果供电及导线正常，则更换节气门控制部件。

（3）节气门控制部件供电和导线的检查。如图 2-35 所示，拔下节气门控制部件插头，打开点火开关，用万用表测量插头 T6x/2+T6x/6、T6x/2+搭铁电压值约为 5 V，T6x/3（负）+T6x/5（正）约为 12 V。若达不到上述要求，按照电路图检查节气门控制部件插头 6 个端子至发动机控制单元相应端子之间的导线是否断路，然后检查导线相互之间是否导通（导线最大阻值为 1.5 Ω）。

（4）发动机控制单元与节气门控制部件 J338 匹配。当电源供应中断、更换了节气门控制部件或更换了发动机控制单元时，发动机控制单元必须与节气门控制部件进行匹配，即自

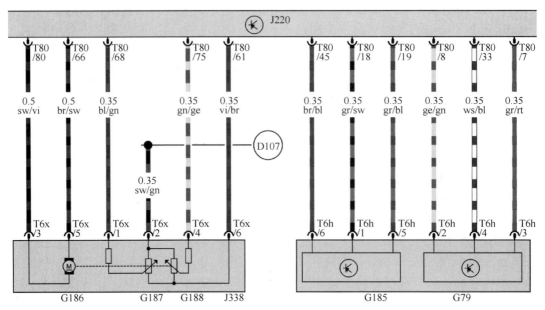

图 2-35　2012 款一汽大众速腾 1.6 L（CLRA）EPC 系统电路

G186—电控油门操纵机构的节气门驱动装置；G187—电控油门操纵机构的节气门驱动装置角度传感器 1；
G188—电控油门操纵机构的节气门驱动装置角度传感器 2；J220—Motronic 控制单元；
J338—节气门控制单元；G79—加速踏板位置传感器；G185—加速踏板位置传感器 2；
D107—连接 5，在发动机舱导线束中

适应或自学习。通过匹配，发动机控制单元学习了节气门在不同位置时的特性参数，并将这些参数存入发动机控制单元。节气门位置由 2 个节气门位置传感器来反馈。匹配的条件为：故障存储器中没有故障存储，蓄电池电压至少应为 12.7 V，冷却液温度在 10~95 ℃，进气温度在 10~90 ℃，发动机不转，点火开关打开，不踩加速踏板。进行匹配时，将 VAS5052 连接到诊断座上，打开点火开关 6 s 以上，进入发动机电控系统，选择"基本设置"功能。不要操纵起动和加速踏板，且发动机控制单元识别出"学习需要"时，匹配过程会自动完成（匹配过程是否完成是看不出来的）。当存储节气门位置传感器电压值与实际测得值在某一公差范围内不一致时，才能识别出"学习需要"。

八、智能电子节气门

在常规型节气门体中，都是由加速踏板作用力确定节气门角度。丰田凯美瑞 ETCS-i 使用发动机 ECU 来计算适合于相应驾驶条件的最佳节气门开度，并使用节气门控制电动机来控制开度。在异常情况下，该系统切换至跛行模式，图 2-36 所示为丰田凯美瑞 ETCS-i 智能电子节气门系统，主要由节气门位置传感器、加速踏板位置传感器、节气门控制电动机、其他传感器、执行器和节气门控制单元组成。

如图 2-37 所示，ETCS-i 加速踏板位置传感器为线性传感器，主要由滑动电阻构成。驾驶员踩下加速踏板时，传感器的滑动触头随踏板轴转动，其输出电压与节气门的开度成正比，在加速踏板踩下的全程范围内，可向节气门控制单元输出 0~5 V 的电压。为了确保可靠性，采用双系统输出，即安装了两个线性传感器，具有两个不同输出特性的输出信号，其中 VPA1 信号指示加速踏板的实际开度，用于发动机的控制，VPA2 信号则用于 VPA1 传感器的故障检测。

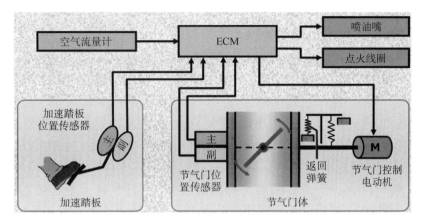

图 2-36　丰田凯美瑞 ETCS-i 智能电子节气门系统

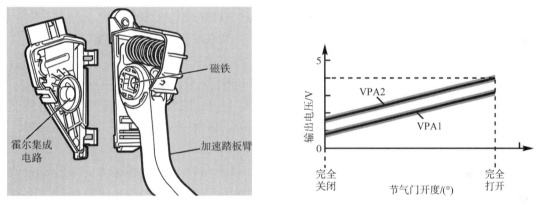

图 2-37　ETCS-i 加速踏板位置传感器

如图 2-38 所示，ETCS-i 节气门体由节气门、节气门位置传感器、节气门控制电动机及复位弹簧组成。节气门位置传感器为霍尔式传感器，主要由霍尔集成电路和可绕节气门轴转动的磁铁构成。随着磁场的变化，霍尔集成电路产生并输出信号电压。节气门位置传感器也采用了两套相同的传感器，两路信号输出，VTA1 信号用来检测节气门的实际开度并反馈给 ECU，VTA2 信号用来检测 VTA1 传感器的故障。

图 2-38　ETCS-i 节气门体

节气门控制电动机为灵敏度高、耗能少的直流电动机。节气门控制单元根据加速踏板位置传感器的信号，以占空比的形式控制电动机的转角，并通过齿轮带动节气门转过相应的角度。

1. ETCS-i 智能电子节气门的控制功能

（1）正常模式非线性控制。通过控制节气门，调整到适合加速踏板作用力和发动机转速等驾驶条件的最佳节气门角度，从而实现优异的节气门控制性能和所有工作范围内的舒适操作。

（2）怠速控制。当驾驶员松开加速踏板时，可根据加速踏板位置传感器信号判定发动机进入怠速工况，再根据温度信号、发动机负荷等控制节气门开度，保持发动机在理想的怠速状态。

（3）牵引力节气门控制。防滑控制单元根据轮速和车速信号，判定驱动车轮出现打滑现象，及时控制节气门电动机，关小节气门开度，减小发动机功率，以获得合适的驱动力，提高车辆行驶的平稳性。

（4）车辆稳定性控制的协调控制。利用防滑控制单元的综合控制来控制节气门的开启角度，以达到最大效率地利用车辆稳定性控制系统的控制效果。

（5）巡航控制。配备 ETCS-i 系统后，巡航控制单元可通过节气门控制电动机将节气门任意定位，取消了巡航控制执行器和拉索，真正实现了定速巡航全电控。

（6）失效保护。当 ECU 检测到 ETCS-i 系统出现故障时，ECU 将转换到跛行模式（故障慢行模式）。在跛行模式控制中，车辆将在节气门开启角度大于正常值的有限条件下行驶，或者将节气门置于怠速位置，直到系统故障排除，并将点火开关置于"OFF"位置。

2. 失效保护功能

当失效保护检测到任何传感器存在故障时，如果发动机 ECU 仍能继续正常控制发动机控制系统，则说明发动机可能有故障或出现其他故障。为了防止出现此类问题，发动机 ECU 的失效保护功能提供有助于存储的数据，使发动机控制系统继续运行，或在预测到即将出现危险的情况下停止发动机。

（1）加速踏板位置传感器的失效保护。加速踏板位置传感器有两个传感器（主和副传感器），若其中一个传感器电路出现故障（图 2-39），则发动机 ECU 会检测两个传感器电路之间不正常的信号电压差，并切换到跛行模式。在跛行模式中，正常工作的电路被用来计算节气门开度，从而在跛行模式控制下运行车辆。

如果两个传感器电路都出现故障（图 2-40），发动机 ECU 会检测这两个传感器电路的不正常信号电压，并中断节气门控制。此时，可以在发动机怠速范围内驾驶车辆。

（2）节气门位置传感器的失效保护。节气门位置传感器有两个传感器（主和副传感器），若其中一个传感器电路出现故障，则发动机 ECU 会检测两个传感器电路之间的不正常信号电压差，切断至节气门控制电动机的电流，并切换到跛行模式（图 2-41）；然后，回位弹簧的弹力导致节气门回位，使其保持在指定的开度。此时，可以在跛行模式下驾驶车辆，同时根据节气门开度控制燃油喷射和点火正时，从而调节发动机的动力输出。如果发动机 ECU 检测到节气门控制电动机系统中存在故障，则执行与上述相同的控制。

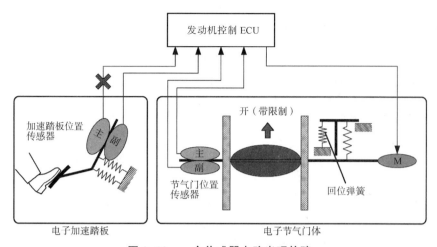

图 2-39　一个传感器电路出现故障

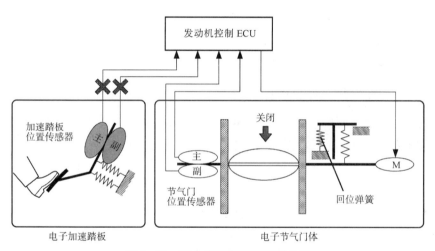

图 2-40　两个传感器电路出现故障

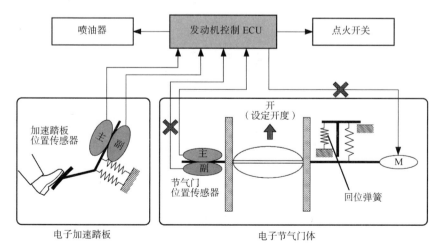

图 2-41　切换到跛行模式

九、感应式节气门位置传感器

感应式节气门位置传感器是一种新型位置传感器，由印制电路板和电子芯片组成，不需额外的磁性材料，不受磁场和电信号的干扰，对制造精度和周围的环境要求较低。它在一个简单、紧凑的空间条件下能够实现角位移的非接触式测量，非接触式传感器替代电压计式传感器代表着技术进步的发展方向。

1. 位置与结构

图 2-42 所示的节气门位置传感器是一个 120°的角度传感器，转子直接安装集成在齿轮的轴端上，定子直接安装在壳体上。

2. 工作原理

同其他角度传感器一样，感应式节气门位置传感器也是由定子和转子组成的。在 PCB（印制电路板）上的定子由激励线圈、3 个感应接收线圈和其他信号处理电子元件组成，转子是一块简单的冲压金属片。感应式节气门位置传感器工作原理如图 2-43 所示。

图 2-42 节气门位置传感器

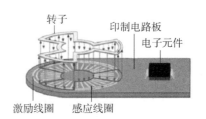

图 2-43 感应式节气门位置传感器工作原理

感应耦合的原理如图 2-44 所示。激励线圈中电流产生的电磁场在转子中产生感应电流。第一次感应耦合与角位置无关，其作用仅是通过感应耦合将能量传递给转子。传感器的相关信息是通过转子与接收线圈之间的第二次感应耦合来实现的，第二次感应耦合感应与转子相对于定子的相对位置有关。在第二次感应中，定子上的电压幅值随相对位置而变化，信号处理单元接收线圈的电压信号，进行整流、放大并成对地将其按比例输出。这种将输出电压与角度按比例测量的原理在很大程度上不会受到机械公差（如空气间隙的变化、轴线偏心和倾斜）的影响。同时，电信号和电磁干扰在很大程度上也得到了抑制。

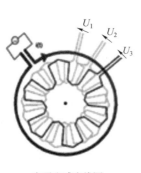

定子和感应线圈

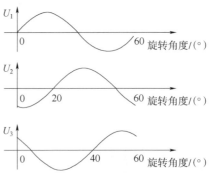

根据旋转角度而变化的三相电压曲线

图 2-44 感应耦合原理

与静电磁场原理不同的是,感应式节气门位置传感器里面没有与温度相关的磁性材料,如铁芯、铁氧体或磁铁芯,无须设计专门的温度补偿回路,所有因尺寸变化和电信号处理过程中产生的温度漂移都可通过比例测量技术加以消除。

出于安全考虑,电控系统需要冗余的电信号。由于使用处理芯片,其输出可以为模拟信号和脉宽调制信号。

第二节 加速踏板位置传感器

加速踏板位置传感器,又称为油门位置传感器,简称APP(Accelerator Pedal Position Sensor)。它是随着智能电子节气门、柴油共轨系统而出现的一种新的位置检测装置。其功用是将驾驶员踩下油门的速度和移动量转换成电子信号输入发动机ECU,ECU根据此信号进行期望扭矩需求计算,结合其他运行条件,控制节气门伺服电动机进行节气门开度的非线性调节。

发动机电控单元供给加速踏板位置传感器5 V电压,传感器向发动机电控单元发出两路反映加速踏板位置的电压信号。在发动机起动时,当驾驶员不踩油门或只轻踩一点时,节气门在预设程序的控制下开启到一个固定位置,即发动机电控单元据此信号进行起动控制。发动机电控单元根据此信号可进行驾驶员期望的扭矩需求计算,经发动机电控单元内部统一协调后控制执行器工作,执行怠速、加速、减速、中断喷射、临时转速、电控制动稳定控制、巡航控制和发动机冷却控制。加速踏板位置传感器将踏板踩下的量(角度)转换成送至发动机电控单元的电压信号。而且,为了确保可靠性,此传感器还具有不同输出特性的两个系统输出信号。根据双传感器产生的主、副信号的差异,输出信号相互关系主要有三种类型,这三种形式如图2-45所示。

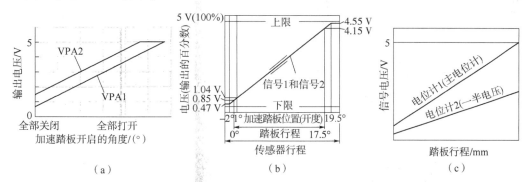

图2-45 加速踏板位置传感器输出信号的三种形式
(a)主、副信号斜率相同,但起点、终点位置不同;(b)主、副信号完全相同;
(c)主、副信号起点位置不同、斜率不同

一、双可变电阻式加速踏板位置传感器

采用可变电阻式电位器的双可变电阻式加速踏板位置传感器,如图2-46(a)所示,其

构造和运行基本上和双可变电阻式节气门位置传感器相同。从两个系统来的信号之一的 VPA 信号,能在加速踏板踩下全程范围内,呈线性关系地输出电压。另一个 VPA2 信号,能输出偏离 VPA1 信号的偏置电压。双可变电阻式加速踏板位置传感器的控制电路和输出特性如图 2-47 所示。

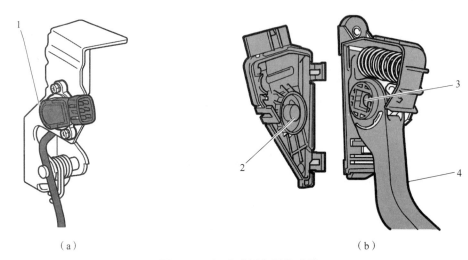

图 2-46 加速踏板位置传感器
(a) 可变电阻式加速踏板位置传感器;(b) 霍尔式加速踏板位置传感器
1—加速踏板位置传感器;2—霍尔元件;3—磁铁;4—加速踏板

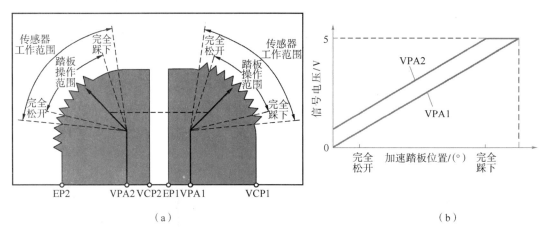

图 2-47 双可变电阻式加速踏板位置传感器的控制电路和输出特性
(a) 控制电路;(b) 输出特性

二、双霍尔式加速踏板位置传感器

采用霍尔式非接触式电位器的称为霍尔式加速踏板位置传感器,如图 2-46 (b) 和图 2-48 所示。为保证其信号的可靠性,两个电位器的控制电路完全独立,即采用各自独立的电源、搭铁和信号端子,因此加速踏板位置传感器通常有 6 个接线端子,其控制电路和输出特性如图 2-49 所示。

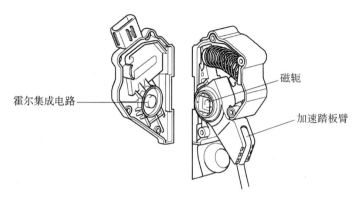

图 2-48 霍尔式加速踏板位置传感器的结构

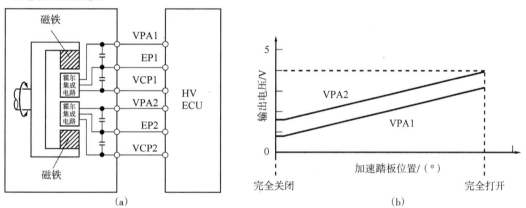

图 2-49 霍尔式加速踏板位置传感器的控制电路和输出特性
(a) 控制电路；(b) 输出特性

与节气门位置传感器一样，发动机控制单元通过加速踏板位置传感器的两个电位器信号，不仅可获知加速踏板的开度，还能对该传感器进行故障监测，一旦发现两信号电压的差值（或两电压之和）与标准不符，即判定该传感器有故障，立即启动失效保护模式，按"未踩踏板"来进行控制。

三、感应式加速踏板位置传感器

1. 加速踏板位置传感器的结构

大众速腾使用了感应式加速踏板位置传感器。感应式加速踏板位置传感器与感应式节气门位置传感器的基本工作原理是一样的。结构上的不同之处在于，节气门位置传感器采用的是旋转结构，而加速踏板位置传感器采用的是直线位移结构。

如图 2-50 所示，速腾采用的感应式加速踏板位置传感器，由加速踏板、机械部件、薄金属盘、盖板和印制电路板等组成，带有加速踏板位置传感器 1-G79、加速踏板位置传感器 2-G185。这两个加速踏板位置传感器是加速踏板模块的一部分，作为感应式传感器以非接触方式工作，其安装位置如图 2-51 所示。其优点是：浮动传感器无摩擦，寿命长，整体式传感器不需要进行强制低速挡基本设定。

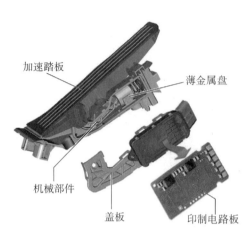 

图 2-50　新型加速踏板模块　　　　图 2-51　带加速踏板位置传感器的加速踏板位置

图 2-52 所示为加速踏板位置传感器结构，加速踏板位置传感器由一个励磁线圈、金属薄片、接收线圈和信号处理器组成，其工作原理如图 2-53 所示。励磁线圈产生磁场，当加速踏板被踩下时，金属薄片被带着在励磁线圈产生的磁场中做直线运动，所造成的磁场变化在接收线圈中感应出电压，经过信号处理器处理，传送给 ECU。

两个加速踏板位置传感器随加速踏板行程变化而产生的电压变化曲线，如图 2-54 所示。两个传感器有两条不同的特性曲线，这对安全功能和检查功能来说是必需的。加速踏板位置传感器一个或两个都失效后，系统会有故障记忆，同时仪表上的 EPC 故障指示灯也会亮起。车辆的一些便捷功能，如定速巡航或发动机制动辅助控制功能也将会失效。当一个加速踏板位置传感器信号失真或中断时，如果另一个加速踏板位置传感器处于怠速位置，则发动机进入怠速工况；如果另一个加速踏板位置传感器处于负荷工况，则发动机转速上升缓慢；如果两个传感器同时出现故障，则发动机以高怠速（1 500 r/min）运转。

2. 加速踏板位置传感器的检测

大众速腾感应式加速踏板位置传感器的电路图如图 2-55 所示。

（1）故障征兆。如果一个传感器信号失真或中断，另一个传感器处于怠速位置，则发动机进入怠速工况；如果是负荷工况，则发动机转速上升缓慢。如果两个传感器同时出现故障，则发动机以高怠速（1 500 r/min）运转。如果一个或两个都失效后，系统会有故障记忆，同时仪表上的 EPC 故障警报灯也会亮起。

（2）供电电压的检查。用万用表直流 20 V 挡检测 T6h 线束侧的 1 引脚、2 引脚与电池负极的电压，在点火钥匙开关打开的情况下，应有 5 V 电压。

（3）搭铁的检查。用万用表电阻挡检测 T6h 线束侧的 3 脚、5 脚与搭铁间的电阻，应在低电阻下导通。

（4）信号电压检查。用万用表直流 20 V 挡检测 T6h 在连接情况下 4 脚、6 脚与电池负

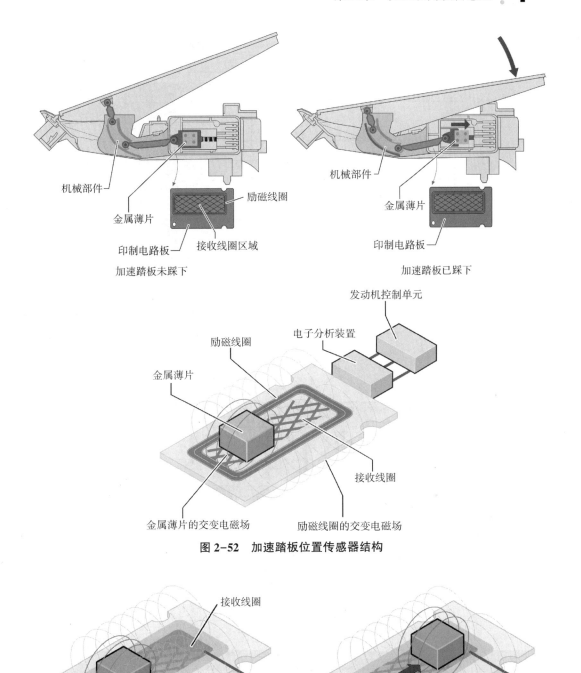

图 2-52 加速踏板位置传感器结构

图 2-53 加速踏板位置传感器工作原理

极的电压,在点火钥匙开关打开的情况下,应符合图 2-54 所示的感应式加速踏板位置传感器的输出信号。

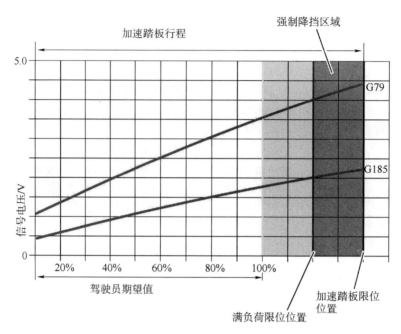

图 2-54　加速踏板位置传感器特性曲线

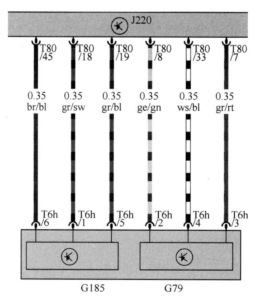

图 2-55　大众速腾感应式加速踏板位置传感器电路图

J220—Motronic 控制单元；G79—加速踏板位置传感器 1；G185—加速踏板位置传感器 2

（5）解码仪检查。用 VAS5051 进入数据块 062，在怠速状况下，加速踏板位置传感器 G79 标准数值为 12%~97%，G185 的标准数值为 4%~49%，并且其比例应随加速踏板踩下的深度而变化。

第三节 曲轴位置传感器

一、曲轴位置传感器的功用和安装位置

曲轴位置传感器（Crankshaft Position Sensor，CPS 或 CKP）又称为发动机转速与曲轴转角传感器，其功用是采集曲轴转动角度和发动机转速信号，并输入 ECU，以便确定喷射顺序、喷射正时、点火顺序、点火正时，然后根据信号监测到的曲轴转角波动大小来判断发动机是否有失火现象。它是发动机集中控制系统最主要的传感器之一，是控制发动机燃油喷射和点火时刻确认曲轴位置的信号源，同时也是测量发动机转速的信号源。曲轴位置传感器用来检测活塞上止点及曲轴转角的信号并将其输入发动机 ECU，用来对点火时刻和喷油正时进行控制。

在现代电控发动机上，曲轴位置传感器和发动机转速传感器制成一体，既可用于发动机曲轴位置、活塞上止点位置的测定，又可用于发动机转速的测定。曲轴位置传感器一般安装于曲轴前端、靠近飞轮的变速器壳体位置，其安装位置如图 2-56 所示。该传感器按其工作原理的不同可分为磁感应式曲轴位置传感器、光电式曲轴位置传感器和霍尔式曲轴位置传感器等。

图 2-56 曲轴位置传感器的安装位置

二、磁感应式曲轴位置传感器

1. 结构与工作原理

磁感应式曲轴位置传感器，又称为磁脉冲式传感器、可变磁阻式传感器，主要由导磁材料制成的信号转子、永久磁铁、信号线圈等组成，传感器的位置是固定的，软磁铁芯与信号转子齿间隙必须保持一定间隙，其结构如图 2-57 所示。

该传感器插头接线形式主要有二线制和三线制两种。二线制的两根线为信号回路线，信号正负交替变化，三线制中多出的一根线为屏蔽线。

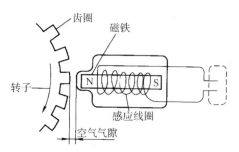

图 2-57　磁感应式曲轴位置传感器的结构

（1）当信号转子凸齿靠近传感器时，磁头与齿间隙逐渐缩小，磁路中的磁阻逐渐减小，传感器的磁场便开始产生集中的现象，磁场强度增大，磁通量的变化率也逐渐增大，因此产生一个逐渐增大的正的感应电动势，磁场的变化越大，感应出的电压也越强，其相对位置如图 2-58（a）所示；磁通量和感应电动势的变化如图 2-59 的 ab 段所示。

（2）当凸齿继续靠近磁头时，磁通量仍在增大，但磁通量的变化率则在减小，因此产生了一个正的、逐渐减小的感应电动势，其相对位置如图 2-58（b）所示；磁通量和感应电动势的变化如图 2-59 中的 bc 段所示。

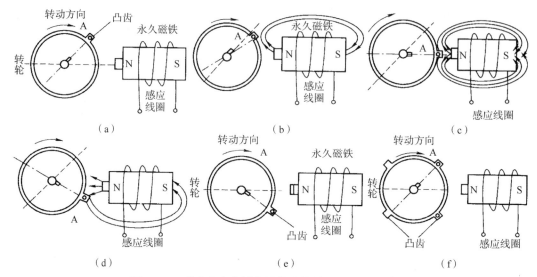

图 2-58　磁感应式曲轴位置传感器的工作原理示意图

（3）当信号转子凸齿与传感器尖端对齐成一条直线时，磁头与齿间隙最小，磁路中的磁阻最小，磁场强度最强，磁通量最大，但在该点磁场强度没有变化，磁场变化率为 0，所以感应电压和电流强度为 0，其相对位置如图 2-58（c）所示；磁通量和感应电动势的变化如图 2-59 中的 c 点所示。

（4）信号转子凸齿继续转动，其相对位置如图 2-58（d）所示，凸齿远离磁头准备离开传感器时，二者间隙逐步变大，磁路中的磁阻逐渐增大，磁通量逐渐减小，但磁通量的变化率仍逐渐增大，所以产生一个负的但绝对值仍逐渐增大的感应电动势，如图 2-59 中的 cd 段所示。

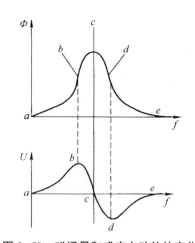

图 2-59　磁通量和感应电动势的变化

（5）当凸齿继续转动离开磁头时，磁路中的磁阻继续增大,磁通量继续减小,但磁通量的变化率也逐渐减小,因此产生一个负的绝对值逐渐减小直至为 0 的感应电动势,其相对位置如图 2-58(e)所示;磁通量和感应电动势的变化如图 2-59 中的 de 段所示。

2. 2011 款捷达曲轴位置传感器的检测

(1) 结构原理。捷达轿车的磁感应式曲轴位置传感器安装在气缸体左侧、发动机后端靠近飞轮处,零件编号为 G28,传感器用螺钉固定在发动机缸体上,信号转子为齿盘式,齿数为 60-2 齿,即在原来为 60 齿的圆周上,切掉两个齿,形成在其圆周上均匀间隔的 58 个凸齿、57 个小齿缺和 1 个大齿缺。因为原来的 60 个齿在圆周上呈均匀分布状态,齿与齿的间隔度数为 360°/60= 6°,因此每个凸齿和小齿缺所占的曲轴转角均为 3°。曲轴旋转一圈为 360°,将会产生 58 个脉冲信号。大齿缺所占的弧度相当于两个凸齿和 3 个小齿缺所占的弧度,大齿缺所占总的曲轴转角为 15°(2×3°+ 3×3°= 15°)。大齿缺输出基准信号,对应发动机气缸 1 或气缸 4 压缩上止点前一定角度。

信号转子上设有一个产生基准信号的大齿缺,所以当大齿缺转过磁头时,信号电压所占的时间较长,即输出信号为一个宽脉冲信号,该信号对应于气缸 1 或气缸 4 压缩上止点前一定角度。ECU 接收到宽脉冲信号时,便可知道气缸 1 或气缸 4 上止点位置即将到来,至于即将到来的是气缸 1 还是气缸 4,则需根据凸轮轴位置传感器输入的信号来确定。由于信号转子上有 58 个凸齿,因此信号转子每转一圈(发动机曲轴转一圈),传感线圈就会产生 58 个交变电压信号输入 ECU。因此,ECU 每接收到曲轴位置传感器 58 个信号,就可知道发动机曲轴旋转了一圈。依此类推,ECU 根据每分钟接收曲轴位置传感器脉冲信号的数量,便能计算出发动机曲轴旋转的转速和曲轴的位置,其位置如图 2-60 所示,曲轴位置传感器的输出波形如图 2-61 所示。

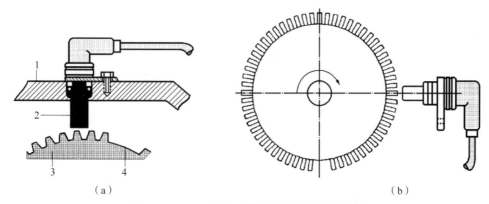

图 2-60 2011 款捷达曲轴位置传感器的结构

1—缸体;2—传感器磁头;3—信号转子;4—大齿缺(输出曲轴位置基准标记)

曲轴位置传感器 G28 安装位置如图 2-62 所示,与 ECU J361 的连接关系如图 2-63 所示。端子 T3i/2 为传感器其中一极,与 ECU 的 T80/64 端子相连;端子 T3i/3 为传感器与 ECU 的 T80/53 端子相连;端子 T3i/1 为屏蔽线端子在发动机线束内的搭铁连接。

(2) 检测。2011 款捷达磁感应式曲轴位置传感器的检测方法如下。

① 故障征兆检测。在发动机运行中,当曲轴位置传感器出现故障时,会导致信号中断,发动机不能起动或在运行时会立即熄火,这时 ECU 可以诊断到故障并进行故障码存储。

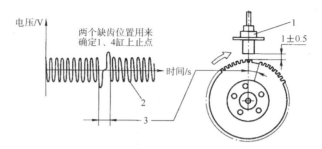

图 2-61 曲轴位置传感器的输出波形

1—曲轴位置传感器；2—正常齿波形；3—缺齿波形

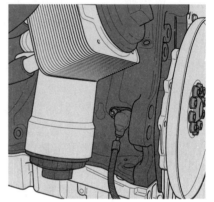

图 2-62 曲轴位置传感器 G28 的安装位置

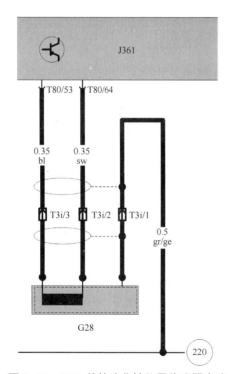

图 2-63 2011 款捷达曲轴位置传感器电路

② 曲轴位置传感器的电阻检查。关闭点火开关，拔下传感器插接器插头，检测传感器上 3 和 2 端子间的电阻，应为 450～1 000 Ω。若电阻为无穷大，则说明信号线圈存在断路，应更换传感器。检查传感器上端子 T3i/3 或端子 T3i/2 端子与屏蔽线端子 T3i/1 之间的电阻，阻值应为无穷大，如果电阻不是无穷大，则应更换传感器。

③ 信号转子与磁头间的间隙检查。用塞尺检查信号转子与磁头间的间隙，该间隙的标准值为 0.2～0.5 mm，若该值不在标准值范围内时，则需进行调整。

④ 输出电压测量。用万用表的交流电压挡，在线路正常连接、发动机运转时测量端子 T3i/3 或端子 T3i/2 端子间的电压，该电压值在 0.2～2 V 范围内波动。

⑤ 检查传感器与 ECU 之间的连接线束。分别检查 T3i/2 与 ECU T80/64 端子、T3i/3 与 ECU T80/53 端子、T3i/1 端子与发动机线束内电源线间的电阻

值，应不超过 1.5 Ω。如果电阻为无穷大，则说明存在导线断路或接触不良，需进行维修。

⑥ 利用 VAS 5052 故障诊断仪通过故障诊断插座可以读取故障信息，如果曲轴位置传感器发生故障，则会出现 00513 发动机转速传感器 G28 故障码。

3. 2006 款凯美瑞曲轴位置传感器的检测

2006 款凯美瑞的曲轴位置传感器安装在曲轴正时护罩内，曲轴的正时转子由 34 个齿组成，带有 2 个齿缺。曲轴位置传感器每 10°输出曲轴旋转信号，齿缺用于确定上止点，曲轴位置传感器安装位置如图 2-64 所示。磁感应式曲轴位置传感器的检测方法如下。

（1）曲轴位置传感器的电阻检查。关闭点火开关，拔下传感器插接器插头，检查传感器上 122 和 121 端子间的电阻，20 ℃时应为 1 850~2 450 Ω。若电阻为无穷大，则说明信号线圈存在断路，应更换传感器，传感器 ECU 电路图如图 2-65 所示。

（2）检查传感器上端子 122 或端子 121 与屏蔽线端子 C 之间的电阻，阻值应为无穷大，如果电阻不是无穷大，则应更换传感器。

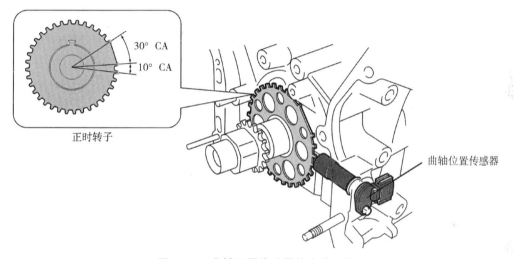

图 2-64 曲轴位置传感器的安装位置

三、霍尔式曲轴位置传感器

霍尔式曲轴位置传感器是利用霍尔效应原理，产生与曲轴转角相对应的电压脉冲信号。它是利用触发叶片或轮齿改变通过霍尔元件的磁场强度，从而使霍尔元件产生脉冲的霍尔电压信号，经放大整形后即为曲轴位置传感器的输出信号。霍尔式曲轴位置传感器可分为触发叶片式和触发轮齿式两种。

1. 霍尔式曲轴位置传感器的结构原理

霍尔效应示意图如图 2-66 所示，把一块半导体基片（霍尔元件）放在磁场中，当在与磁场垂直的方向上通以电流时，在与磁场和电流相垂直的另外横向侧面上就会产生电压。这一现象是 1879 年正在就读于美国霍普金斯大学的物理学家霍尔发现的，因此命名为霍尔效应。

实验证明：霍尔效应中产生的电压 U_H（霍尔电压）的大小与通过半导体基片的电流 I 和磁场的磁感应强度 B 成正比，与基片的厚度 d 成反比，即

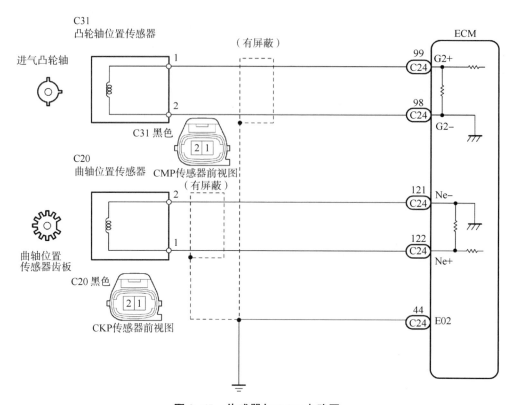

图 2-65 传感器与 ECU 电路图

$$U_H = \frac{R_H}{d}IB$$

式中，U_H——霍尔电压（V）；

R_H——霍尔系数（m^3/C）；

d——半导体基片厚度（m）；

I——电流强度（A）；

B——磁通密度（T）。

由上式可知，当通过的电流 I 为定值时，产生的霍尔电压与磁感应强度 B 成正比，即霍尔电压随磁感应强度大小的变化而变化。当 $B\neq 0$ 时，半导体产生霍尔电压，当 $B=0$ 时，霍尔电压降为 0，这一原理在汽车上被广泛使用。

2. 触发叶片霍尔式曲轴位置传感器

（1）结构。触发叶片霍尔式曲轴位置传感器的基本结构如图 2-67 所示，主要由触发叶轮、霍尔集成电路、导磁钢片（磁轭）与永久磁铁等组成。触发叶轮安装在转子轴上，叶轮上制有叶片。霍尔集成电路由霍尔元件、放大电路、稳压电路、温度补偿电路、信号变换电路和输出电路等组成。其中触发叶轮安装在转子轴上，随转子轴一起转动，叶轮上制有叶片；当曲轴带动转子轴转动时，触发叶轮随其一起转动，叶片便在霍尔集成电路与永久磁铁之间转动。

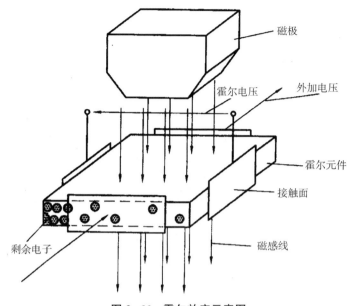

图 2-66 霍尔效应示意图

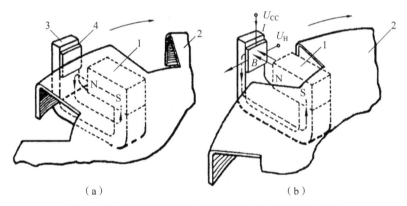

图 2-67 触发叶片霍尔式曲轴位置传感器结构原理
(a) 叶片进入气隙,磁场被旁路; (b) 叶片离开气隙,磁场饱和
1—永久磁铁; 2—触发叶轮; 3—磁轭; 4—霍尔集成电路

(2) 工作原理。当触发叶轮随转子轴一同转动时,叶片便在霍尔集成电路与永久磁铁之间转动,霍尔集成电路中的磁场就会发生变化,霍尔元件中就会产生霍尔电压,经过信号处理电路后,就可输出方波信号。当传感器轴转动时,触发叶轮的叶片便从霍尔集成电路与永久磁铁之间的气隙中转过。当叶片进入气隙时,霍尔集成电路中的磁场被叶片旁路,如图 2-67 (a) 所示,霍尔电压 U_H 为零,霍尔集成电路输出级的三极管截止,传感器输出的信号电压 U_o 为高电平(实测表明:当电源电压 $U_{CC}=14.4\text{ V}$ 时,信号电压 $U_o=9.8\text{ V}$;当电源电压 $U_{CC}=5\text{ V}$ 时,信号电压 $U_o=0.1\sim0.3\text{ V}$)。

当叶片离开气隙时,永久磁铁的磁通便经霍尔集成电路和导磁钢片构成回路,如图 2-67 (b) 所示,此时霍尔元件产生电压 ($U_H=1.9\sim2.0\text{ V}$),霍尔集成电路输出级的三极管导通,传感器输出的信号电压 U_o 为低电平(实测表明:当电源电压 $U_{CC}=14.4\text{ V}$ 或

$U_{CC}=5$ V 时，信号电压 $U_O=0.1\sim0.3$ V）。

ECU 便根据输入的脉冲信号计算出曲轴的转角及活塞上止点位置，从而对发动机的点火和喷油时刻进行控制。

3. 触发轮齿霍尔式曲轴位置传感器

（1）结构。触发轮齿霍尔式曲轴位置传感器即差动霍尔式曲轴位置传感器，也叫双霍尔式曲轴位置传感器，其结构与磁感应式曲轴位置传感器相似，由带凸齿的信号转子和霍尔信号发生器组成，其基本结构和输出信号电压波形如图 2-68 所示。

（2）工作原理。触发轮齿霍尔式曲轴位置传感器的工作原理与触发叶片霍尔式曲轴位置传感器的工作原理相同。触发轮齿霍尔式曲轴位置传感器的信号转子即凸齿转子安装在发动机曲轴上（部分汽车以发动机的飞轮为信号转子），当发动机曲轴或飞轮转动时，传感器的信号转子随其一起转动，从而使信号转子的齿缺与凸齿转过霍尔电路（与触发叶片式霍尔电路相同，由霍尔元件、放大电路、稳压电路、温度补偿电阻、信号变换电路和输出电路等组成）的探头，使齿缺或凸齿与霍尔探头之间的气隙发生变化，磁通量随之变化，即磁场强度 B 发生变化，根据霍尔效应，在传感器的霍尔元件中就会产生交变电压信号，如图 2-68（b）所示，其输出电压由两个霍尔信号电压叠加而成。因为输出信号为叠加信号，所以转子凸齿与信号发生器之间的气隙可以增大到（1.0±0.5）mm（普通霍尔式传感器仅为 0.2~0.4 mm），从而便可将信号转子设置成像磁感应式传感器转子一样的齿盘式结构，其突出优点是信号转子便于安装。

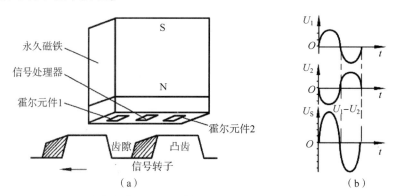

图 2-68 触发轮齿霍尔式曲轴位置传感器的结构及输出波形
(a) 基本结构；(b) 输出波形

汽车上用霍尔式传感器一般为三线或两线：一根为电源线，供给工作电压，一般为 12 V，也有的用 8 V、5 V 或 9 V；一根为信号线，需要提供 5 V 参考电压，通过三极管的导通或关闭，实现 0 V 和 5 V 的脉冲变化；第三根为搭铁线。

4. 上海别克轿车触发叶片霍尔式曲轴位置传感器的检测

24X 曲轴位置传感器为三导线触发叶片霍尔式曲轴位置传感器，位于发动机右侧，曲轴端部，如图 2-69 所示。24X 曲轴位置传感器主要由叶轮和信号发生器组成。信号发生器用螺栓连接在正时链条盖前端，叶轮安装在曲轴配重后部。叶轮上均布有 24 个叶片和窗口，曲轴每转一圈，传感器便产生 24 个脉冲信号。24X 参照信号直接送给 PCM，用于改善发动机的怠速点火控制。在 1 200 r/min 的发动机转速下，PCM 采用 24X 参照信号计算发动机转速和曲轴位置。PCM 连续监视 24X 参照电路上的脉冲数,并将 24X 参照脉冲数与正在接收的 3X 参照脉冲数和凸轮轴信号脉冲数进行对比。如果 PCM 接收的 24X 参照电路脉冲数不正确,将设置 DTC P0336,且 PCM 将利用 3X 参照信号电路控制燃油和点火。发动机将继续起动并仅采用 3X 参照信号和凸轮位置信号运行。

24X 曲轴位置传感器与 PCM 的连接电路如图 2-70 所示。24X 曲轴位置传感器的插头端子如图 2-71 所示。其中 A 端子为电源线,B 端子为信号线,C 端子为搭铁线。24X 曲轴位置传感器的检测方法如下。

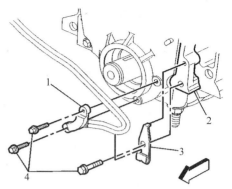

图 2-69 24X 曲轴位置传感器的位置
1—24X 曲轴位置(CKP)传感器;
2—发动机正时链条盖;
3—装配托架;4—紧固螺栓

(1)检测传感器的输出信号。关闭点火开关,在曲轴位置传感器的信号线路上串接一个无源试灯(或发光二极管),起动发动机,观察灯(或发光二极管)的闪烁情况,试灯(或发光二极管)应有规律闪烁,否则为曲轴位置传感器信号不良。

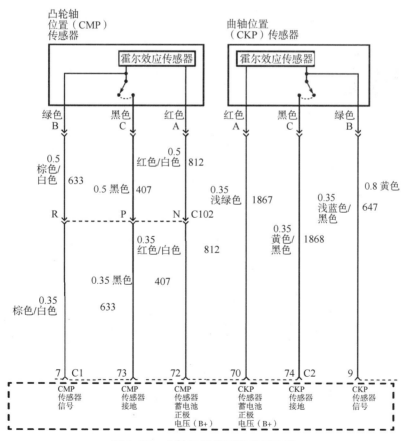

图 2-70 曲轴位置传感器连接电路

（2）检测传感器的电源电压。关闭点火开关，拔下曲轴位置传感器的 3 芯插头，打开点火开关，用万用表电压挡测量曲轴位置传感器插座上 A 孔与搭铁之间的电压值，应为 12 V（蓄电池电压），否则为曲轴位置传感器的电源线路不良。

5. 大众 CC 曲轴位置传感器检测

大众 CC 曲轴位置传感器实际使用的就是霍尔式转速传感器。由于霍尔式转速传感器能克服电磁式传感器输出信号电压幅值随车转速变化而变化，响应频率不高，以及抗电磁波干扰能力差等缺点，因而其被广泛应用在汽车上。

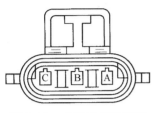

图 2-71　曲轴位置传感器的插头端子

随着科学技术的发展，现代制造业对汽车生产技术要求在不断提高，同时为降低汽车生产成本，近年来，越来越多的汽车采用一种新型霍尔式传感器，普通霍尔式传感器有三根引线，分别为电源线、信号线和搭铁线，而新型霍尔式曲轴位置传感器只有两根引线，分别为电源线和信号线，新型二线霍尔传感器控制电路如图 2-72 所示。新型霍尔式传感器与普通霍尔式传感器的输出信号均为方波脉冲信号，占空比范围为 30%～70%，一般为 50%，

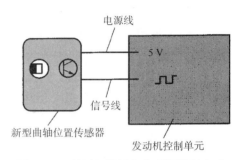

图 2-72　新型二线霍尔传感器控制电路

其输出信号波形如图 2-73 所示，但输出信号的高、低电压存在差异。新型霍尔式曲轴位置传感器输出信号的高、低电压不受速度影响，主要由电控单元内部的电阻 R 决定，电阻 R 一定，高、低电压便一定，即使转速很低，发动机电控单元仍能检测到输出信号电压，这就克服了电磁式传感器输出信号电压随转速变化而变化的缺点。

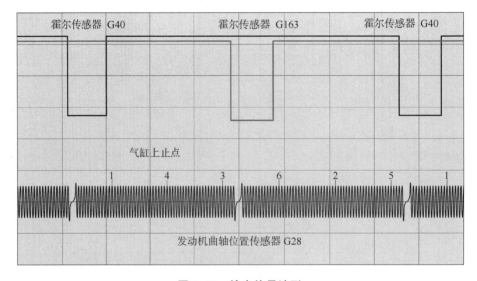

图 2-73　输出信号波形

（1）检测。大众 CC 汽车发动机曲轴位置传感器与发动机 ECU 的连接电路如图 2-74 所示。

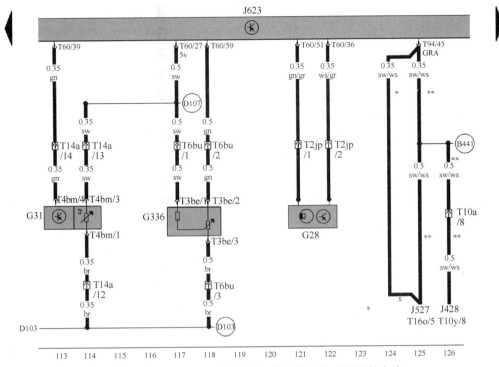

图 2-74 大众 CC 汽车发动机曲轴位置传感器连接电路

G28—发动机曲轴位置传感器；G31—增压压力传感器；G336—进气歧管翻板电位计；J428—车距调节控制单元；
J527—转向柱电子装置控制单元；J623—发动机控制单元

① 工作电压的检测。拔掉曲轴位置传感器插头，打开点火开关，用万用表的电压挡测量线束侧 T2jp/1 端与搭铁是否有约 5 V 电压，如果没有，检查插头端子 T2jp/1 与控制单元 T60/51 的线束导通性。如果导通，则说明控制单元故障。

② 检测传感器的输出信号。关闭点火开关，在曲轴位置传感器的信号线路 T2jp/1 与 T2jp/2 端子上串接一个发光二极管试灯，起动发动机，观察发光二极管试灯的闪烁情况。发光二极管试灯应有规律闪烁，否则为曲轴位置传感器信号不良。如果二极管试灯不闪烁，应检查 T2jp/2 端子与控制单元 T60/36 线束的导通性。如果导通，检查端子 T2jp/1 与搭铁应有 5 V 电压。如果电压正常，说明传感器故障，否则为控制单元故障。

（2）曲轴位置传感器失灵的诊断方法。

① 检查曲轴位置传感器线路有无断路或短路，以及连接器端子有无腐蚀。

② 清洁曲轴位置传感器头部。

③ 检查曲轴位置传感器的供电与搭铁情况。

④ 用示波器读取波形，波形应为方波信号。

⑤ 串接一个发光二极管，起动发动机，观察发光二极管的闪烁情况，发光二极管应有规律闪烁，否则为曲轴位置传感器信号不良。

四、光电式曲轴位置传感器

1. 结构及工作原理

光电式曲轴位置传感器由发光二极管和光敏三极管及遮光盘组成，其工作原理如

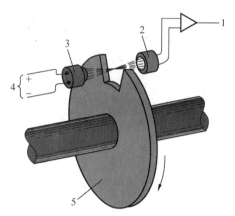

图 2-75 光电式曲轴位置传感器工作原理
1—输出信号;2—光敏三极管;3—发光二极管;
4—电源;5—遮光盘

图 2-75 所示。它通常安装在分电器内,其结构如图 2-76 所示。在分电器底板上固定着由两对发光二极管和光敏三极管组成的信号发生器。分电器轴上装有遮光盘,盘上开有弧形槽。在遮光盘随分电器轴转动时,弧形槽交替阻断从发光二极管射向光敏三极管的光线,使光敏三极管导通或截止,由此产生脉冲信号。遮光盘外圈弧形槽的个数与气缸数目相同,与它对应的一对发光二极管和光敏三极管产生各缸活塞到达上止点的基准信号(Ne 信号)及转速信号;遮光盘内圈的弧形槽只有一个,与它对应的发光二极管和光敏三极管产生第一缸活塞到达上止点的基准信号(G 信号)。安装在分电器内的光电式曲轴位置传感器如图 2-76(b)所示。

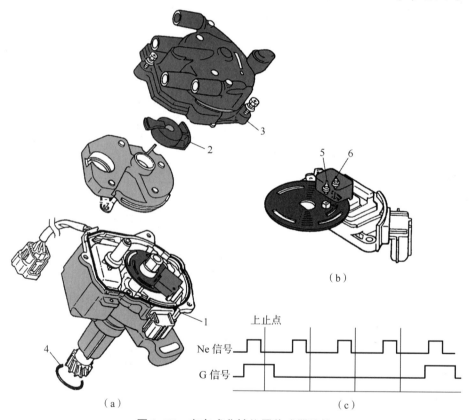

图 2-76 光电式曲轴位置传感器结构
(a)分电器;(b)安装在分电器内的光电式曲轴位置传感器;(c)波形图
1—曲轴位置传感器;2—分火头;3—分电器盖;4—O 形密封圈;5—G 信号传感器;6—Ne 信号传感器

光电式曲轴位置传感器输出信号和霍尔式曲轴位置传感器一样,也是矩形脉冲信号,它也能检测转速很低的运动状态。其缺点是必须保持发光二极管和光敏三极管表面的清洁,否则就会影响传感器的工作。

2. 控制电路

光电式曲轴位置传感器内部的光电元件及放大电路都需要电源才能正常工作，它通常利用蓄电池提供的 12 V 电压作为工作电源。光电式曲轴位置传感器的控制电路和霍尔式曲轴位置传感器完全相同，由电源线、搭铁线和信号线组成（图 2-77）。

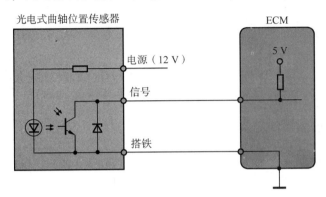

图 2-77　光电式曲轴位置传感器的控制电路

在传感器内部的放大电路中，用光敏三极管组成一个晶体管开关电路，ECU 中的 5 V 基准电压通过一个较大的电阻后施加在晶体管开关电路上（图 2-77）。当发光二极管的光线照射到光敏三极管时，开关电路处于饱和状态，此时传感器的信号输出端与搭铁导通，5 V 电压经过 ECU 中的电阻后在该端子处被短路，其电压变为 0 V；当发光二极管的光线被遮光盘遮住时，晶体管开关电路处于截止状态，使传感器的信号输出端相对于搭铁开路，其电压变为 5 V。由此可知，和霍尔式曲轴位置传感器一样，光电式曲轴位置传感器的输出信号电压也是通过信号输出端相对于搭铁端导通状态的改变，由 ECU 施加在该端子上的电压产生的，在传感器转子转动一圈的过程中，传感器输出与转子叶片（或窗口）数目相同的、幅值为 5 V 的矩形电压脉冲信号。

第四节　凸轮轴位置传感器

凸轮轴位置传感器（Camshaft Position Sensor，CMP），又称凸轮轴转角传感器、相位传感器、同步信号传感器、缸位传感器（Cylinder Position Sensor，CYP）、气缸识别传感器（Cylinder Identify Sensor，CIS）、气缸位置传感器（Cylinder Identification Sensor，CID），有的车上还称为 1 缸上止点传感器（No. 1 Top Dead Center Sensor，No. 1 TDC）。

一、概述

凸轮轴位置传感器的作用主要是检测凸轮轴位置和转角，从而确定第一缸活塞的压缩上止点位置。在起动时，发动机 ECU 根据凸轮轴位置传感器和曲轴位置传感器提供的信号，识别出各个气缸活塞的位置和行程，控制燃油喷射顺序和点火顺序，进行准确的喷油和点火控制。在发动机起动期间，凸轮轴位置传感器是一个关键性的输入。在某些车型上，如果没有凸轮轴位置传感器的输入,发动机将不能正常起动。一旦发动机正常运转,在下一个点火循环之前,就不再需要凸轮轴位置传感器信号,发动机可以正常运转。这是因为 ECU 已经确定了第一缸的压缩上止点位置,发动机 ECU 可以利用曲轴位置传感器信号,便可推算出其他各缸的工作情况。

随着可变气门正时技术的出现和发展,凸轮轴位置传感器也被赋予了新的内涵,除了在起动时用于压缩上止点判定外,在发动机正常工作后,还要肩负起监控可变的进气或排气凸轮是否达到预定位置的重任。

根据工作原理的不同,凸轮轴位置传感器可分为磁电式凸轮轴位置传感器、光电式凸轮轴位置传感器、霍尔式凸轮轴位置传感器、磁阻式凸轮轴位置传感器。

二、霍尔式凸轮轴位置传感器

1. 结构

波罗 1.4 L 16 气门 55 kW 发动机采用霍尔式凸轮轴位置传感器,其安装位置如图 2-78 所示,霍尔式凸轮轴位置传感器位于凸轮轴壳体的飞轮一端,在进气凸轮轴上方。连接到进气凸轮轴的是三个铸模齿,霍尔式凸轮轴位置传感器对其进行扫描。

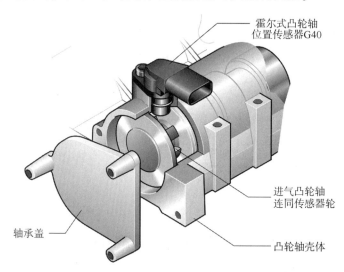

图 2-78 霍尔式凸轮轴位置传感器的安装位置

由霍尔式凸轮轴位置传感器和发动机转速传感器提供的信号被用来确定第一缸的上止点。该信息被用来对各个气缸的爆震和点火顺序喷射进行控制。如果传感器故障,发动机继续运转并可以重新起动,此时,发动机控制单元进入紧急运行模式。气缸内的喷油是同时进行的,而不再是顺序进行的。霍尔式凸轮轴位置传感器的电路结构如图 2-79 所示,霍尔式凸轮轴位置传感器同节气门电位计 G69 一起由发动机控制单元提供电源。

2. 工作过程

霍尔信号的产生过程如图 2-80 所示,当一个齿通过霍尔式凸轮轴位置传感器时会产生一个霍尔电压。霍尔电压脉冲的持续时间取决于齿的长度。该霍尔电压被传递到发动机控制单元并在发动机控制单元中被运算。霍尔电压信号可以使用 VAS5051 的数字式示波仪显示。

第二章　位置和角度传感器　57

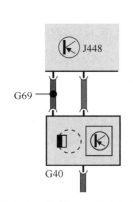

图 2-79　霍尔式凸轮轴位置传感器的电路结构

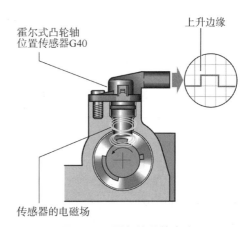

图 2-80　霍尔信号的产生

（1）第一缸识别功能。如果发动机控制单元从霍尔式凸轮轴位置传感器接收到霍尔电压的同时，也从发动机转速传感器接收到参考标记信号，则表明发动机处于第一缸的压缩冲程。发动机控制单元计算转速传感器轮在参考标记后的齿数并据此计算出曲轴的位置（图 2-81）。如参考标记后的 14 齿对应于第一缸的上止点。

（2）快速起动识别功能。仅仅使用三个齿就可以确定凸轮轴相对于曲轴的瞬间位置。这样第一个压缩循环就可以尽快地开始，发动机可以更快地起动（图 2-82）。

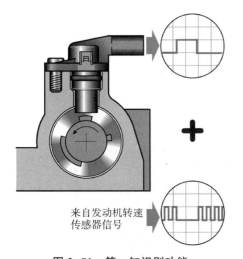

图 2-81　第一缸识别功能

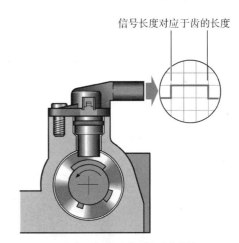

图 2-82　快速起动识别功能

三、磁阻式凸轮轴位置传感器

1. 磁阻效应

利用磁阻效应制成的磁敏电阻元件称为磁阻元件，简称 MRE（Magneto Resistance Element）。磁阻效应是指半导体材料的电阻值随与电流相同或垂直方向的磁场强弱而变化的现象，如图 2-83 所示。在一个长方形半导体元件的两端通电，在无磁场时，电流电极间的

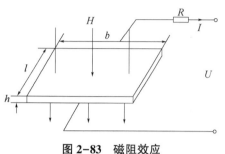

图 2-83 磁阻效应

电阻值取最小电流分布。当长方形元件处于磁场中时,由于两电极间的电流路径因磁场作用而增长,从而使电极间的电阻值增加。利用磁阻效应,可实现磁和电→电阻的转换。对于非铁磁性物质,外加磁场通常能使其电阻率增加,即产生正的磁阻效应。

2. 检测原理

磁阻式凸轮轴位置传感器由信号发生器、磁铁和用树脂封装的信号处理电路集成的电路模块组成,如图 2-84 所示。当传感器的磁头正对转子凹槽时,磁力线向两侧的叶片分布构成闭合磁路,此时磁阻元件电阻较小,通过磁阻元件的磁力线较少,磁场强度较弱,且磁力线与磁阻元件成一定角度,如图 2-85(a)所示,此时磁阻元件输出 5 V 高电平信号。当磁阻传感器的磁头正对转子叶片时,磁力线通过正对的叶片构成闭合磁路,此时磁阻元件电阻较大,通过磁阻元件的磁力线较多,磁场强度较强,且磁力线与磁阻元件垂直,如图 2-85(b)所示,此时磁阻元件输出 0 V 低电平信号。

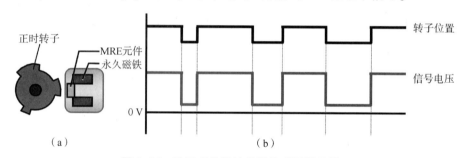

图 2-84 磁阻式凸轮轴位置传感器的结构
(a)结构;(b)转子位置和信号电压的关系

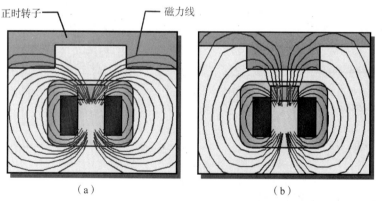

图 2-85 磁阻式凸轮轴位置传感器的工作原理
(a)传感器输出高电平;(b)传感器输出低电平

因此,随着转子的旋转,叶片的凸起与凹槽交替变化,引起通过磁阻元件的磁力线的强弱和角度发生改变,由于磁阻效应的作用,磁阻元件的电阻也发生变化,通过 MRE 装置的电流也随之改变,这种电流的变化由信号放大电路、滤波电路和整形电路转换成二进制数字信号,并输送给发动机 ECU。发动机 ECU 根据此信号判别进、排气凸轮轴的位置。

磁阻式凸轮轴位置传感器具有体积小、结构简单、精度高、灵敏度高、分辨率高、输出信号幅值大、抗电磁干扰能力强、耐油污粉尘、稳定性和可靠性良好、工作温度范围宽等特点,而且频率特性优良,在静止状态下也有信号输出。

3. 控制电路

磁阻式凸轮轴位置传感器的控制电路(图 2-86)的形式和霍尔式凸轮轴位置传感器、光电式凸轮轴位置传感器的完全相同,由电源线、搭铁线和信号线组成。用蓄电池提供的 12 V 电压或 ECU 提供的 5 V 电压作为工作电源,其输出信号也是通过一个三极管开关电路的饱和或截止状态的变化,使信号输出端改变与搭铁端的导通状态,由 ECU 通过一个电阻后施加在该端子上的 5 V 电压产生的。在传感器转子转动一圈的过程中,传感器输出与转子的凸齿或叶片数目相同的、幅值为 5 V 的矩形电压脉冲信号。

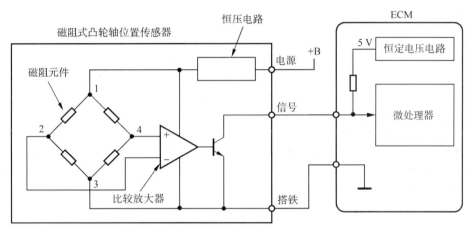

图 2-86 磁阻式凸轮轴位置传感器的控制电路

4. 磁阻式凸轮轴位置传感器检测

丰田系列新皇冠、汉兰达、雷克萨斯以及红旗 HQ300 等发动机智能可变气门正时系统 VVT-i 采用磁阻式凸轮轴位置传感器,在每一个气缸组上的进、排气凸轮轴上都装有 1 个磁阻式凸轮轴位置传感器(也称为磁阻式 VVT 传感器,共 4 个),其安装位置如图 2-87 所示。

进、排气凸轮轴上凸轮轴位置传感器正时转子有三个凸起,所对应的凸轮轴角分别为 90°、60°、30°,即所对应的曲轴转角为 180°、120°、60°,曲轴每旋转两周,进、排气凸轮轴旋转一圈,产生 3 个大小不同的脉冲,智能可变气门正时系统通过凸轮轴位置传感器的检测,由 ECU 占空比控制油压控制电磁阀,从而把进、排气凸轮轴分别控制在 40°和 35°曲轴转角之间,提供最适合发动机工作特性的气门正时,改善发动机所有转速范围内的转矩,提高燃油经济性,减少污染物的排放。磁阻式凸轮轴位置传感器的连接电路如图 2-88 所示,其数字信号波形如图 2-89 所示。

(1)工作电压的检测。关闭点火开关,断开凸轮轴位置传感器,打开点火开关至"ON"位置,用万用表检查 VC 端子与 VV-端子之间的电压,应为 5 V,如果没有 5 V 电压,则应分别检查与 ECU 间线路的连接情况,如果线路正常,则说明发动机 ECU 有故障。

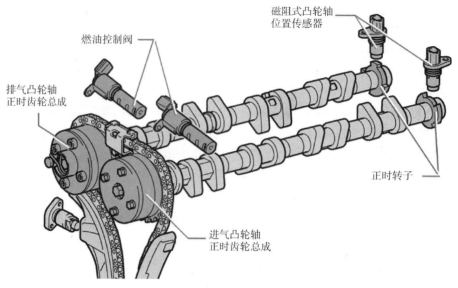

图 2-87　磁阻式凸轮轴位置传感器的安装位置

（2）参考电压的检测。关闭点火开关，断开凸轮轴位置传感器，打开点火开关至"ON"位置，用万用表检查 VV+端子与 VV-端子之间的电压，应为 4.6 V，如果没有 4.6 V 电压，则应检查 VV+与 ECU 间线路的连接情况，如果线路正常，则说明发动机 ECU 有故障。

（3）波形检测。在线路正常连接的情况下，使发动机运转，用示波器检测输出信号，其标准波形应与图 2-89 所示的波形相同。

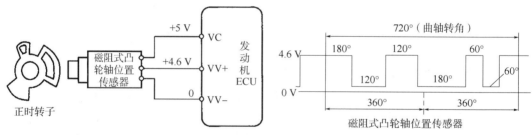

图 2-88　磁阻式凸轮轴位置传感器的连接电路　　图 2-89　磁阻式凸轮轴位置传感器数字信号波形

四、新捷达霍尔式凸轮轴位置传感器检修

新款捷达霍尔式凸轮轴位置传感器（简称霍尔传感器）向 ECU J361 提供第一缸点火位置信号，故又称判缸传感器。霍尔式凸轮轴位置传感器安装在气缸盖前端凸轮轴正时齿轮之后，其外形及结构如图 2-90 所示。霍尔式凸轮轴位置传感器是一个电子开关，按霍尔原理工作。霍尔式凸轮轴位置传感器隔板上有一个霍尔窗口，曲轴每转两周产生一个信号，根据霍尔式凸轮轴位置传感器信号和发动机转速传感器的点火时间信号，ECU 识别出 1 缸点火上止点，其电路连接如图 2-91 所示。

（1）检测霍尔式凸轮轴位置传感器的供电电压。

① 关闭点火开关。

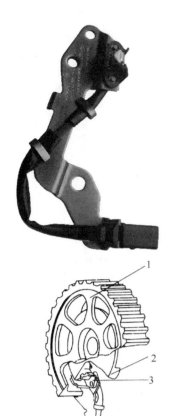

图 2-90 霍尔式凸轮轴位置传感器的外形及结构
1—凸轮轴正时齿轮；2—信号转子；3—霍尔信号发生器

② 拔下霍尔式凸轮轴位置传感器的 3 芯插头。

③ 打开点火开关，用万用表的电压挡测量 3 芯插头的 T3a/1 与 T3a/3 两孔之间的电压约为 5 V。

④ 用万用表电压挡测量 T3a/2 与 T3a/3 两孔（之间）的电压值约为 12 V（蓄电池电压）。

（2）检测霍尔式凸轮轴位置传感器的线束导通性。

① 关闭点火开关。

② 拔下控制单元 J361 的连接插头。

③ 拔下霍尔式凸轮轴位置传感器的 3 芯插头。

④ 用万用表电阻挡测量 3 芯插头的 T3a/1 端子与 ECU J361 的 T80/82 端子，如正常应导通。

⑤ 测量 3 芯插头上 T3a/2 端子与控制单元 J361 的 T80/60 端子，如正常则应导通。

⑥ 测量 3 芯插头上 T3a/2 端子与 220 发动机线束内传感器搭铁，如正常则应导通。

（3）霍尔式凸轮轴位置传感器工作情况的检测。

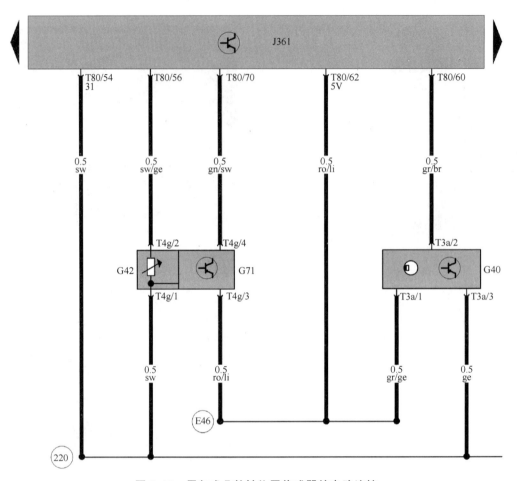

图 2-91 霍尔式凸轮轴位置传感器的电路连接

G40—霍尔式凸轮轴位置传感器；G42—进气温度传感器；G71—进气压力传感器；J361—发动机控制单元
T3a—3 芯黑色插头连接；T4g—4 芯灰色插头连接；T80—80 芯黑色插头连接

① 关闭点火开关。
② 拔下燃油泵 G6 的熔丝 S37 号（20 A）。
③ 释放燃油系统的压力。
④ 将二极管连接到霍尔式凸轮轴位置传感器的 T3a/1 与 T3a/3 之间。
⑤ 短暂起动发动机检测二极管，二极管应有规律地闪烁。

第五节　液位传感器

液位传感器是用来探测各种液体的高度位置，作为仪表指示、警告的输入信号。汽车上的液位传感器主要有发动机机油液位传感器、燃油油位传感器、冷却液液位传感器、制动液液位传感器和清洗液液位传感器等。按照传感器的性质类型来分，可以分为模拟量输出型和开关输出型两种。模拟量输出型主要用于仪表指示，主要有浮子式、电热式和电容式等，开关输出型主要用于仪表报警，主要有热敏电阻式、舌簧开关式等。

一、浮子舌簧开关式液位传感器

浮子舌簧开关式液位传感器主要用于制动液液位、冷却液液位的报警和洗涤液液位的报警检测。

1. 构造

浮子舌簧开关式液位传感器由树脂圆管制成的轴和可沿其上下移动的环状浮子组成，其结构如图 2-92 所示。在管状轴内装有强磁性材料制成的触点，即舌簧开关，浮子内嵌有永久磁铁。舌簧开关内部是一对很薄的触点，随浮子位置的不同，触点闭合或断开，可以判定液量多于规定值还是少于规定值。

当液位低于规定值时，带永久磁铁的浮子在重力的作用下下移，正好和舌簧开关中部对齐（图 2-93）。浮子内嵌有永久磁铁，使舌簧开关内的两个触点磁化，一个磁化生成 N 极，另一个磁化生成 S 极，二者相互吸引克服舌簧的弹性而使开关闭合，报警灯点亮，表明液位已低于规定值。

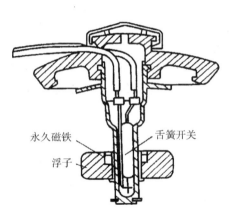

图 2-92 浮子舌簧开关式液位传感器的结构

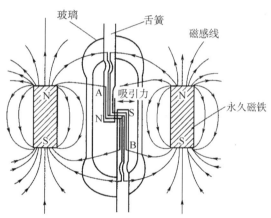

图 2-93 液位低于规定值时舌簧开关的作用

当液位达到规定值时，浮子上升，永久磁铁产生的磁场偏离开关中心，两个舌簧触点被接近的磁极磁化为同性极，因相互排斥而使触点打开，报警灯熄灭，表示液位在正常位置。图 2-94 所示为洗涤液液位传感器液位正常和不足时触点的开闭情况，图 2-95 所示为浮子舌簧开关式液位传感器的线路连接。

2. 检测

浮子舌簧开关式液位传感器常见故障是浮子损坏、舌簧弹性丧失不能工作。可用万用表测量传感器的两接线端子电阻来判断传感器的好坏：当浮子上下移动时，确认开关是否随之通断变化。当传感器工作

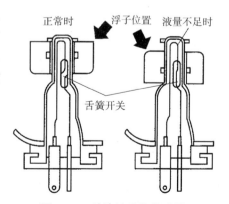

图 2-94 洗涤液液位传感器

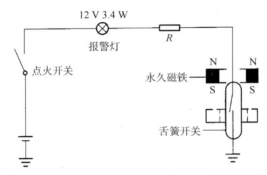

图 2-95 浮子舌簧开关式液位传感器的线路连接

正常、浮子向下移动时，两端子电阻为 0 Ω，表示导通；浮子向上移动时，两端子电阻为无穷，表示不导通。如果不符合要求，则表示液位传感器已损坏，应当更换。

二、浮子可变电阻式液位传感器

浮子可变电阻式液位传感器由浮子、内装滑动电阻的本体以及连接这两者的浮子臂组成，其结构如图 2-96 所示。这种液位传感器的浮子可以随液位上、下移动，滑动臂可在电阻上滑动，从而改变了搭铁与浮子间的电阻值，利用这一特性控制电热式燃油表回路中的电流大小，或者将电阻变化的信号输入到发动机 ECU，最后在仪表上显示出来，表示液位高低。

浮子可变电阻式液位传感器可以与电热式燃油表配合使用，也可以将电阻转变为电压信号直接输入到发动机 ECU，由发动机 ECU 控制仪表显示。由于二者在工作原理和检测方法上有所不同，下面分别给予介绍。

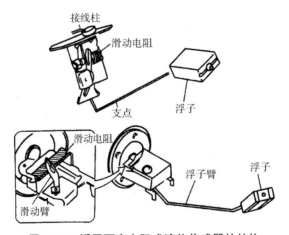

图 2-96 浮子可变电阻式液位传感器的结构

1. 电热式燃油表用浮子可变电阻式液位传感器的检修

浮子可变电阻式液位传感器用在汽油油量表中，其应用如图 2-97 所示。仪表与浮子串联，当满油箱时，浮子升到最高位置，滑动臂滑向低电阻方向，通过回路中电流增大，双金属片弯曲程度大，指针指向 F（Full）侧。当油箱内油量较少时，浮子升到较低位置，电阻增大，燃油表电路中电流减小，仪表内双金属片稍有弯曲，指针指向 E（Empty）侧。

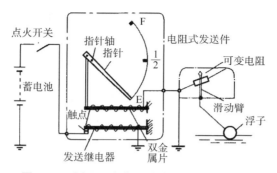

图2-97 浮子可变电阻式液位传感器的应用

下面以丰田皇冠轿车浮子可变电阻式液位传感器为例,说明其检测方法。

(1) 供给电源的检查。断开点火开关,切断燃油表插接件在线束侧的插接,使用专用工具,连接12 V、3.4 W测试灯,然后将点火开关置于"ON"位置,正常情况下测试灯应点亮(图2-98)。

(2) 浮子位置的检查。丰田皇冠轿车使用的浮子可变电阻式液位传感器,在检查时,首先按照图2-99所示来检查浮子各个位置是否符合规定。

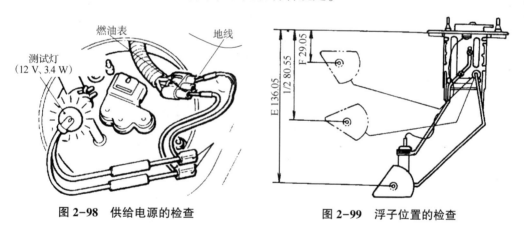

图2-98 供给电源的检查

图2-99 浮子位置的检查

(3) 电阻检查。如图2-100所示,用万用表测定浮子在不同位置时,F与E两点的电阻,即传感器连接器插头1、3端子间的电阻,测量结果应符合规定。当E处电阻值大于F处电阻值,且从E到F变化过程中电阻值连续变化时,说明传感器性能良好。测量结果如果不符合规定或不连续,应更换浮子可变电阻式液位传感器。搭铁端子间的电阻值如表2-5所示。

2. 由发动机ECM接收信号的燃油液位传感器

别克凯越用燃油液位传感器也为两线制滑动电阻式传感器,就传感器本身来说,它与其他浮子可变电阻式燃油液位传感器工作原理相同,但不同点在于燃油表的显示信号来自发动机ECM,而不是传感器本身。图2-101是别克凯越燃油液位传感器与燃油表和ECM连接的电路图。

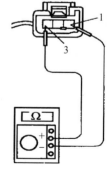

图2-100 电阻检查

表 2-5 搭铁端子间的电阻值

浮子位置/mm		电阻值/Ω
F	29.05±3	3±2.1
1/2	80.55±3	32.5±4.8
E	136.05±3	110±7.7

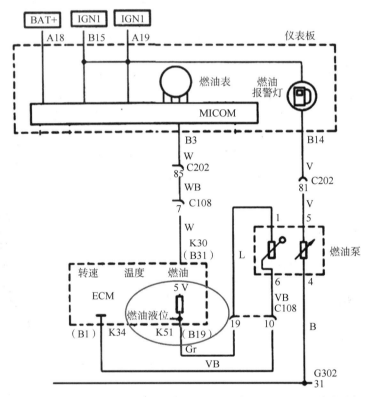

图 2-101 别克凯越燃油液位传感器与燃油表和 ECM 连接的电路图

燃油液位传感器为浮子可变电阻式传感器，滑动电阻臂随浮子的上升和下降而变化，燃油液位传感器由 ECM 的 K51 脚提供 5 V 参考电压，由 ECM 的 K34 脚提供搭铁回路。燃油液位的改变引起滑动电阻值的变化，因为滑动电阻与 ECM 内的固定电阻是串联的，因此滑动电阻的分压也随之改变，最终使燃油液位信号电压发生改变。液位高时，滑动电阻值小，信号电压低；液位低时，滑动电阻值大，信号电压高。

组合仪表 B3 脚向 ECM 的 K30 脚提供频率为 128 Hz、幅度为 5 V 的方波信号，ECM 根据燃油液位传感器的信号电压高低，控制方波的占空比，即控制搭铁时间，也就控制了供给燃油表的平均电压，从而驱动燃油表指示不同的值。燃油液位电路端子经常出现的故障主要有配合不当、锁片折断、变形、端子损坏、端子与导线接触不良、线束损坏等。

（1）检查燃油液位参考电压。关闭点火开关，断开燃油泵连接器，接通点火开关，用数字电压表在燃油液位传感器连接器端子 1 上测量燃油液位参考电压，正常值为 4~5 V。

（2）检查燃油液位传感器搭铁状况。断开 ECM，检查燃油液位传感器连接器端子 6 和发动机控制模块端子 K34 之间的燃油液位传感器搭铁电路导通情况，正常电阻为 0 Ω。

（3）检查 ECM 与仪表板线路连接情况。K30 与 B3 间线路应该导通，如果 K30 端连线断路或接地，燃油信号变为 100%或 0，燃油表不确认，也不动作。

（4）检查燃油液位传感器电阻。断开燃油液位传感器插接器，用万用表的电阻挡测量传感器本体 1 与 6 间电阻，随着浮子位置的变化，燃油液位传感器电阻应符合表 2-6 中的规定。

表 2-6 燃油液位传感器标准电阻值

状况	电阻	状况	电阻
空	280 Ω 或以上	满箱	38 Ω 或以下
半满	约 90 Ω		

（5）解码器检测。用解码器检测时，如果燃油液位传感器出现故障，会出现以下故障码：P0461——燃油液位传感器卡滞；P0462——燃油液位传感器电压过低；P0463——燃油液位传感器电压过高；P0464——燃油液位传感器间歇性干扰。

三、热敏电阻式液位传感器

1. 原理

液面报警灯用传感器主要是当液面低于某一位置时，点亮报警灯，以警告驾驶人注意。例如，燃油油面报警灯就是当燃油箱内燃油减少到某一规定值时灯亮进行报警。液面报警系统一般由热敏电阻式液位传感器和报警灯组成。热敏电阻式液位传感器一般采用负温度系数（NTC）的热敏电阻制成，利用热敏电阻元件温度高时电阻下降，温度低时电阻变大的特性，改变线路电流的大小，从而控制液面报警灯的关闭和点亮。其直接控制电路连接如图 2-102（a）所示。

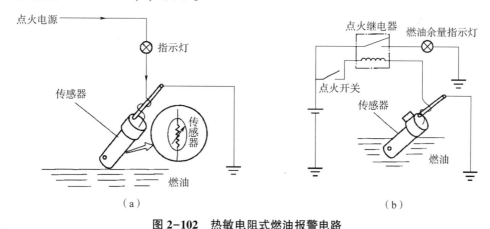

图 2-102 热敏电阻式燃油报警电路
(a) 直接控制；(b) 继电器控制

当点火开关接通时，热敏电阻上加上蓄电池电压，传感器内就有电流通过，在电流的作用下，热敏电阻本身发热。当燃油没有到报警位置时，热敏电阻处于燃油液面以下，但因其热量易散发，所以热敏电阻的温度不会升高，其电阻值较大，所以电路中电流很小，报警灯处于熄灭状态；反之，当燃油量减少，热敏电阻式液位传感器处于燃油液面以上，热敏电阻暴露在空气中时，因为其热量难以散发，所以热敏电阻的阻值降低。当热敏电阻的阻值下降到一定值时，线路中流过的电流增大，则报警灯发亮，或者用此电流控制继电器，使继电器触点闭合，而使低油面报警灯发亮报警，使用继电器控制燃油液面报警灯的电路连接如图2-102（b）所示。通过指示灯的亮、灭，就可判断燃油量的多少。

2. 检测

（1）电源的检测。从燃油表上拔下连接插头，打开点火开关，把报警灯一端搭铁，这时指示灯应点亮。

（2）传感器本体检测。取出燃油油量表的外壳，然后在报警端与搭铁端连接一个12 V、3.4 W的小灯泡做报警灯，当接上蓄电池时，如图2-103（a）所示，报警灯应当亮。当将液位传感器放入水中时，如图2-103（b）所示，报警灯应该熄灭。

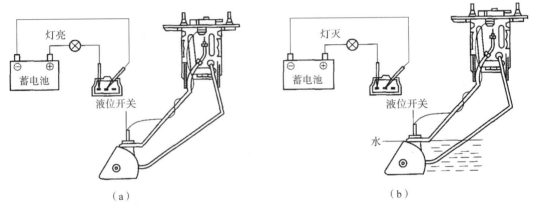

图2-103　液位传感器的检查
(a) 放在空气中；(b) 放在水中

四、电容式液位传感器

1. 结构原理

电容式液位传感器常用作燃油、机油和冷却液液位的测量。其构造如图2-104所示，将电容式液位传感器放入燃油或冷却液中，随着燃油或冷却液液面高度发生变化，引起电容电极间的电介质的不同而导致电容变化，电容的变化引起了振荡周期的变化，通过计算振动频率，就能获知液面状态。

机油状态传感器是大众/奥迪车系所配备的反映机油状况的一个重要传感器，主要作用是随时监控机油液位、机油温度。下面以大众CC发动机为例，说明其构造和检测方法。

如图2-105所示，机油状态传感器G266安装在油底壳中的下部，通过持续测得的油位和温度数据作为脉冲宽度调制的输出信号传递给组合仪表。该传感器由两个重叠安装的筒形电容器组成。两根金属管作为电容器电极嵌套安装在电极之间（图2-106），发动机机油作为电介质。机油状态通过下面的传感器测得，作为电介质的机油因磨损碎屑不断增加以及添加剂的分解而使介电常数发生变化，相应的电容值将在传感器内的电子装置中被处理成数字信号,并作为发动机机油状态信息被传送给仪表电脑。机油液位传感器在状态传感器的上部,它测量机油液位这一部分的电容值,该电容值会随着机油液位的变化而发生变化,并将由传感器电子装置处理成数字信号再传送到仪表电脑中。

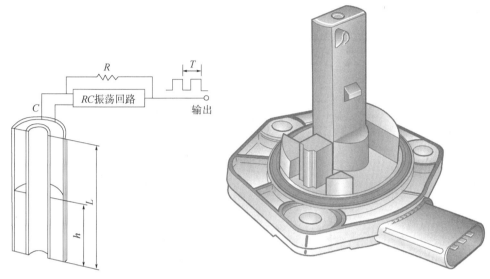

图 2-104 电容式液位传感器的构造　　图 2-105 机油状态传感器外形

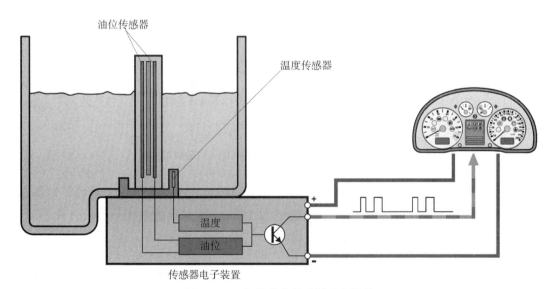

图 2-106 机油状态传感器内部结构

如图 2-106 所示,在机油状态传感器的底座上装有一个铂温度传感器,该传感器检测机油温度,并将检测到的温度信号传送到仪表电脑,再输出到机油温度表中显示。只要在输出信号端连续测量,即可测得机油液位、温度和发动机机油状态信号的变化。

2. 机油油位和机油温度传感器 G266 检测

如图 2-107 所示,机油状态传感器 G266 是一个三线式数字信号传感器。

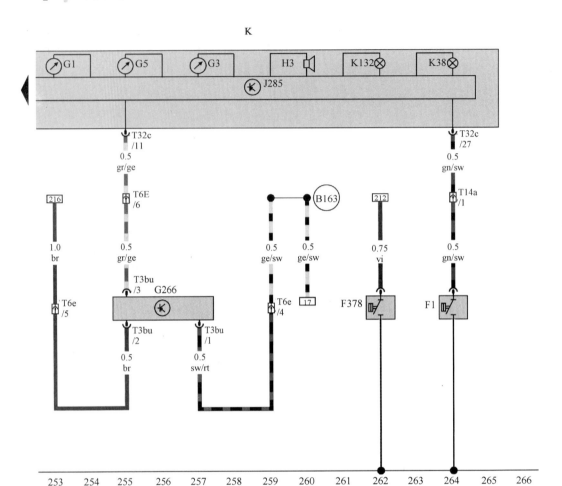

图 2-107 机油油位和机油温度传感器电路图

F1—油压开关；F378—机油压力降低开关；G1—燃油储备显示；G3—冷却液温度表；G5—转速表；
G266—机油油位和机油温度传感器；H3—警报蜂鸣器；J285—仪表板中的控制单元；
K—仪表板；K38—油位指示灯；K132—电子油门故障信号灯

(1) 供给电源检测。用数字式万用表对传感器 1 号端子进行工作电压检查。用数字式万用表电压挡检测机油状态传感器 T3bu/1 端子与 T3bu/2 端子间的电压，点火开关打开时，其电源端电压应是蓄电池电压。

(2) 搭铁线检测。检测 T3bu/2 号线与搭铁间电阻，正常值应为 0 Ω，否则说明搭铁不正常。

(3) 信号线参考电压。检测 T3bu/3 号线信号电压应在 9.8~10.5 V 范围内。在怠速时测量电压值应基本不变化。

(4) 解码器检测。使用 VAS5052 可以查询故障代码，如果机油状态传感器本身或线路出现问题，会出现故障代码 00562。

(5) 波形检测。运用示波器对机油状态传感器输出端的信号进行波形分析，可以进一步确定该传感器信号特征。该信号是一个脉冲矩形方波信号。机油状态传感器波形如图 2-108 所示。

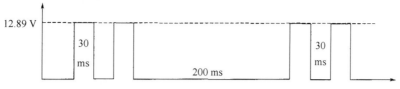

图 2-108 机油状态传感器波形

（6）油位显示。发动机油压指示灯也用来显示油位,指示灯为黄色则表示油位过低；黄色指示灯闪烁则表示油位传感器损坏；油位过高时无信号显示。

五、半导体型液位传感器

别克 G/GL/GS 系列轿车的传感器使用半导体型发动机冷却液液位传感器,其电路连接如图 2-109 所示。当点火钥匙处于"RUN"位置时,液位传感器的 B 端有蓄电池电压供给,传感器电极浸入发动机冷却液中,而发动机冷却液作为电介质被传感器电路视为电阻。

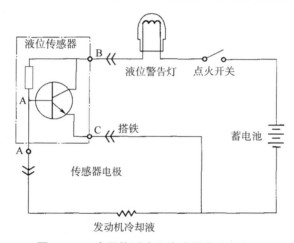

图 2-109 半导体型液位传感器线路示意图

发动机冷却液液位传感器的内部电路类似于三极管的工作原理,液位传感器的 B 端"+"电压不仅是发动机冷却液液位警告灯电路的一部分,也是液位传感器内部电路的工作电压,C 端为搭铁端。

当发动机冷却液液位正常时,发动机冷却液导电能力相对较强,电阻较小,根据分压原理,基极电位（A 点电位）较低,三极管截止,液位传感器的内部电路将使 C 端处于开路状态,则液位警告灯不亮。反之,当发动机冷却液液位较低时,发动机冷却液电阻较大,根据分压原理,A 点电位较高,三极管导通,液位传感器的内部电路使液位传感器的 B 端和 C 端导通,则液位警告灯点亮。

检测时,关闭点火开关,断开液位传感器接头,打开点火开关,首先检测 B 端是否有蓄电池电压,检查 C 端搭铁是否正常。如果不正常,应检查线路。

检查发动机冷却液液位传感器 B 端与 C 端的线路是否有短路现象。传感器的 B、C 端之间并非电阻信号,因此在水位正常的情况下,传感器本体的 B、C 端之间不应导通。拔出液位传感器,则 B、C 端之间应导通,检测时应注意表笔的正负极不要接反。在发动机冷却液液位正常的情况下，发动机液位警告灯依旧点亮，此时应检查液位警告灯至液位传感器 B 端的线路是否有短路现象。

第六节　转向盘转角传感器

转向盘转角传感器（简称转向角传感器）主要用于车辆稳定控制系统、电子助力转向系统和电子悬挂系统中，用于检测转向盘的中间位置、转动方向、转动角度和转动速度等转向信息，从而使相关控制单元实施不同的控制策略。

早期的转向盘转角传感器主要安装在转向轴管上，用以检测转向轴的旋转角度，如今的转向盘转角传感器，一般与时钟弹簧集成安装。转向盘转角传感器主要有滑动电阻式、磁感应式、光电式、霍尔式、各向异性磁阻式等，应用最广泛的是光电式转向盘转角传感器。

一、光电式转向盘转角传感器

（一）大众转向盘转角传感器

1. 作用

ESP ECU 根据转向盘转角传感器和轮速传感器判断驾驶员想往什么方向行驶，同时 ECU 根据横摆率传感器和横向加速传感器判断车辆实际行驶方向。如果车辆实际行驶方向与驾驶员的意图相同，则 ESP 系统不工作；如果车辆发生跑偏或甩尾，导致车辆实际行驶方向与驾驶员意图不同的时候，则 ESP 系统工作，调节车辆实际行驶方向，防止发生事故。当车辆转向不足时，通过对内侧后轮施加相应的制动，并控制发动机和变速器管理系统，减小动力输出，ESP 在一定程度内阻止车辆向外驶出弯道。当车辆出现过度转向时，通过对外侧前轮施加制动，并对发动机和变速器管理系统施加控制，ESP 在一定程度内可以阻止车辆向内过度转向，向带有 EDL/TCS/ESP 的 ABS 控制单元传递方向盘转角信号，测量范围为 ±720°，4 圈，测量精度为 1.5°，分辨速度为 1~2 000 （°）/s。

2. 安装位置与结构

转向盘转角传感器安装位置如图 2-110 所示，转向盘转角传感器位于转向柱锁开关和方向盘之间的转向柱上，与安全气囊时钟弹簧集成为一体。安装时，要保证转向盘转角传感器在正中位置，观察孔内黄色标记可见，用以进行标定，其外形如图 2-111 所示。

如果缺少转向盘转角传感器的信息，ESP 系统就无法得知所需要的行驶方向，ESP 系统功能就会失效。在更换了控制单元或传感器后，须重新校准起始位置（零位），否则转向盘转角传感器无法通信。

注意：调整轮距后可能出现故障，一定要注意传感器与方向盘的连接，安装时，要保证 G85 在正中位置，观察孔内黄色标记可见。

转向盘转角传感器 G85 是 ESP 系统中唯一直接通过 CAN 总线将信息传递给控制单元的传感器。只要方向盘转角达到 4.5°，接通点火开关后，该传感器就开始初始化，这相当于转动了约 1.5 cm，其电路如图 2-112 所示。

转向盘转角传感器 G85（它是个独立的驱动 CAN 总线用户）测量出当前的转向角值

第二章　位置和角度传感器

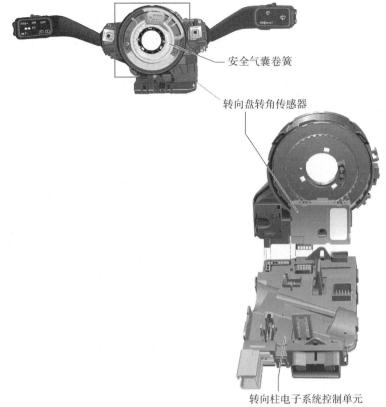

图 2-110　转向盘转角传感器的安装位置

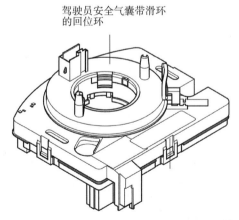

图 2-111　转向盘转角传感器的外形

并把该值发送到 CAN 总线上，此时驻车转向系统控制单元就可以从转向角实际值与规定值的对比中确定出实际驻车路线与理想驻车路线之间的偏差。根据这个偏差信息计算出新的转向角规定值并把该值发送到 CAN 总线上，打开点火开关后，转向盘被转动 4.5°（相当于 1.5 cm），传感器进行了初始化。

3. 工作原理

转向盘转角传感器主要由带有两只编码环的编码盘以及带有一只光源和一只光学传感器的光栅对组成，如图 2-113 所示。编码盘由两只环组成，在外面的一只叫作绝对环，里面的一只叫作增量环。增量环被分为 5 个扇区，每个扇区为 72°，它由一对光栅对读取，光电编码器如图 2-114 所示。该环在扇区有开口，同一扇区内的开口顺序是相同的，但不同扇区之间的开口顺序则不同，从而实现了各扇区之间的设码。

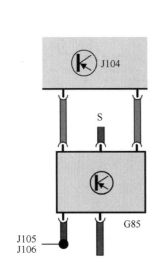

图 2-112　转向盘转角传感器 G85 电路

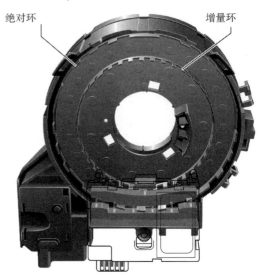

图 2-113　编码盘组成

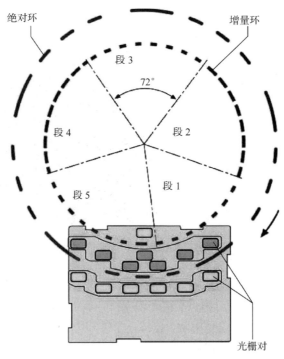

图 2-114　光电编码器

绝对环确定精度，它被6只光栅对读取。转向盘转角传感器可以识别1 044°的转向角，它对角度进行累加。由此当超出360°标记时，能够识别转向盘完全转动了一圈。转向器的这种设计结构可以使转向盘转动2.76圈。

4. 角度测量原理

（1）结构与测量原理。角度的测量是通过光栅原理来实现的，转向盘转角传感器G85的结构如图2-115所示。传感器基本构件由光源、编码盘、光学传感器、计数器等组成。用于传递转动的圈数编码盘由两个环构成，一个是绝对环，一个是增量环，每个环由两个传感器进行扫描。

（2）信号产生机理。为了简化结构，将两个带孔蔽光框放在一起，一个为增量蔽光框，另一个为绝对蔽光框。在两个蔽光框之间有光源，其外侧是光学传感器。如果光透过缝隙照到传感器

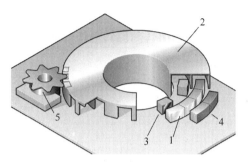

图2-115 转向盘转角传感器G85的结构
1—光源；2—编码盘；3，4—光学传感器；5—计数器

上，就会产生一个信号电压（图2-116（a））；如果光源被遮住，这个电压就又消失了（图2-116（b））。

如图2-116（c）所示，如果移动蔽光框，就会产生两个不同的电压。增量传感器传送

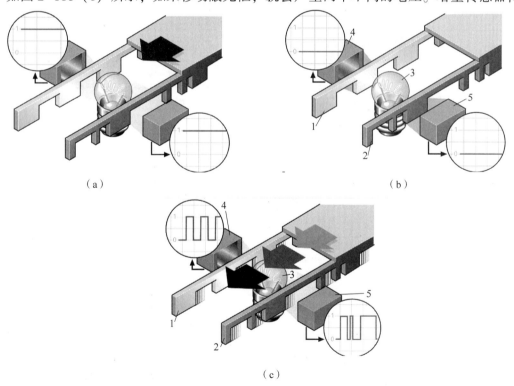

图2-116 光栅工作原理
（a）透光时；（b）遮光时；（c）蔽光框移动时
1—增量蔽光框；2—绝对蔽光框；3—光源；4，5—光学传感器

一个均匀的信号,这是因为间隙是均匀分布的;绝对传感器传送一个不均匀信号,这是因为间隙是不均匀分布的。系统通过对比这两个信号,就可计算出蔽光框移动的距离,于是就确定了绝对部件运动的起始点。转向盘转角传感器的工作原理与此相同,只是运动变成了旋转运动。

(二)丰田转向盘转角传感器

1. 结构原理

丰田转向盘转角传感器安装在组合开关区。该传感器能检测转向力和转向方向,向防滑控制 ECU 输出信号。该类转向盘转角传感器包括一个带孔的信号盘、一个微型处理器和几个光电隔离器(SS1、SS2、SS3),其结构如图 2-117 所示,光电隔离器包括发光二极管和光敏晶体管。当转动转向盘时,信号盘会随着转向盘转动,发光二极管发出的光线一定周期地经过信号盘光孔照射在光敏晶体管上,光敏晶体管就会发出一定的电压信号。光电隔离器则检测信号,再把信号传给微型处理器,由微型处理器把这些信号转化成数字信号传给 ECU。ECU 通过这个数字信号来判断转向盘的中间位置、旋转方向和转向角度。主动型和被动型轮速传感器车速检测方法示意图如图 2-118 所示,转向盘转角传感器转动方向及角度原理图如图 2-119 所示。

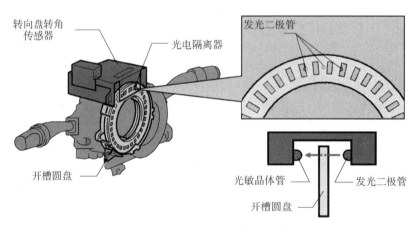

图 2-117 转向盘转角传感器的结构

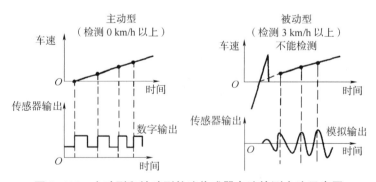

图 2-118 主动型和被动型轮速传感器车速检测方法示意图

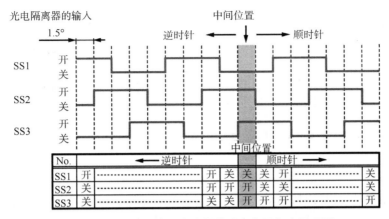

图 2-119 转向盘转角传感器转动方向及角度原理图

2. 电路检测

以雷克萨斯 LS400-UCF10 光电式转向盘转角传感器为例，说明其检测方法。图 2-120 为其电路连接图。

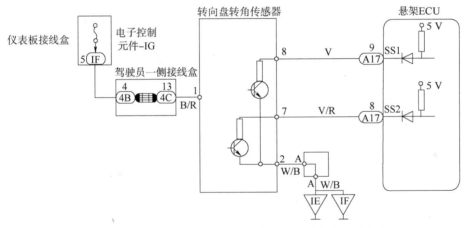

图 2-120 雷克萨斯 LS400-UCF10 光电式转向盘转角传感器电路连接图

（1）检测转向盘转角传感器工作电压。关闭点火开关，拆下转向盘，脱开转向盘转角传感器连接器，接通点火开关。用万用表电压挡检测转向盘转角传感器连接器端子 1、2 之间的电压，如图 2-121 所示，正常值应为蓄电池电压，否则应检查悬架 ECU 熔丝是否完好，转向盘转角传感器与熔丝盒之间的连线是否断路或短路。

（2）检测转向盘转角传感器参考电压。关闭点火开关，拆下转向盘，脱开转向盘转角传感器连接器，接通点火开关。用万用表电压挡检测转向盘转角传感器连接器线束侧端子 7 与 2 之间、8 与 2 之间的电压，正常值应为 5 V 参考电压，否则应检查连接器端子与悬架 ECU 的连线是否断路或短路，或者悬架 ECU 损坏。

（3）输出信号检测。关闭点火开关，拔掉传感器插头，如图 2-122 连接电路，缓慢转动转向盘，8 与 2、7 与 2 间应有通断变化。

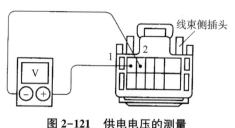

图 2-121 供电电压的测量　　图 2-122 输出信号检测

(4) 就车检查信号电压。正常连接线路，接通点火开关，慢慢转动转向盘，用万用表电压挡分别测量悬架 ECU 连接器端子 SS1（A17 的 9 号端子）和 SS2（A17 的 8 号端子）与车身接地之间的电压，正常值在 0~5 V 之间变化。否则说明转向盘转角传感器信号未输入悬架 ECU 或转向盘转角传感器信号有故障。

二、滑动电阻式转向盘转角传感器

滑动电阻式转向盘转角传感器与线性节气门位置传感器工作原理相同，在电阻器的两端施加 5 V 直流电压，一个滑动接触点随着转向盘的转动在电阻器两端内运动，转向盘转动到两个端点位置时，滑动接触点刚好运动到电阻器两端。测量接触点和电阻器一端的电压即可求得转向盘的绝对转角位置。还有的转向盘转角传感器采用双滑动电阻的两路输出电压信号，传感器由两个相差 90°的精密电位滑环组成，除了用于判断转向盘的旋转方向外，这两路输出电压信号还可相互补充，实现出错诊断。

由于电阻分压式绝对值转向盘转角传感器是接触式传感器，在滑动触点和电阻器的相互运动过程中，二者会产生磨损，影响传感器的使用寿命。滑动电阻式转向盘转角传感器的检测方法可以参照节气门位置传感器来进行。

三、霍尔式转向盘转角传感器

如图 2-123 所示，标致 307 随速可变电子泵助力转向系统（GEP）中，使用了霍尔式转向盘转角传感器，它与使用遮蔽板的霍尔式曲轴位置传感器原理相似，霍尔式转向盘转角传感器也是利用遮蔽转盘旋转时遮蔽或通过磁场，使霍尔元件产生或不产生霍尔电压的办法来计量转向角度的大小。转向盘转角传感器需要使用一根 12 V 的工作电压线、一根搭铁线和两根用于转向盘转动信号 S1 和 S2 的信号线。转向盘角度信息以两个方波信号传给助力转向 GEP 控制单元，GEP 控制单元通过这两个信号确定转向盘转动的速度和方向。霍尔式转向盘转角传感器的结构如图 2-124 所示。

由于霍尔式转向盘转角传感器产生的也是脉冲方波信号，其输出脉冲信号图如图 2-125 所示，因此判断转向盘转角的方式和光电式相似。两个霍尔式传感器从相位上错开 90°±30°，能够确定转向盘的旋转方向，转向时，控制器可根据 S1 信号和 S2 信号的相对位置确定旋转方向，其检测方法也可参照光电式转向盘转角传感器来进行。

四、各向异性磁阻式转向盘转角传感器

1. 各向异性磁阻效应

磁性薄膜在平行于膜面的外磁场作用下达到饱和磁化时，薄膜的电阻率将随外磁场方向

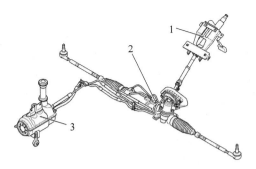

图 2-123 标致 307 随速可变电子泵助力转向系统（GEP）结构
1—转向柱；2—带槽状传统分配阀的 DVI 机械结构；3—GEP

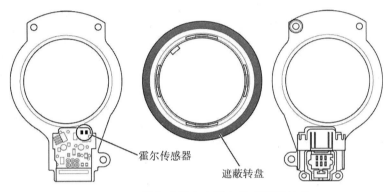

图 2-124 霍尔式转向盘转角传感器的结构

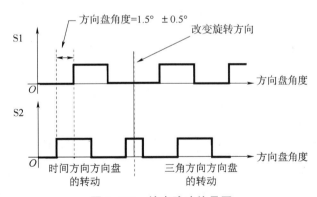

图 2-125 输出脉冲信号图

和电流方向的变化而变化，这种效应就是各向异性磁阻（Anisotropic Magneto Resistance, AMR）效应。

AMR 效应通常出现在坡莫合金等含铁材料中，坡莫合金是 81% 镍和 19% 铁的合金，图 2-126 是电流流过一块坡莫合金薄膜时的情形。在给坡莫合金外加磁场时，其阻抗变化正比于角度 θ 正弦值的平方。外部磁场会使这个磁向量的指向从电流方向开始产生旋转，从而产生阻抗变化。阻抗变化的大小取决于坡莫合金的特性，在出现磁场时其阻抗会发生 2%~3% 的变化。

2. 检测

别克荣御 ESP 系统使用各向异性磁阻式转向盘转角传感器，转向盘转角传感器位于转向盘下面，其内部结构如图 2-127 所示。转向盘转角传感器的检测原理如图 2-128 所示，驾驶员转动转向盘时，由键与转向盘连接的齿轮带动两个中心部分使磁铁的测量齿轮转动。磁铁上方 AMR 传感器的电阻随着测量齿轮的转动而改变，电阻的变化反映了测量齿轮的位置，进而反映了转向盘角度的变化，即能产生一个可表示±760°转向盘旋转角度的输出信号。传感器的模拟输出信号通过一个 A/D 转换器输入到微处理器中，结合两个测量齿轮转动后的位置可以求出总的转动角度。由于两个测量齿轮的齿数不同，它们的转动速度也不同，故产生不同相位的两个转角信号，电子控制单元利用这个信息计算出驾驶员所要求的方向。

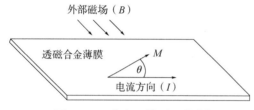

图 2-126　各向异性磁阻效应

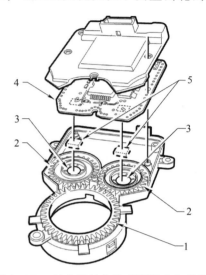

图 2-127　转向盘转角传感器的内部结构

1—齿轮；2—测量齿轮；3—磁铁；4—判断电路；
5—各向异性磁阻（AMR）集成电路

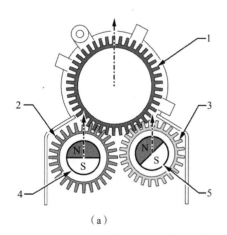 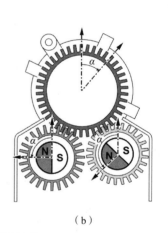

（a）　　　　　　　　　　　　　（b）

图 2-128　转向盘转角传感器的检测原理

（a）基准位置；（b）旋转角度 α 后的位置
1—磁铁；2—主测量齿轮；3—次测量齿轮；4—主测量齿轮磁铁；5—次测量齿轮磁铁

这种传感器的一个特点是在发动机点火时就可以立即得到转向盘绝对转角位置，无须利用算法推断，传感器信号通过 CAN 总线输出。各向异性磁阻式转向盘转角传感器框图如图 2-129 所示。

图 2-129　各向异性磁阻式转向盘转角传感器框图

图 2-130 是别克荣御转向盘转角传感器的线路连接和各端子功用。根据电路图，可以进行如下检测。

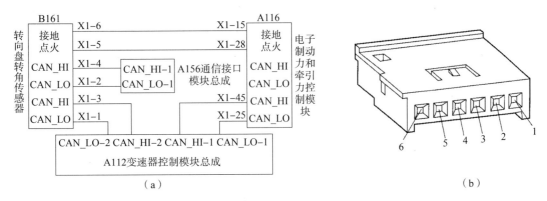

图 2-130　别克荣御转向盘转角传感器的线路连接和各端子功用
(a) 线路连接；(b) 各端子功用
1—CAN 低位 1 端；2—CAN 低位 2 端；3—CAN 高位 1 端；4—CAN 高位 2 端；
5—12 V 点火电压供电端；6—低参考电压端

(1) 供电电压的检测。关闭点火开关，脱开传感器插头，再将点火开关置于"ON"位置，使用万用表测量 5 与 6 端之间的电压，应该为 12 V，否则应检查线路。

(2) 解码器检测。由于传感器信号通过 CAN 总线输出，因此通过解码器的自诊断检测是比较准确和快捷的方法。转向盘转角传感器出现故障时，会显示故障代码 C0460。

(3) 转向盘转角传感器的校准。电子控制单元监测并判断转向盘转角传感器的输出信号，当车辆沿直线行驶了 15 min 或以上时，电子控制单元会将该行驶方向设定为正前方向，也可使用 Tech2 进行转向盘转角传感器校准，初始化传感器的具体操作步骤是：

① 将转向盘置于车辆笔直向前的正中位置。

② 将 Tech2 连接到车辆上，并执行"Tech2 转向盘转角传感器校准程序"即可。

五、磁感应式转向盘转角传感器

磁感应式转向盘转角传感器的原理如图 2-131 所示。磁感应式转向盘转角传感器由齿盘、永久磁铁、两个感应线圈及信号处理电路等组成。当齿盘随转向轴转动时，感应线圈就会产生交变的感应电动势，经信号处理电路放大、整流及整形后输出。控制器根据传感器输入的信号脉冲个数就可确定转向盘的转角，设置两个感应线圈的目的同样是为了控制器判断左右转向的需要。磁感应式转向盘转角传感器可以用测量电阻的方法来检测。

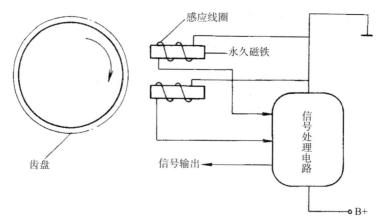

图 2-131　磁感应式转向盘转角传感器的原理

第七节　离合器和制动器踏板位置传感器

一、离合器踏板位置传感器

1. 作用

离合器踏板位置传感器 G476 信号的作用是切断定速巡航的控制，换挡时减少喷油，保证换挡平顺，识别离合器的接合状态。对于安装手动变速箱的车型，要启动 EPB 的坡道起步辅助功能或者奥迪坡道启动辅助功能，必须事先确定离合器踏板的位置。EPB 的控制单元要综合分析下列因素才能确定制动启动点的位置，即离合器踏板位置、所选挡位、道路坡度以及发动机扭矩等。

同样，在具备奥迪坡道辅助功能的车型中，EPB 的控制单元要确定何时释放系统中的电磁阀以及已降低的制动力。在这两种情况下，为了防止翻车，在降低制动力之前都必须达到足够的发动机扭矩。

2. 结构

离合器踏板位置传感器的安装位置如图 2-132、图 2-133 所示，离合器踏板位置传感器用卡箍固定在主缸上，该传感器监测离合器踏板的动作。主缸通过一个卡扣，安装在轴承支撑架上，当踩下离合器踏板时，推杆推动主缸的活塞。

3. 原理

当踩下离合器踏板时，推杆头和推杆一起沿离合器踏板位置传感器方向被推动。在活塞的最前端是一块永久磁铁。集成在离合器极板中有一排霍尔传感器（3 个），永久磁铁一经过霍尔传感器，电子机构就会向相应的控制单元发送信号，其内部原理图如图 2-134 所示。

带离合器踏板位置传感器的离合器踏板

图 2-132 带离合器踏板位置传感器的
离合器踏板

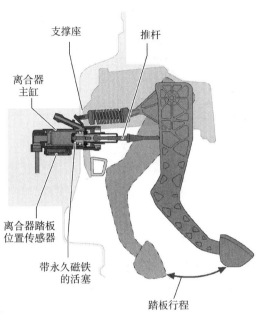

图 2-133 离合器踏板位置传感器 G476 的
安装位置

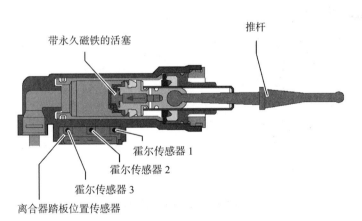

图 2-134 离合器踏板位置传感器 G476 内部原理图

（1）霍尔传感器 1 是一个数字传感器，它将电压信号发送到发动机控制单元中，该信号用于关闭巡航控制系统。

（2）霍尔传感器 2 是一个模拟传感器，它将一个频宽可调脉冲信号（PWM 信号）发送到电控机械式驻车制动器控制单元。这样就可以监测到离合器踏板的准确位置，控制单元可在动态起步时，计算出驻车制动的最佳解除时间点。

（3）霍尔传感器 3 是一个数字传感器，它将电压信号发送到车载电网控制单元。控制单元监测是否踩下了离合器踏板,仅在踩下离合器踏板时才可起动发动机(互锁功能)。离合器控制电路如图 2-135 所示。

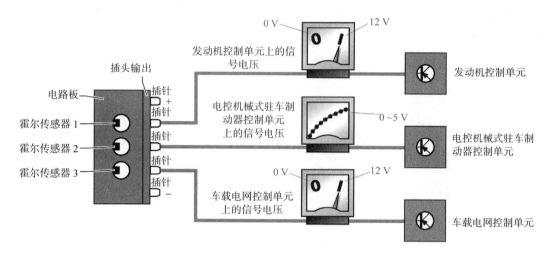

图 2-135　离合器控制电路

① 离合器踏板未踩下。如图 2-136 所示,离合器踏板未踩下时推杆和活塞处于静止位置。离合器踏板位置传感器内的电子分析装置将一个电压信号发送给发动机控制单元,有供电电压(蓄电池电压)时该电压为 2 V。发动机控制单元识别是否踩下了离合器踏板。

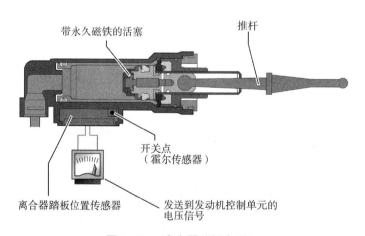

图 2-136　离合器踏板未踩下

② 离合器踏板已踩下。如图 2-137 所示,踩下离合器踏板时推杆与活塞一起向离合器踏板位置传感器方向移动,活塞前端有一个永久磁铁。

只要永久磁铁经过霍尔传感器的开关点,电子分析装置就会将一个 0~2 V 的电压信号发送给发动机控制单元,借此识别离合器踏板是否踩下。

4. 检测

(1) 离合器踏板位置传感器连接电路如图 2-138 所示,正常情况下测量离合器踏板位置传感器的 2、3、4 引脚的电压。数据流如表 2-7 所示。

第二章 位置和角度传感器

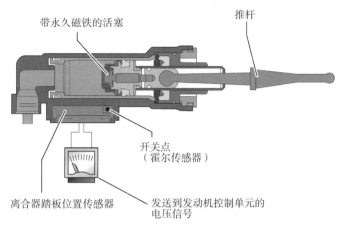

图 2-137 离合器踏板已踩下

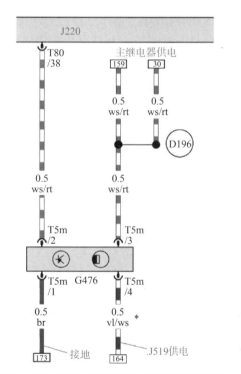

图 2-138 离合器踏板位置传感器连接电路
G476—离合器踏板位置传感器；J220—发动机控制单元；J519—车载电网控制单元

表 2-7 正常情况下测量 G476 的 2、3、4 引脚数据流

项目	01-08-66-02	09-08-15-03	03-08-03-01
不踩离合器	00000000	关	00
踩下 1/3	00000100	关	10
踩下 2/3	00000100	开	11

(2)分别断开离合器踏板位置传感器 G476 的 2、3、4 引脚后数据流如表 2-8 所示。

表 2-8　断开 G476 的 2、3、4 引脚后数据流

项目	01-08-66-02	09-08-15-03	03-08-03-01
不踩离合器	00000000	关	00
到 J540 断路踩下离合器	00000100	开	11
到 J220 断路踩下离合器	00000100	开	11
到 J519 断路踩下离合器	00000100	关	10

从上述试验得出，从 ABS 控制单元 J104 中可以读出 G476 到 J540、J220、J519 的线路通断状态，J104 从 J220 中得出第 1 状态位，从 J519 中得出第 2 状态位。

二、制动踏板位置传感器

新型丰田雷克萨斯 RX400h 的 ECB 电子制动控制系统中安装有制动踏板位置传感器，安装于制动踏板上部，其安装位置如图 2-139 所示。制动踏板位置传感器一般使用滑动电阻传感器，滑动触点跟随制动踏板的摆动而旋转，使输出电压发生变化，根据输出电压的大小和变化的速率，可以反映驾驶员所需求的制动强度和制动的速率。

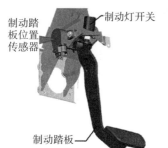

图 2-139　制动踏板位置传感器的安装位置

新型丰田雷克萨斯 RX400h 制动踏板位置传感器采用两路滑动变阻电路，主传感器与副传感器输出反向，制动踏板位置传感器电路组成如图 2-140（a）所示。两个传感器共用一个电源和搭铁回路，中间的 SKS1 和 SKS2 为信号输出。

图 2-140（b）为传感器输出线性电压特性图，其检测方法可以参照双滑动电阻式节气门位置传感器。

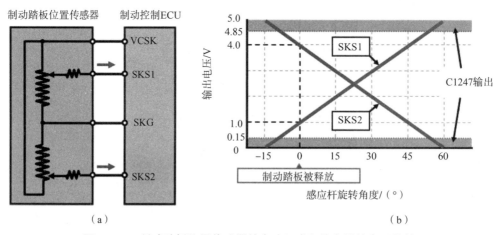

图 2-140　制动踏板位置传感器的电路组成和输出线性电压特性
（a）制动踏板位置传感器的电路组成；（b）输出线性电压特性

第八节　其他位置和角度传感器

一、水平位置传感器

1. 工作原理

水平位置传感器 G84 用于检测车身的水平状态。这种传感器是一种非接触式的转角传感器,它通过一根连杆来判定后桥相对于车身的弹簧压缩量,所使用的转角传感器也是根据霍尔原理来工作的。集成在传感器内的测量电子装置将霍尔集成电路信号按角度比例转换成电压信号,霍尔线性传感器工作原理如图 2-141 所示。有一块环形磁铁与传感器曲拐轴连接在一起(转子),在分为两半的铁芯(定子)之间有一个偏心安装的霍尔集成电路,与测量电子装置共同构成一个部件。根据环形磁铁的位置不同,穿过霍尔集成电路的磁场会发生变化,由此而产生的霍尔信号就被测量电子装置按角度比例转换成电压信号,这个模拟的电压信号由控制单元 J197 来使用,用于判定车身的水平状态,这种转角传感器也用于大灯照程自动调节装置上,带有大灯照程自动调节装置的车上共装有 3 个传感器。

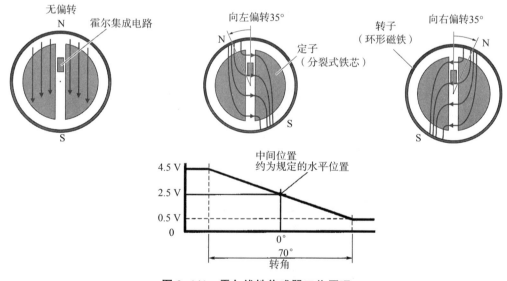

图 2-141　霍尔线性传感器工作原理

这些水平位置传感器都是所谓的转角传感器,借助一个连杆机构可将车身水平变化转换成角度变化,如图 2-142、图 2-143 所示。

该角度传感器是非接触式的,采用感应原理,这种水平位置传感器的一个特点是它可产生两个不同的且与转角成比例的输出信号。这种传感器既可用于空气悬架,也可用于大灯照程调节。其中一个输出信号提供一个与角度成比例的电压(用于大灯照程调节),另一个输出信号提供一个与角度成比例的 PWM 信号(用于空气悬架)。这四个水平位置传感器结构是相同的,只是支架和连杆根据左右和车桥的不同而有所不同。左、右传感器臂的偏转方向是相反的，所以输出的信号也是相反的。例如，车身一侧的传感器输出信号在空气悬架压缩时如果是增大的，那么在车身另一侧该输出信号则是减小的。

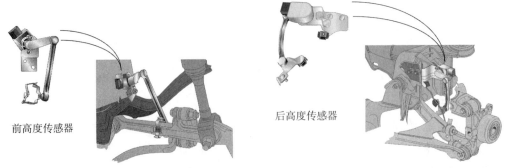

图 2-142　前桥水平位置传感器　　　　　　图 2-143　后桥水平位置传感器

2. 结构/设计

转角传感器主要是由定子和转子组成，其结构如图 2-144 所示。定子由多层电路板构成，电路板上有励磁线圈、三个接收线圈以及控制/分析电子装置。这三个接收线圈布置成多角星形，相位是彼此错开的。励磁线圈装在电路板的背面，转子由一个封闭的线匝构成，线匝上连着传感器臂（线匝与传感器臂一同转动），线匝的形状与接收线圈的形状是一样的。

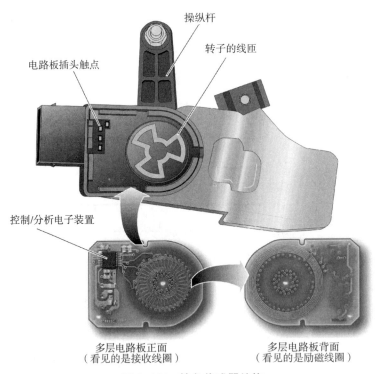

图 2-144　转角传感器结构

3. 检测

交变电流流过励磁线圈时，会产生一个交变电磁场，其电磁感应会穿过转子。转子中感应出的电流又会在线匝（转子）周围感应出一个次级交变磁场（图2-145）。这两个交变磁场（分别由励磁线圈和转子产生）共同作用在接收线圈上，在接收线圈内感应出交流电压。转子中的感应与角度位置无关，但接收线圈的感应取决于它与转子之间的距离和其角度位置。

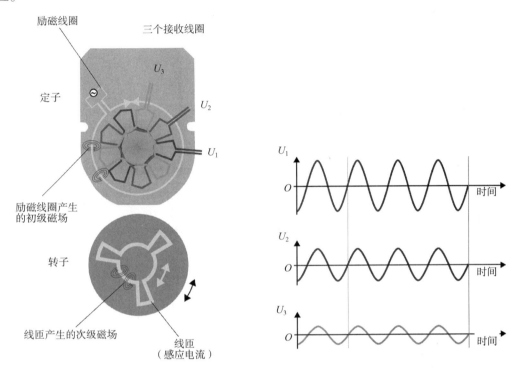

图 2-145 传感器电压输出

由于角度位置不同，转子与接收线圈的重合度也不同，因而对应角度位置的感应电压幅值也就不同。电子分析装置会对接收线圈的交变电压进行整流并放大，并使得三个接收线圈的输出电压成比例（相对比例测量）。分析完电压后，分析结果转化成水平位置传感器的输出信号，送至控制单元做进一步处理，水平位置传感器的相关连接电路如图2-146所示。传感器1号端子由J197提供5V电压，2号端子为传感器接地，3号端子为传感器输出电压信号，1号端子与3号端子电压在0.5~4.5V范围内。

二、电动机械式助力转向电机位置传感器

1. 电动机械式助力转向电机

电动机械式助力转向电机安装位置如图2-147所示，电动机械式助力转向电机V187安装在转向器壳体内与齿条是平行的。它将所需的助力经齿形皮带传至循环球机构上，该电机可提供最大为4.5 N·m的转矩来帮助驾驶员转向。

电动机械式助力转向电机V187是一种三相同步电机。在同步电机上，转子与定子电流磁场是同步转动的，该同步电机的效率很高，因为它省去了异步电机中的预励磁（要消耗

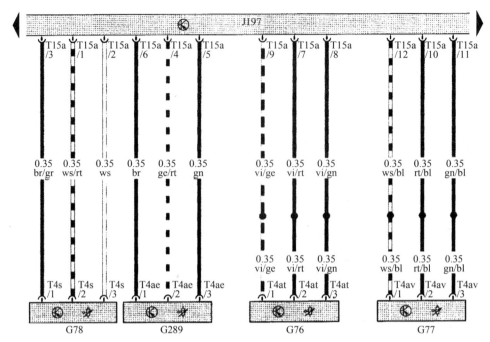

图 2-146　水平位置传感器的相关连接电路

G76—左后汽车高度传感器；G77—右后汽车高度传感器；G78—左前汽车高度传感器；
G289—右前汽车高度传感器；J197—水平高度调节系统控制单元

图 2-147　电动机械式助力转向电机安装位置

电流)。因此，在转向系统差不多时（指可比时），电流消耗相应就降低了，该电机若是损坏了就不会有转向助力了。

与异步电机相比，由于同步电机采用永久磁铁做转子，具有重量轻、无磨损（因为无碳刷）、不需预励磁以及节能、反应快等优点。

(1) 结构。电动机械式助力转向电机的结构如图 2-148 所示，电动机械式助力转向电机有一个转子和一个定子，转子就是一个 6 极环形磁铁，是一种稀土磁铁，稀土磁铁在能使得磁场强度非常高的同时，还能使本身的尺寸非常小，定子由 9 个线圈和 9 个片组构成，这个数量无法匹配成对。这些线圈以一个接一个的正弦曲线形式交替通电，于是每三个磁场就合成一个磁场，并吸拉其后面的转子。为了提高工作平稳性，6 极环形磁铁的磁向采用斜向布置。

(2) 工作过程。电动机械式助力转向电机的工作过程如图 2-149 所示，线圈通电后，就在定子中形成一个动态的旋转磁场。转子的磁铁按照线圈所产生的旋转磁场方向来调整其位置，就像一个指南针处于地球磁场中，通过通电可以决定转速和旋转方向。由于 9 个线圈和转子的 6 个磁极不成对，所以转子就会自发地转动，也就不需要预励磁了，转子与定子电流磁场是同步转动的，所以这种电机也被叫作同步电机。

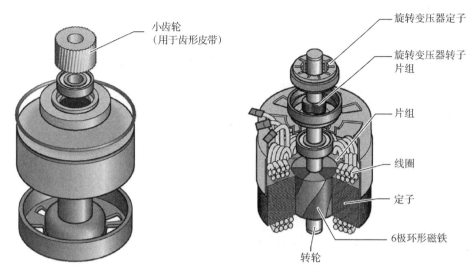

图 2-148　电动机械式助力转向电机的结构

2. 电机位置传感器

电机位置传感器是电动机械式助力转向电机 V187 的一个组件,从外面是无法看到它的。

(1) 结构。电机位置传感器结构如图 2-150 所示,电机位置传感器处于轴端位置。电机位置传感器是以旋转变压器原理来工作的(旋转变压器也称解算器或分解器),该传感器由带有 10 个线圈的旋转变压器定子和旋转变压器转子构成。旋转变压器转子就是一个铁质片组。

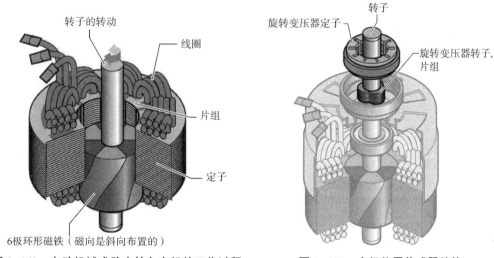

图 2-149　电动机械式助力转向电机的工作过程　　图 2-150　电机位置传感器结构

(2) 信号应用。电机位置传感器用于获知在旋转一圈的过程中转子的绝对位置。另外,从该信号中也可推算出转子转速和旋转方向。因此,该传感器用于感知电动机械式助力转向电机 V187 的准确位置,该信息对于精确控制电机是非常重要的。

如果这个传感器损坏了，那么转向助力系统就会停止工作，电动机械式助力转向指示灯 K161 会呈红色而亮起，则表示有故障了。

三、进气歧管风门位置传感器

1. 作用

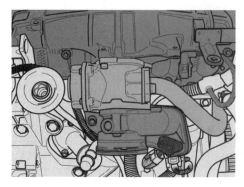

图 2-151 进气歧管风门位置传感器安装位置

进气歧管风门位置传感器（图 2-151）元件集成于进气歧管风门驱动系统（进气歧管风门马达 V157）中，其用于记录进气歧管风门的当前位置。其内部结构如图 2-152 所示，传感器位于进气歧管风门模块塑料罩盖下的印制电路板上，它是一个磁阻传感器，可以在不与其接触的情况下，检测风门控制轴上永久磁铁的位置。

发动机控制单元利用该信号判断进气歧管风门的当前位置。此外，控制单元需要这一位置信号来控制废气再循环阀以及微粒滤清器。

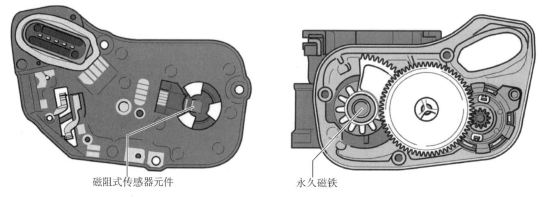

图 2-152 进气歧管风门位置传感器内部结构

传感器信号发生故障时，废气再循环系统关闭。此时进气歧管风门驱动系统也会停止工作，而调节风门由回位弹簧拉至"开"的位置。故障信息被添加入进气歧管风门马达 V157 下的故障记录中。

2. 结构与功能

磁阻式传感器为无触电式运行，可用于测量转角，例如，进气歧管风门的调节角度。传感器的这一特殊内部结构设计使之能够测量 0°~180° 范围内的转角。其更多的优点包括：

① 对温度引起的磁场强度变化不敏感。

② 对参照磁铁老化不敏感。

③ 对机械误差不敏感。

（1）结构。磁阻式传感器工作原理如图 2-153 所示，磁阻式传感器由一个表层涂有铁磁物质的电子传感器元件以及一个作为参照磁铁的磁铁组成。磁铁与被测转角轴相连接。轴带动柱形磁铁转动，磁铁形成的磁力线位置相对传感器元件变化。因此，传感器元件的阻值发生变化，接着传感器电子部件通过此阻值来计算出此轴相对于传感器的绝对转角。

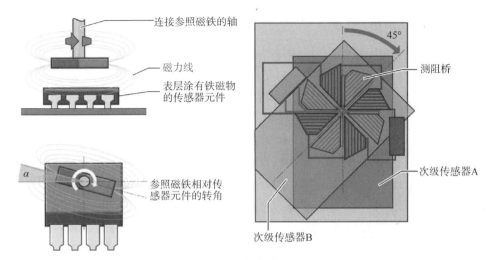

图 2-153 磁阻式传感器工作原理

传感器元件由两个次级传感器 A 和 B 组成,互成 45°。每个次级传感器由四个测阻桥组成,围绕同一中心,每 90°有一个。

(2) 功能。磁阻式传感器信号产生过程如图 2-154 所示,轴相对次级传感器转动会引起次级传感器阻值的正弦变化。但一个次级传感器仅能在正弦曲线的 −45°~+45°范围之间判定出一个确切角度。例如,R 阻值对应转角 $\alpha = 22.5°$。

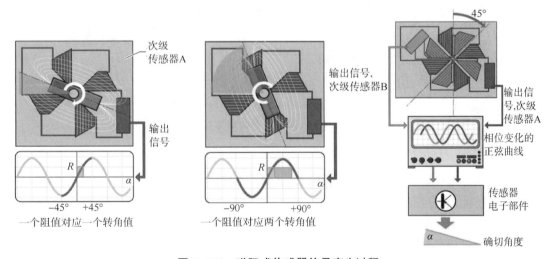

图 2-154 磁阻式传感器信号产生过程

而在 −90°~+90°范围内,同一阻值有两个可能的转角值。因此仅一个次级传感器不足以得出此测量范围内的正确值。例如,R 阻值对应转角 $\alpha = 22.5°$以及 67.5°。

利用两个相隔 45°安装的次级传感器,使输出的测量信号为两条相位差 45°的正弦曲线。通过计算,传感器电子部件能通过两曲线计算出一个在 0°~180°范围的确切角度,并将此数值传递至指定的控制单元。

四、废气再循环电位计

废气再循环电位计 G212 记录 EGR 阀（废气再循环阀）门内阀片的位置，其在发动机上的安装位置如图 2-155 所示。阀片的升程控制再循环废气进入进气歧管的流量。

1. 结构

电位计 G212 的核心结构是霍尔传感器。如图 2-156 所示，霍尔传感器集成在 EGR 阀塑料罩盖中，在不与驱动轴上的永久磁铁接触的情况下对其进行检测。它根据磁场强度的变化提供信号，由此可计算出阀片的升程。发动机控制单元利用该信号判断阀片的位置。此外，该信号还用于调节再循环废气的流量，从而控制废气中氮氧化合物的含量。

霍尔传感器信号发生故障时，废气再循环系统关闭。EGR 阀的驱动部件也同时停止通电，因此阀片由回位弹簧拉至关闭位置。

图 2-155 废气再循环电位计 G212 安装位置

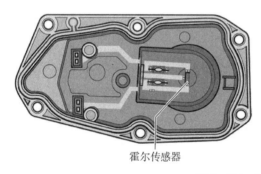
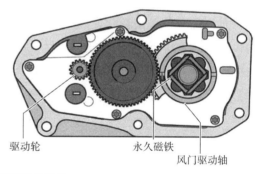

图 2-156 霍尔传感器的结构

2. 功能

废气再循环电位计的核心结构霍尔传感器可用于测量转速以及检测位置。用于位置检测时，可记录线性位置变化以及旋转角度。

霍尔传感器的信号产生过程如图 2-157 所示，霍尔传感器可记录一定电压范围内的电压变化。为测量一个线性移动，以增压压力调节位置传感器 G581 为例，磁铁与霍尔集成电路分开，霍尔集成电路移动时会经过磁铁，磁场强度随其与霍尔集成电路的距离变化而变化。若霍尔集成电路向磁场内移动，则霍尔电压升高；若远离磁场，则电压再次降低。霍尔传感器电子部件因而能够根据霍尔电压的变化判断其位置。

电位计 G212 根据霍尔传感器和永久磁铁的结构，也可根据霍尔原理来测量和记录旋转角度。为此，传感器上安装有两个正交的霍尔集成电路，这样的位置安排能够使两个霍尔集成电路提供两个互为反向的霍尔电压（图 2-158）。传感器电子部件利用这两个电压值来计算旋转轴的变化角度。永久磁铁由两个柱形磁铁组成，通过两个金属桥接，使两个条形磁铁中的磁力线平行。

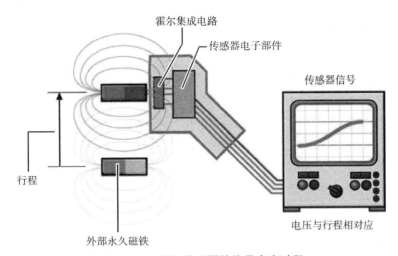

图 2-157　霍尔传感器的信号产生过程

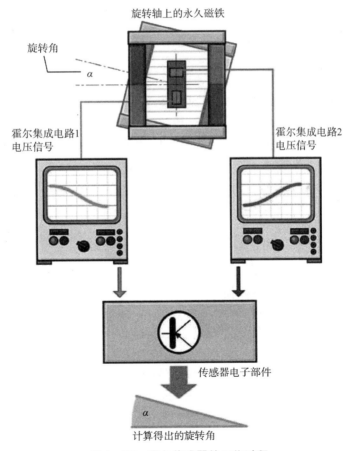

图 2-158　霍尔传感器的工作过程

第三章 气体和液体流量传感器

△ 汽车传感器与检测技术

第一节 热丝式和热阻式空气流量传感器

一、空气流量传感器概述

1. 空气流量传感器的功用

空气流量传感器是测定吸入发动机空气流量大小的传感器。空气流量传感器（Air Flow Sensor，AFS）又称为空气流量计（Air Flow Meter，AFM），是进气歧管空气流量传感器（Manifold Air Flow Sensor，MAFS）的简称，其功用是检测发动机进气量的大小，并将空气流量信号转换成电信号输入电控单元，以供 ECU 计算确定喷油时间（喷油量）和点火时间。空气流量信号是发动机 ECU 计算喷油时间和点火时间的主要依据。如果空气流量传感器或线路出现故障，ECU 得不到正确的进气量信号，就不能正常地进行喷油量的控制，将造成混合气过浓或过稀，使发动机运转不正常。

2. 空气流量传感器的类型

根据检测进气量方式的不同，空气流量传感器分为 D 型（压力型）和 L 型（流量型）两种类型。

D 型流量传感器是利用压力传感器检测进气歧管内绝对压力的传感器，测量进气量的方法属于间接测量方法。D 型流量传感器可以安装在汽车的任何部位，只需用导压管将节气门至进气歧管之间的进气压力引入传感器即可。装备 D 型流量传感器的喷射系统称为 D 型燃油喷射系统，电控单元利用该绝对压力和发动机转速来计算吸入气缸的空气量，故又称为速度-密度型燃油喷射控制系统。由于空气在进气歧管内流动时会产生压力波动，发动机怠速（节气门关闭）时的进气量与汽车加速（节气门全开）时的进气量之差可达 40 倍以上，进气气流的最大流速可达 80 m/s，因此 D 型燃油喷射系统的测量精度不高，但控制系统的成本较低。

L 型流量传感器是利用流量传感器直接测量吸入进气管空气流量的传感器。L 型流量传感器安装在空气滤清器至节气门之间的进气通道上。因为采用直接测量方法，所以进气量的测量精度较高，控制效果优于 D 型流量传感器。L 型流量传感器又分为体积流量和质量流量两种类型。汽车发动机燃油喷射系统采用的体积流量型传感器有叶片式、量芯式、涡流式流量3种，质量流量型传感器有热丝式和热膜式空气流量传感器两种。

在L型流量传感器中，由于质量流量型传感器内部没有移动部件，且气流流动阻力很小，因此具有工作性能稳定、测量精度高的优点，但是其制作成本较高。在质量流量型传感器中，热膜式空气流量传感器的使用寿命远远长于热丝式流量传感器，因此国产桑塔纳3000、帕萨特、别克系列车型轿车均采用了热膜式空气流量传感器。

热线式空气流量传感器是目前轿车发动机上应用最多的空气流量传感器，按照其热线的类型又分为3种，即热丝式、热膜式、热阻式。

二、热丝式空气流量传感器

1. 结构原理

这种空气流量传感器在进气道中套有一个小喉管，在小喉管中架有两个极细的铂丝（直径为0.01~0.05 mm），热丝式空气流量传感器如图3-1所示，丰田雷克萨斯空气流量传感器如图3-2所示。其中一个铂丝被电流加热至120℃左右，故称之为热丝；另一个是温度补偿电阻，也称为冷丝。

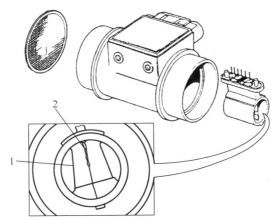

图3-1 热丝式空气流量传感器

1—热丝；2—冷丝

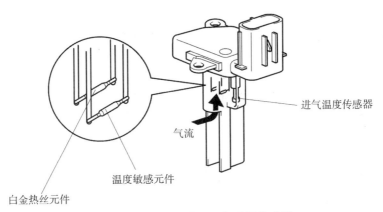

图3-2 丰田雷克萨斯空气流量传感器

在热丝式空气流量传感器电路中，热丝是惠斯顿桥形电路的一个桥臂，如图 3-3（a）所示。由比较放大器控制的电源转换器供给电桥 4 个臂的电流，使电桥保持平衡，即 A、B 两臂的电压相等。当空气通过流量传感器时，进入小喉管的气流流过热丝周围，使其冷却，温度下降，电阻随之减小。热丝电阻的减小使 A 臂电压高于 B 臂电压，电桥失去平衡。为了使电桥恢复平衡，此时比较放大器会使电源转换器增加供给电桥的电流，流过热丝的电流也因此增大，使其温度升高、电阻增大，直至电桥达到新的平衡。所增加的电流大小取决于热丝被冷却的程度，也就是取决于通过流量传感器的空气流速。由于电流的增加，电阻 C 的电压降也在增加，这就将电流的变化转换为电压的变化，以此作为该传感器的输出信号。这一信号输入 ECU，用来指示通过流量传感器的空气量，如图 3-3（b）所示。

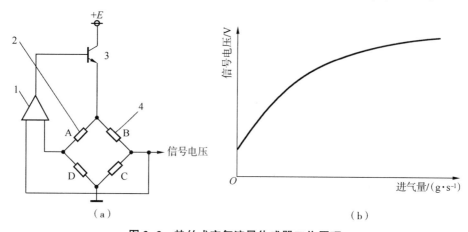

图 3-3　热丝式空气流量传感器工作原理
1—比较放大器；2—冷线电阻；3—电源转换器；4—铂热丝

温度补偿电阻的作用是防止因进气温度变化而影响进气量的测量精度。由于进气温度变化时，热丝的温度也会发生变化，因此，在靠近热丝的地方另外装有一根温度补偿电阻（也称为冷线），也是电桥的一个部分，由于其电阻会随着进气温度的不同而发生变化，起到一个参照标准的作用，使进气温度的变化不至于影响进气量的测量精度。在工作中，比较放大器使热丝温度始终高于冷丝 100 ℃。

热丝式空气流量传感器的优点是测量精度高、响应速度快、进气阻力小、不会磨损。其缺点是使用一段时间后，热丝表面受空气中尘埃的玷污，热辐射能力降低，影响测量精度。为克服这一缺陷，可采取的一种方法是在 ECU 中设计自洁电路，即在发动机熄火后，ECU 自动将热丝加热至 1 000 ℃（约 1 s），从而烧掉黏附在热丝上的尘埃；另一种方法是提高热丝的保持温度（一般使保持温度升高至 200 ℃ 以上），以防止污物黏附。此外，由于热丝很细且暴露在空气中，在空气高速流动时，空气中的沙粒很容易击断热丝，因此目前已较少使用。

2. 检测

2009 款上海别克君威轿车采用的 MAF 传感器为热丝式空气流量传感器，该传感器使用热丝电阻式元件，此元件与温度补偿电阻、精密电阻、电桥电阻及环境温度传感器共同组成惠斯顿电桥。热丝式空气流量传感器为三导线型传感器，安装在进气管中，其外形如图 3-4 所示，其插接器端子如图 3-5 所示，传感器与 ECU 的连接电路如图 3-6 所示。

第三章　气体和液体流量传感器

图 3-4　2009 款别克君威轿车热丝式空气流量传感器

图 3-5　2009 款别克君威轿车热丝式
空气流量传感器插接器端子
A—空气流量传感器信号端子；B—搭铁端子；
C—电源电压输入端子

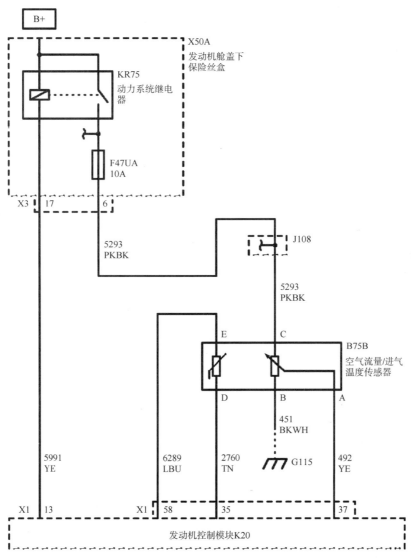

图 3-6　2009 款别克君威轿车热丝式空气流量传感器与 ECU 的连接电路

对热丝式空气流量传感器进行检测时，应主要检测空气流量传感器的输出信号电压。首先关闭点火开关，拔下传感器插接器；然后将点火开关转至"ON"，但不起动发动机；用数字万用表电压挡测量空气流量传感器信号端子和搭铁端子之间的电压，即 A 端子与 B 端子间的电压，该电压应为 5 V；当传感器输出电压正常时，可用吹风机向此传感器进气口处吹风，其信号电压应随吹风量大小的变化而变化，且应符合标准规定值范围，否则说明空气流量传感器已损坏，应当予以更换。

三、热阻式空气流量传感器

热阻式空气流量传感器和热膜式空气流量传感器相似，它将加热丝绕成线圈形式固定在石英玻璃管内或暴露在空气通道内，如图 3-7 所示。由于热阻式空气流量传感器热丝被固定，故热线寿命延长，但由于热阻面积很小，只能部分采集空气流量，且要求空气通道内空气流速均匀，所以常在进气侧安装梳流格栅。

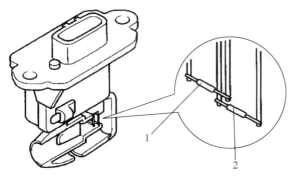

图 3-7　热阻式空气流量传感器
1—热线电阻；2—冷线电阻

由于热膜式和热阻式空气流量传感器均是部分采集空气计量空气量，故精度较热丝式较差。另外，热丝式、热膜式和热阻式空气流量传感器还都易受空气中水分及灰尘的污染，所以在控制电路上都做了专门的设计，每次打开点火开关或关闭点火开关后，流量传感器中的热丝会由电路提供瞬时大电流加热，使热丝瞬间产生高温（700～1 000 ℃），烧掉污染在热丝、热膜或热阻表面的杂质，保持空气流量计量精度。

热膜式和热阻式空气流量传感器的特点和热丝式空气流量传感器相同，而且可靠、耐用，是目前轿车发动机上使用最多的空气流量传感器。

第二节　热膜式空气流量传感器

一、热膜式空气流量传感器

1. 结构

热膜式空气流量传感器是热丝式空气流量传感器的改进型（大众 CC、新帕萨特），它的发热体是热膜（由发热金属铂固定在薄的树脂膜上制成），而不是热丝。热膜式空气流量传感器发热体不直接承受空气流动所产生的作用力，增加了发热体的强度，提高了流量传感器的可靠性。同时与热丝式空气流量传感器相比，热膜式空气流量传感器的热膜电阻阻值较大，消耗电流较小，使用寿命也较长。但是由于其发热元件表面的一层保护薄膜存在辐射热传导作用，因此响应特性稍差。

热膜式空气流量传感器的外形及结构如图 3-8 所示。热膜式空气流量传感器内部的进气通道上设有一个矩形护套（相当于取样套），热膜电阻设在护套中。为了防止污物沉积到热膜电阻上影响测量精度，在护套的空气入口一侧设有空气过滤层，用以过滤空气中的污物。为了防止空气温度变化使测量精度受到影响，在热膜电阻附近的气流上游设有铂金属膜式温度补偿电阻。温度补偿电阻和热膜电阻与传感器内部控制电路连接，控制电路与线束连接器插座连接，线束设在传感器壳体中部。

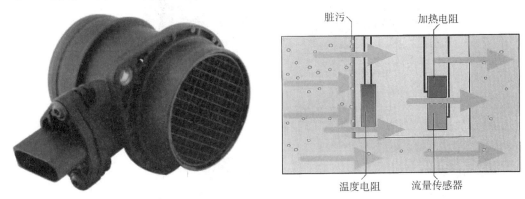

图 3-8 热膜式空气流量传感器的外形及结构

2. 工作原理

热膜式空气流量传感器与热丝式空气流量传感器的工作原理大致一样。传感器的热膜电阻 R_H、温度补偿电阻 R_T、精密电阻 R_1 及 R_2、信号取样电阻 R_S 在电路板上以惠斯顿电桥的方式连接，如图 3-9 所示。

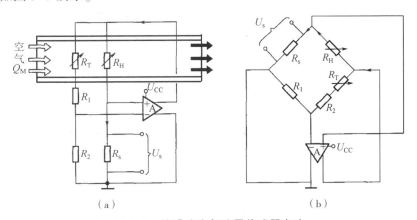

图 3-9 热膜式空气流量传感器电路

(a) 热膜式空气流量传感器的连接电路；(b) 流量传感器内电阻组成的电桥电路

R_T—温度补偿电阻；R_H—热膜电阻；R—信号取样电阻；R_1、R_2—精密电阻；

U_{CC}—电源电压；U_s—信号电压；A—控制电路

如图 3-10、图 3-11 所示，热膜式空气流量传感器的主件是一个加热电阻，该电阻处于气流中并保持恒定的温度，加热器的温度一直在被测量中。根据流过空气流量传感器的空气量及其温度，加热器就需要不同大小的加热电流来保持加热器的温度保持不变。加热器所需加热电流的大小就是吸入空气量的一个直接量度。

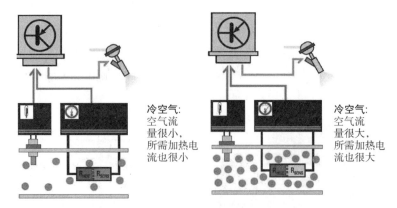

图 3-10　空气流量传感器检测机理（冷空气时）

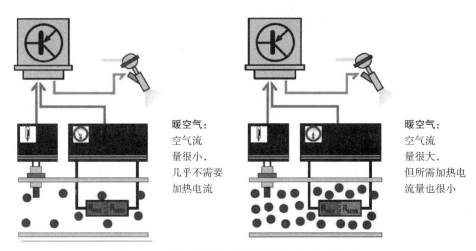

图 3-11　空气流量传感器检测机理（热空气时）

当空气气流流经发热元件并使其受到冷却时，发热元件即热膜电阻温度降低，阻值减小，电桥电压失去平衡，控制电路将增大供给发热元件的电流，使其温度保持高于温度补偿电阻温度一个固定值（一般仍为 100 ℃）。电流增量的大小取决于发热元件受到冷却的程度，即取决于流过传感器的空气量。当电桥电流增大时，信号取样电阻 R_s 上的电压就会升高，从而将空气流量的变化转化为电压信号 U_s 的变化。信号电压输入 ECU 后，ECU 可根据信号电压的高低计算出空气流量的大小。

当发动机怠速或空气为热空气时，因为怠速时节气门关闭或接近全闭，所以空气流速低，空气量小；又因空气温度越高，空气密度越小，所以在体积相同的情况下，发热元件受到冷却的程度小，阻值减小的幅度小，所以电桥平衡需要的电流小，如图 3-12 所示，故信号取样电阻上的信号电压低。控制单元 ECU 根据信号电压即可计算出空气量。

当发动机负荷增大或空气为冷空气时，因为节气门开度增大，空气流速加快使空气流量增大；冷空气密度大，在体积相同的情况下冷空气质量大，所以发热元件受到冷却的程度增大，阻值减小幅度大，保持电桥平衡需要的电流增大，因此当发动机负荷增大时，信号电压升高。

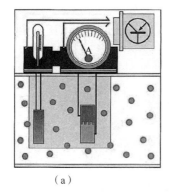 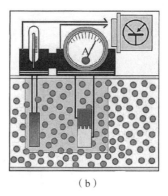

图 3-12　热膜式空气流量传感器的测量原理
（a）怠速或热空气时；（b）负荷增大或冷空气时

二、新型热膜式空气流量传感器

1. 结构

新型热膜式空气流量传感器 HFM6 的主要部件包括具有回流识别功能的微型机械式传感器元件和进气温度传感器；一个具有数字信号处理功能的传感器电子单元；一个数字接口。其结构如图 3-13 所示。

与先前的空气流量传感器相比，新一代空气流量传感器的信号可以通过数字接口传递给发动机控制单元进行准确、稳定的分析。空气流量传感器的电路和传感器元件安装在一个紧凑的塑料外壳上。

在空气流量传感器总成的最下端是一条测量管路，伸入到传感器元件组中。测量管路从进气歧管的气流中引入一部分气流并引导其流经传感器元件。传感器元件测量这部分气流中进气以及反方向的空气流量。对空气流量的测算信号由电路进行处理分析，并传递给发动机控制单元。

2. 旁路通道

与以往的型号 HFM5 相比，新一代空气流量传感器的旁路通道在流动性方面进行了优化。用于空气流量测量的空气分流在阻流边后面被吸入旁路通道，如图 3-14 所示，通过阻流边这种结构在其后产生负压。在这个负压的作用下，空气分流被吸入旁路通道，以进行空气流量测量。迟缓的污粒跟不上这种快速的运动，通过分离孔被重新导入到进气中。这样，测量结果不会因污粒而失真，传感器元件也不会因其而损坏。

3. 测量方法

传感器元件位于传感器电子单元旁边，并伸入用于空气流量测量的空气分流内。在传感器元件上有一个热电阻、两个与温度相关的电阻 R_1 和 R_2，以及一个进气温度传感器，如图 3-15 所示。

传感器元件在中间通过热电阻被加热到高于进气温度 120 ℃。如进气温度为 30 ℃，热电阻被加热至 120 ℃ 时，测得温度为 120 ℃ +30 ℃ = 150 ℃。

由于与热电阻之间的间距，传感器至边缘的温度逐渐降低，其测量值显示如表 3-1 所示。电子模块通过 R_1 和 R_2 的温度差识别出进气空气流量和流向。

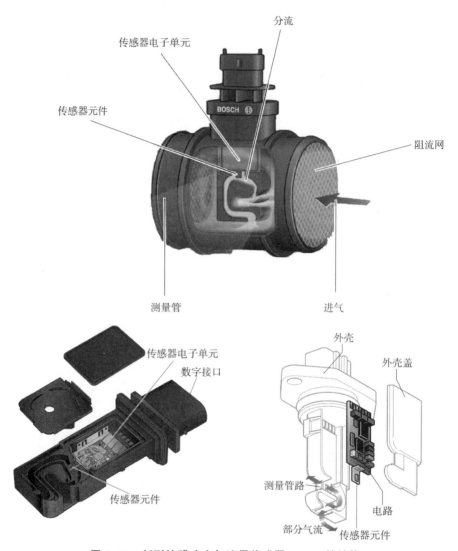

图 3-13 新型热膜式空气流量传感器 HFM6 的结构

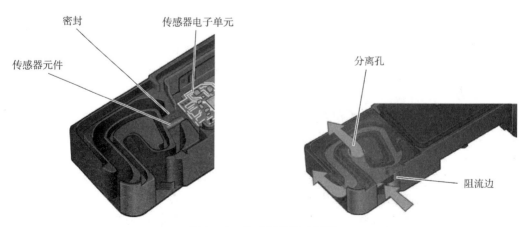

图 3-14 传感器的旁路通道

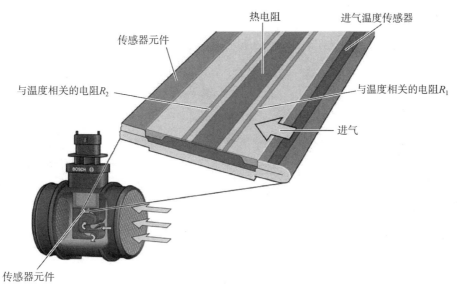

图 3-15 传感器元件位置

表 3-1 测量值显示 ℃

测量项目	显示温度	测量项目	显示温度
进气温度	30	无进气流时，R_1 和 R_2 的温度	90
传感器元件边缘温度	30	有进气流时 R_1 的温度	50
热电阻	150	有进气流时 R_2 的温度	大约 90

4. 回流识别

为保证最佳的空燃比和低的燃油消耗，发动机管理系统需要知道到底有多少空气最终进入发动机气缸内。空气流量传感器为管理系统提供此项信息。气门的开关动作会导致进气歧管内的空气朝相反的方向流动。带反向流量识别的热膜式空气流量传感器探测气流的反向流动，并将此信号发送给发动机控制单元。由此，空气流量得以精确地测算。

进气门关闭时，吸入的空气受其阻碍回流到空气流量传感器。如果回流未被识别出来，则测量结果就会出错。回流的空气碰到传感器元件，先流过与温度相关的电阻 R_2，接下来流过热电阻，然后流过与温度相关的电阻 R_1。电子模块通过 R_1 和 R_2 的温度差识别出回流空气流量和流向，如图 3-16 所示。

集成在传感器元件上的是两个温度传感器（T_1+T_2）和一个加热元件。连接传感器和加热元件的基板由玻璃膜片组成，如图 3-17 所示。之所以使用玻璃，是因为它的导热性极差。这可以防止热量从加热元件由玻璃膜传给传感器，如果传给传感器将导致测量误差。

加热元件负责加热流经玻璃膜的空气。由于没有气流而使热辐射均匀，并且与加热元件等距布置，因此两个传感器能测量到相同的空气温度，如图 3-18 所示。

（1）空气流量识别。在进气冲程时，气流经传感器元件从 T_1 流经 T_2。气流使传感器 T_1 得以冷却，然后流经加热元件又重新被加热，从而使传感器 T_2 达不到传感器 T_1 那样的冷却

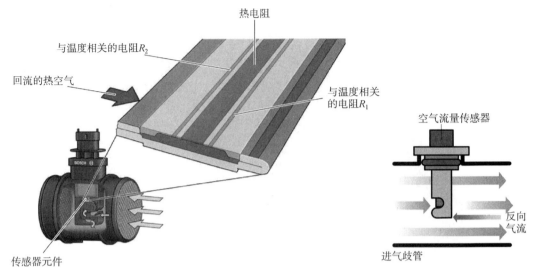

图 3-16 传感器回流识别

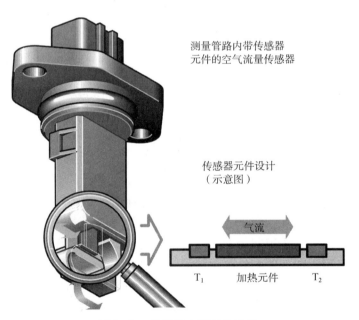

图 3-17 传感器内部元件设计

程度,如图 3-19 所示,因此 T_1 的温度比 T_2 低,该温差信号被发送给电路,从而进气流量得以计算。

(2)反向气流识别。如果气流反方向流过传感器元件,则 T_2 温度受冷却而下降的程度比 T_1 大,由此,电路能识别出气流的反向流动。它将从进气流量中减去这部分反向气流的流量,并将信号反馈给发动机控制单元,如图 3-20 所示。

发动机控制单元由此获得一个电信号,它能准确标定出实际的空气流量,并能更准确地标定喷射的燃油质量。

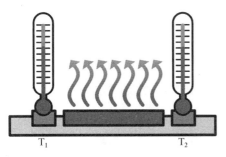

图 3-18　两个传感器测量空气温度

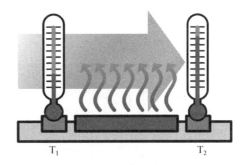

图 3-19　空气流量识别

5. 工作过程

空气流量传感器的传感器元件耸立在发动机吸入的气流中，一部分空气流经空气流量传感器的旁通气道。旁通气道内有传感器电子装置，该电子装置上集成有一个加热电阻和两个温度传感器，如图 3-21 所示。这两个温度传感器用来识别空气的流动方向，吸入的空气首先经过温度传感器 1，从关闭的气门回流的空气首先经过温度传感器 2，与加热电阻合用，发动机控制单元就可计算出吸入空气中的氧含量。

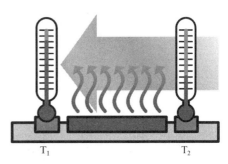

图 3-20　反向气流识别

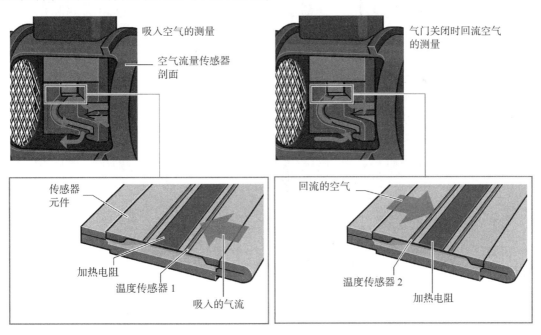

图 3-21　空气流量传感器的工作过程

至发动机控制单元的空气流量信号传递：空气流量传感器向发动机控制单元传递一个包含被测空气流量的数字信号（频率），如图 3-22 所示。发动机控制单元通过周期长度来识别测得的空气流量。数字信息相对于模拟线路连接来说，对干扰不敏感。

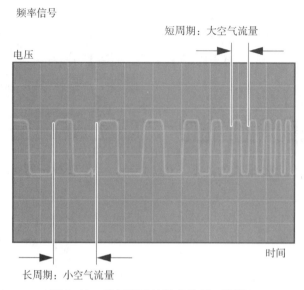

图 3-22 空气流量的数字信号（频率）

三、热膜式空气流量传感器检测

1. 桑塔纳 2000GSi 热膜式空气流量传感器检测

（1）桑塔纳 2000GSi 热膜式空气流量传感器 G70 的电路。桑塔纳 2000GSi 热膜式空气流量传感器 G70 的电路如图 3-23 所示。传感器的 1 号端子是预留的进气温度传感器接口；2 号端子是热膜式空气流量传感器加热膜片的加热电源线，是由点火开关控制主继电器或燃油泵继电器提供的；热膜式空气流量传感器 G70 的 3 号端子是传感器地线，该线由发动机电子控制单元（J220）的 T80/12 号端子搭铁（通过电脑搭铁）；热膜式空气流量传感器 G70 的 4 号端子是由发动机电子控制单元（J220）T80/11 端子输出的 5 V 参考电源，提供给热膜式空气流量传感器作为传感器内部信号放大器的工作电源；热膜式空气流量传感器 G70 的 5 号端子是传感器信号输出，该信号输出到发动机电子控制单元（J220）的 T80/13 号端子。

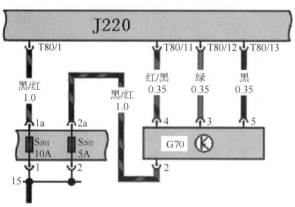

图 3-23 桑塔纳 2000GSi 热膜式空气流量传感器 G70 的电路

(2) 空气流量传感器 G70 故障设定条件。当根据空气进气量决定喷油持续时间时，可以通过节气门开度和发动机转速来计算出一个替代值以确定喷油时间。如果 ECU 发现二者之间差异过大，它首先的反应是储存这个出错记录。当车辆继续运行时，合理的检查会判断出哪个传感器有问题，直到控制单元能清楚地判断哪个传感器出错时，它才会记录下相应的错误代码。

当发动机处于运转状态时，ECU 发现 T80/13 端子持续 5 s 电压低于一定值时，即设定故障码 00553——空气流量传感器 G70 对地断路或短路。可能形成的原因有线路故障及传感器本身故障，当然也不排除极不可能出现的 ECU 内部端子故障。

(3) 空气流量传感器 G70 的检查。

① 读取空气流量传感器的数据。发动机怠速运转时，读测量数据块显示组 02，检查进气量，标准值应为 2.0~4.0 g/s。如果不在标准范围内或者查询到空气流量传感器有故障，应检查空气流量传感器的供电电压。

② 检查空气流量传感器的供电电压。用发光二极管试灯连接空气流量传感器插头端子 2（图 3-24）和发动机搭铁点，起动发动机，灯应亮。如果灯不亮，应检查熔丝与端子 2 间线路有无断路或短路，如果正常，则检查燃油泵继电器。

测量空气流量传感器插头端子 4 对搭铁的电压，约为 5 V（用 20 V 量程挡）。如果空气流量传感器供电电压正常，应测试信号线路。如果不正常，应更换 ECU。

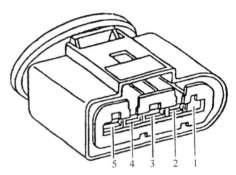

图 3-24　空气流量传感器插头

③ 测试空气流量传感器线路。测试空气流量传感器端子上触点与发动机控制单元上相关端子间的线路，其电阻值应小于 1 Ω。如果线路有断路或短路，应修复；如果线路没有故障，应更换空气流量传感器。

2. 三线热膜式空气流量传感器检测

大众 CC、新款帕萨特 1.8TSi 发动机使用的是改进的三线（取消了进气温度传感器）热膜式空气流量传感器 G70 来计量发动机的进气量，图 3-25、图 3-26 所示为该传感器与 J519 车载电网控制单元、ECU 的连接电路。

(1) 热膜式空气流量传感器各插头的端子说明。

① T5d/1 为空气流量传感器信号线，由 J623 发动机控制单元提供 5 V 电压。

② T5d/2 为空气流量传感器搭铁线。

③ T5d/3 为电源线，打开点火开关时，由点火开关 15 号线向 J519 提供电源信号，并经熔丝 SC16（10 A）向空气流量传感器提供蓄电池电压。

(2) 检测传感器的供电电压及信号电压。

① 检测电源电压。关闭点火开关，拆下空气滤清器，打开点火开关，即置于"ON"位置，不起动发动机。用万用表的电压挡测量空气流量传感器插头中的 T5d/1 端子（正信号线）与 T5d/2 搭铁线端子（负信号线）之间的电压值应为 5 V。然后用万用表测量插头 T5d/3 端子与 T5d/2 搭铁（或车身）间的电压应为蓄电池电压（如无电源检查熔丝 SC16）。

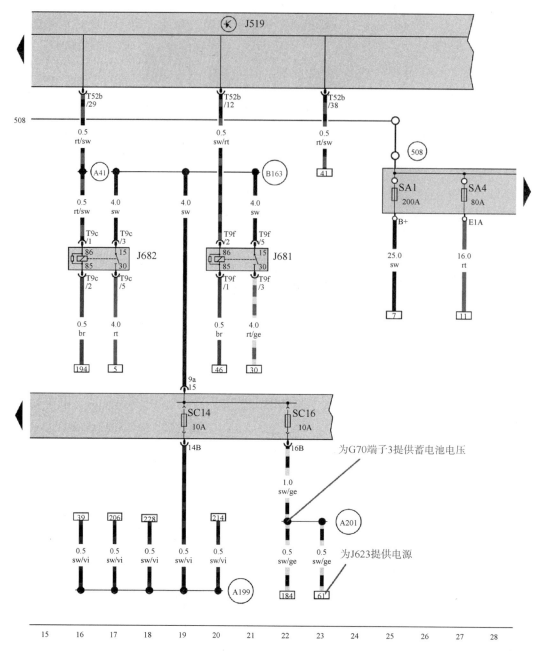

图 3-25 空气流量传感器电源连接电路

J519—车载电网控制单元；J681—供电继电器（端子 15）；J682—供电继电器（总线端 50）；
SA1—保险丝架 A 上的保险丝 1；SA4—保险丝架 A 上的保险丝 4；SC14—保险丝架 C 上的保险丝 14；
SC16—保险丝架 C 上的保险丝 16；T9f—9 芯插头连接；T52b—52 芯插头连接

② 检测信号电压。用万用表红表笔插入空气流量传感器 T5d/1 号端子线束中，黑表笔插入 T5d/2 号端子线束中。然后用电吹风（冷风挡）向流量传感器的空气入口吹气，观察信号电压的变化值。若信号电压不变化，则说明空气流量传感器失效，应更换。

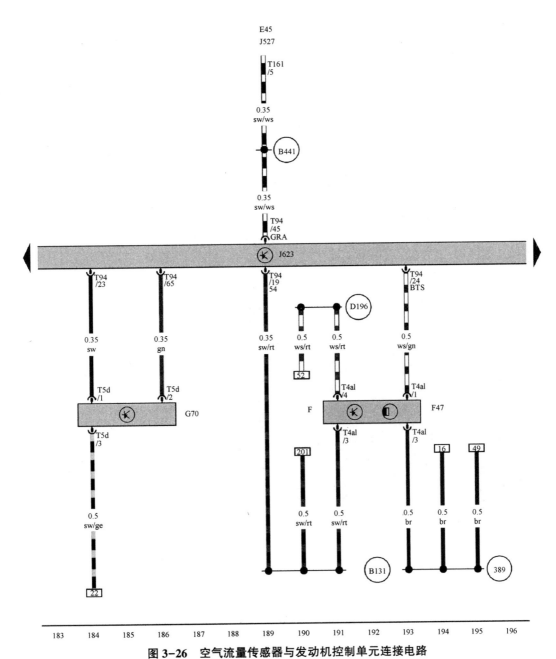

图 3-26 空气流量传感器与发动机控制单元连接电路

E45—定速巡航装置开关；F—制动信号灯开关；F47—制动踏板开关；G70—空气流量传感器；
J527—转向柱电子装置控制单元；J623—发动机控制单元

③ 检测线束导通性（断路）。关闭点火开关，拔下空气流量传感器的插头，拔下电控单元 J623 的线束连接器，用万用表检测插头 T5d/1 端子与 J623 连接器 T94/23 端子间的电阻值，标准值应小于 1Ω。用万用表检测插头 T5d/2 端子与 J623 连接器 T94/65 端子间的电阻值，标准值应小于 1Ω。

第三节 液体流量传感器

一、舌簧开关式液体流量传感器

舌簧开关式液体流量传感器利用椭圆齿轮进行工作,如图 3-27 所示,在测量室内有一对椭圆齿轮,在进口与出口两端液体压差作用下,一对椭圆齿轮在转轴上不停地转动,在其中一个椭圆齿轮上装有一永久磁铁,齿轮背面壳体上固定有用于感测的舌簧开关装置,椭圆齿轮旋转带动永久磁铁旋转,当永久磁铁正对和离开舌簧开关时,引起触点的闭合和断开。将舌簧开关这一脉冲信号输入积分处理电路,便可计算出转速,将转速乘以每一转的排量,便可得到液体流量的大小,并经数字显示装置显示出来。

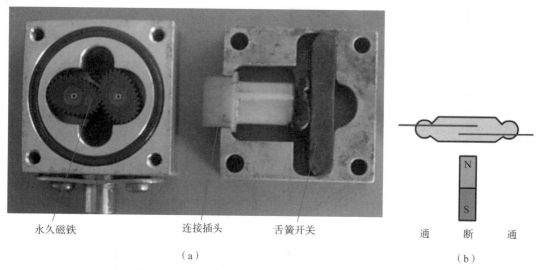

图 3-27 舌簧开关式液体流量传感器的结构与原理
(a) 结构图;(b) 原理图

二、光电式燃油流量传感器

1. 结构

光电式燃油流量传感器的结构如图 3-28 所示,它由光电耦合元件、叶轮、遮光板组成。当叶轮旋转时,遮光板也随叶轮在光电耦合元件之间旋转,光敏晶体管就会导通和截止,根据导通的次数就可以计算出旋转的速度,再乘以每一转的排量,便可推算出燃油流量,光电式燃油流量传感器电路如图 3-29 所示。

2. 检测

将点火开关置于"ON"位置,首先检查供电电压,应为 5 V,在发动机处于怠速运转状态时,用万用表电压挡测量光电式燃油流量传感器信号输出端子间的电压变化情况。电压应该以脉冲形式发生,并且脉冲间的时间间隔均匀;当发动机转速升高后,脉冲传感器的电压频率应明显加快。

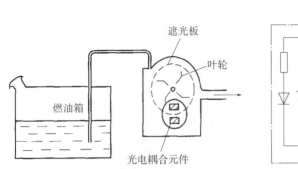

图 3-28 光电式燃油流量传感器的结构

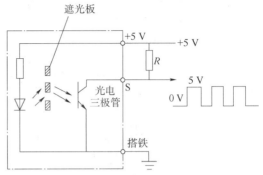

图 3-29 光电式燃油流量传感器电路

三、静电式冷媒流量传感器

1. 结构

静电式冷媒流量传感器可用于微机控制的汽车空调上检测冷媒流量,其结构如图 3-30 所示。传感器的内部有多个电极,通过传感器的流量发生变化时,则电极间的电容量也发生变化。静电式流量传感器的原理图如图 3-31 所示,两个平行电极之间的静电容 C 由下式确定:

$$C = \frac{\varepsilon S}{r}$$

式中,ε——介电常数;

S——电极面积;

r——电极之间的距离。

当通过传感器物质的状态变化时,或者混入少量的气体时,介电常数 ε 变化,其静电容 C 也发生变化,再经振荡电路把变化的静电容转换成频率,输入到空调控制 ECU 中,ECU 就能测得冷媒的数量。

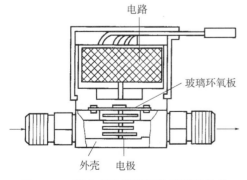

图 3-30 静电式冷媒流量传感器的结构

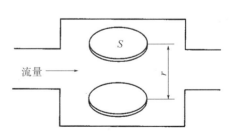

图 3-31 静电式冷媒流量传感器的原理图

这种静电式流量传感器的工作原理是利用其静电容的变化来检测冷媒量的变化。如图 3-32 所示，静电式冷媒流量传感器接在储液罐和膨胀阀之间，通过传感器的电极检测出冷媒量的变化，把这种变化转换成频率之后，再输入空调控制 ECU 中，ECU 再把这种传感器输入的脉冲信号变换成电压，并判断冷媒数量是否正常。当出现异常时，利用监控显示系统向驾驶员报警。

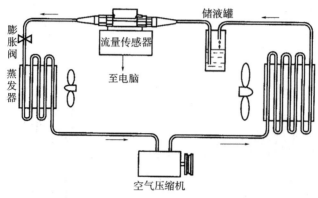

图 3-32　冷媒循环过程图

2. 检测

拔开静电式冷媒流量传感器导线连接器橡胶套，在发动机运转期间，打开空调系统，用万用表电压挡测量信号输出端子间的电压变化频率，然后使出风量最大、温度最低，并提高发动机转速，以改变流过流量传感器的冷媒流量，此时观察电压表指示电压变化频率有无变化，无变化时则需更换静电式冷媒流量传感器。

第四章 气体和液体压力传感器

第一节 进气压力传感器

进气压力传感器用于 D 型汽油喷射系统和缸内直喷系统中。它在汽油喷射系统中所起的作用和空气流量传感器相似。进气压力传感器根据发动机的负荷状态测出进气歧管内绝对压力（真空度）的变化，并转换成电压信号，与转速信号一起输送到电控单元（ECU），作为确定喷油器基本喷油量的依据。

一、半导体压敏电阻式传感器

1. 功用与结构

进气压力传感器是一种间接测量发动机进气量的传感器，其功用是通过检测节气门至进气歧管之间的进气压力来检测发动机的负荷状况，并将压力信号转变为电信号输入 ECU，以供 ECU 计算确定喷油（即喷油量）和点火时间。如果进气压力传感器工作不良，则一般会使发动机出现起动困难、怠速抖动、加速无力、油耗增大、排放超标等故障。

在发动机燃油喷射系统中，如果安装了进气压力传感器（MAP）就无须安装空气流量传感器（AFS）。反之，如果安装了 AFS，那么就无须安装 MAP。

进气压力传感器的安装位置比较灵活，只要将节气门至进气歧管之间的进气压力引入传感器，就可将传感器安放在任何位置。进气压力传感器的外形及安装位置如图 4-1 所示。

图 4-1 进气压力传感器的外形及安装位置

半导体压敏电阻式进气压力传感器由压力转换元件（硅膜片）和把转换元件输出信号进行放大的混合集成电路组成，如图 4-2 所示。

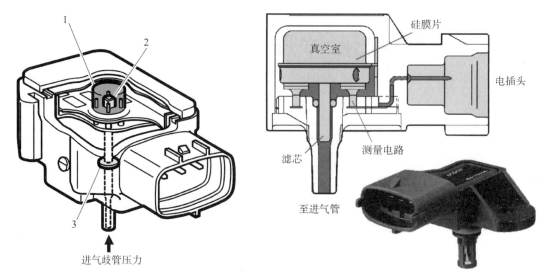

图 4-2　进气压力传感器
1—真空室；2—硅膜片；3—滤芯

硅膜片是压力转换元件，用单晶硅制成。压力转换元件是利用半导体的压阻效应制成的硅膜片。硅膜片的一侧是真空室，另一侧导入进气歧管压力。硅膜片为边长 3 mm 的正方形，它的中部经光刻腐蚀形成直径约 2 mm、厚约 50 μm 的薄膜片。薄膜周围有四个应变电阻，以惠斯顿电桥的方式连接，根据力敏电阻扩散制作的方向不同分为径向电阻和切向电阻，扩散电阻的长边与膜片半径垂直的电阻称为切向电阻 R_t（图 4-3 中电阻 R_1、R_3），扩散电阻的长边与膜片半径平行的电阻称为径向电阻 R_r（图 4-3 中电阻 R_2、R_4）。所以进气歧管内绝对压力越高，硅膜片的变形越大，其变形量与压力成正比。附着在薄膜上的应变电阻的阻值则产生与其变形量成正比的变化。利用这种原理，可把进气歧管内压力的变化变换成电信号。硅杯与壳体以及底座之间形成的腔室制作成真空室。壳体顶部设有排气孔，利用排气孔将该腔室抽真空后，再用锡焊密封，从而形成真空室。真空室为基准压力室，基准压力一般为零。在导压管入口设有滤清器，用于过滤导入空气中的尘埃或杂质，以免硅膜片受到腐蚀和脏污而导致传感器失效。

2. 传感器的工作原理

进气压力传感器的电路原理及信号电压如图 4-4 所示，硅膜片一面通真空室，另一面导入进气歧管压力。在歧管压力作用下，硅膜片就会产生应力。在应力作用下，半导体力敏电阻的电阻率就会发生变化而引起阻值变化，惠斯顿电桥上电阻值的平衡就被打破，当电桥输入端输入一定的电压或电流时，在电桥的输出端就可以得到变化的信号电压或信号电流。根据信号电压或信号电流的大小，就可以检测出歧管压力的高低。

当发动机工作时，进气歧管压力随进气流量的变化而变化。当节气门开度增大（进气流量增大）时，空气流通截面增大，气流速度降低，进气歧管压力升高，膜片应力增大，力敏电阻的阻值变化量增大，电桥输出的电压升高，经混合集成电路放大和处理后，传感器

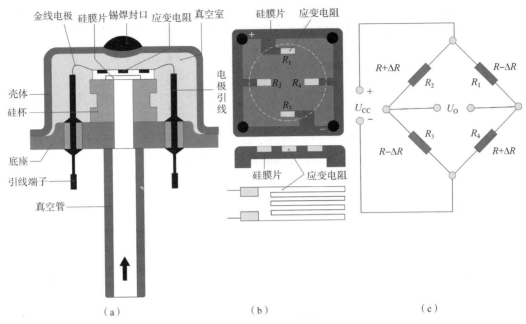

图 4-3 进气压力传感器内部结构

(a) 剖面图；(b) 硅膜片结构；(c) 等效电路图

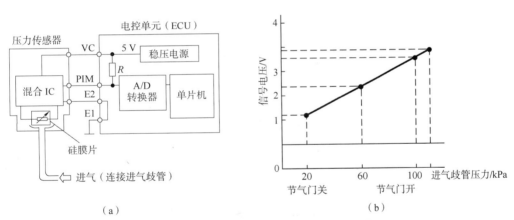

图 4-4 进气压力传感器的电路原理及信号电压

(a) 电路原理；(b) 信号电压

输入电控单元（ECU）的信号电压升高。反之，当节气门开度由大变小（进气流量减小）时，进气流通截面减小，气流速度升高，进气歧管压力降低，膜片应力减小，力敏电阻的阻值变化量减小，电桥输出电压降低，输入 ECU 的信号电压降低。实测进气压力传感器信号电压与歧管压力的关系如表 4-1 所示。

表 4-1 进气压力传感器输出电压与歧管压力的关系

歧管压力/kPa	13	27	40	54	67
传感器信号电压/V	0.3~0.5	0.7~0.9	1.1~1.3	1.5~1.7	1.9~2.1

在图4-4（a）所示的进气管的进气压力传感器控制电路中，进气压力传感器的3个接线端子分别是电源、进气歧管压力信号和搭铁。进气压力传感器的电源线 VC 由 ECU 为其提供 5 V 基准电压作为工作电源。进气歧管压力信号是一个大于 0 V、小于 5 V 的电压，并随着进气压力值的增大而增大（图4-4（b））。该信号送入 ECU，作为 ECU 计算并判定进气量的依据。搭铁线通常先接入 ECU，再由 ECU 的搭铁端子搭铁，以保证搭铁电路的可靠性。

3. 桑塔纳 2000GLi 进气压力传感器的检测

进气歧管的进气压力传感器与 ECU 的连接电路如图4-5所示，进气压力传感器与进气温度传感器合为一体，其中端子1通过控制单元 ECU 接地，端子2为进气温度信号端子，端子3是进气压力传感器的供电端子（+5 V），端子4为进气压力信号端子。

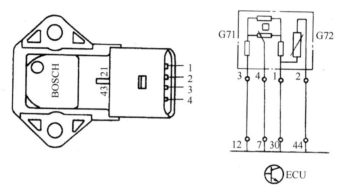

图4-5　进气歧管的进气压力传感器与 ECU 的连接电路

（1）电阻检测。当用万用表电阻挡检测线束电阻时，断开点火开关，拔下控制器线束插头和传感器线束插头，检测两插头上各端子之间导线电阻应小于 0.5 Ω。若阻值过大或为无穷大，说明线束与端子接触不良或断路，应予修理。

（2）电源电压检测。当用万用表就车检测电压时，接通点火开关，检测传感器端子3与传感器端子1之间的电源电压应为 5 V 左右。

（3）信号电压检测。当点火开关接通而发动机不起动时，检测传感器输出端导线（传感器端子4连接的导线）与搭铁端导线（传感器端子1连接的导线）之间的信号电压应为 3.8~4.2 V。当发动机怠速运转时，信号电压应为 0.8~1.3 V。当加大节气门开度时，信号电压应随节气门开度加大而升高。若信号电压不符合上述规定，说明传感器失效，应予以更换。

4. 2011 款高尔夫、捷达进气压力传感器检测

新款高尔夫、捷达型轿车半导体压敏电阻式进气压力传感器与进气温度传感器制成一体，安装在进气系统的动力腔上，这两种传感器配合工作能准确地反映气缸的进气量。该传感器插接器的4个连接端子1、3、2、4分别与 ECU 的 220、D101 以及发动机控制单元 J623 的 T60/42、T60/59 端子相连接，其连接电路如图4-6所示。此种压力传感器的检测方法如下。

（1）电阻检测。关闭点火开关，拔下 ECU 线束插接器和进气压力传感器线束插接器。用万用表的电阻挡检测 ECU 与传感器有关端子间的电阻。该阻值应符合表4-2中列出的标准规定值，如果阻值过大或为无穷大，则说明线束与端子接触不良或有断路，应更换传感器。

第四章　气体和液体压力传感器

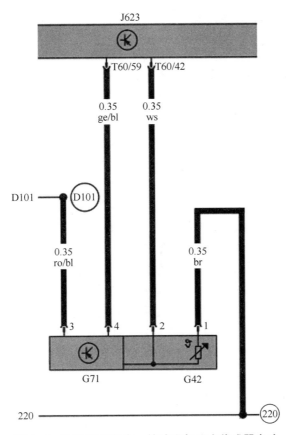

图 4-6　2011 款高尔夫、捷达进气压力传感器电路

G42—进气温度传感器；G71—进气歧管压力传感器；J623—发动机控制单元（在排水内中部）；T60—20 芯插头连接；
（220）—接地连接（传感器接地）（在发动机线束中）；(D101)—连接 1（在发动机线束中）

表 4-2　进气歧管的进气压力传感器线束电阻值的检测　　　　　　　　　　　　　　Ω

检测项目	检测部位	电阻值
传感器正极线	发动机线束中 D101 与端子 3	<0.5
传感器信号线	T60/59 与端子 4	<0.5
传感器负极线	发动机线束中 220 与端子 1	<0.5
温度传感器信号线	T60/42 与端子 2	<0.5

　　（2）电压检测。用万用表直流电压挡检测电压，打开点火开关，检查进气压力传感器插接器端子 3 与端子 1 间的电源电压，标准值应为 5 V 左右；打开点火开关，发动机不运转，检查进气压力传感器信号输出端子 4 与搭铁端子 1 间的信号电压，标准值应为 3.8~4.2 V，当发动机怠速运转时，信号电压应为 0.8~1.3 V；当节气门开度加大时，信号电压应上升。如果信号电压经检查不符合上述规定，则说明传感器已经损坏，应进行更换。

二、真空膜盒式进气压力传感器

1. 工作原理

真空膜盒式进气压力传感器也叫膜盒测压器,一般安装在 D 型喷射系统发动机的进气歧管上,用来检测进气压力,并将检测到的压力信号转化为电信号输入给 ECU,实现 ECU 对喷油量的调节。其结构如图 4-7 所示。

真空膜盒测压器的膜盒由薄金属片焊接而成,将其内部抽成真空,外部为气压室,与发动机进气歧管相连。当膜盒的外部受到来自进气歧管中变化的气体压力作用时膜盒易收缩或膨胀。当膜盒接受正压力,如大气压力时,膜盒会收缩;反之,受到真空负压时,膜盒会膨胀。膜盒的收缩或膨胀将使与之连在一起的操纵杆外伸或回缩(操纵杆的移动与所受压力的变化呈线性关系),并可采用可变电阻器(电位计)或可变电感器或差动变压器将操纵杆的机械运动转化为电信号输送给 ECU,实现对喷油量的控制。

2. 真空膜盒式可变电阻器式进气压力传感器

真空膜盒式可变电阻器式进气压力传感器结构如图 4-8 所示。它利用操纵杆的移动使可变电阻器滑动臂的滑动触点左右移动,从而改变可变电阻的输出电阻值,进而改变输出电压的大小。当进气压力较大时,膜盒收缩,操纵杆回缩,使可变电阻器的滑动触点向上移动,从而增大了分压电压的大小,即增大了输出电压值;反之,则膜盒膨胀,输出电压减小。

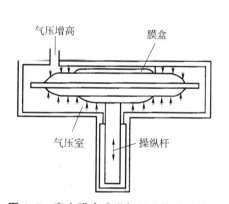 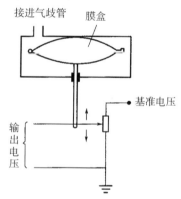

图 4-7 真空膜盒式进气压力传感器结构　　图 4-8 真空膜盒式可变电阻器式进气压力传感器结构

3. 真空膜盒式可变电感式进气压力传感器

真空膜盒式可变电感式进气压力传感器结构如图 4-9 所示。它利用操纵杆的外伸或回缩移动,带动与其相连的铁芯移动,从而使两互感线圈 W1 和 W2 之间的互感系数发生变化,进而改变输出电压的大小。其中互感线圈的互感系数与两线圈的耦合情况相关,耦合越紧,输出电压越大。因此,进气压力增大时,膜片回缩,铁芯向两线圈中间运动时,耦合变紧,输出电压增大;反之,则膜片膨胀,输出电压减小。

4. 真空膜盒式差动变压器式进气压力传感器

真空膜盒式差动变压器式进气压力传感器与真空膜盒式可变电感式进气压力传感器结构相似,它主要由膜盒、铁芯、传感线圈、弹片以及电路组成,如图 4-10 所示。传感线圈由一次绕组和二次绕组两个绕组构成，如图 4-11 所示。一次绕组与振荡电路连接，产生交变电压，并在线圈周围产生磁场；二次绕组为两个感应线圈，产生感应信号电压。当交流电通过一次绕组线圈时，两个二次绕组线圈都产生感应电压。

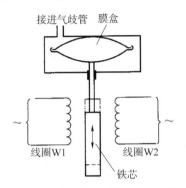

图 4-9　真空膜盒式可变电感式
进气压力传感器结构

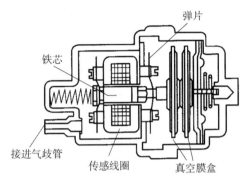

图 4-10　真空膜盒式差动变压器式
进气压力传感器结构

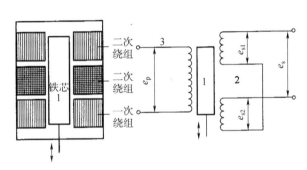

图 4-11　传感绕组及铁芯的结构

当铁芯在中心位置时，两个二次绕组的感应电压大小相等，方向相反，传感器的输出电压为零。当铁芯从中间向一端移动时，一个二次绕组输出的电压将大于另一个二次绕组，这两个二次绕组的电压差 e_g 即为输出信号电压，其大小由铁芯移动距离决定。当进气歧管压力发生变化时，膜盒的外伸与回缩带动铁芯在磁场中移动，使感应线圈产生的信号电压发生变化，这个变化的信号电压经电子电路检波、整形和放大后，输入电控单元 ECU。

5. 真空膜盒式进气压力传感器的检测方法

真空膜盒式进气压力传感器的常见故障是真空软管连接不牢、破裂以及感应线圈断路、短路等。检测时应注意这种进气压力传感器是用 12 V 电源工作，所以检测时不要拔下电源线插头。

（1）检查电源电压。关闭点火开关，拔下传感器连接器插头，在电源线插头一侧接万用表，打开点火开关，电压表应显示 12 V，否则应检查电源线是否存在断路、短路。

（2）检查输出信号电压。连接好传感器插头，打开点火开关，将万用表正表笔与信号端子接触，将负表笔搭铁，在真空软管上加大气压时，信号电压应为 1.5 V。对真空软管吸气时，电压应从 1.5 V 慢慢减小；发动机怠速时，电压应为 0.4 V，当发动机转速升高时，输出电压值也升高；否则说明传感器或相关线路出现故障，应进行更换。

三、电容式进气压力传感器

1. 结构与原理

电容式进气压力传感器的结构如图 4-12 所示，它是将氧化铝膜片和底板彼此靠近排列，形成电容，利用电容随膜片上下压力差的变化而改变的性能，获取与压力成正比的电容值信号。将电容（压力转换元件）连接到传感器混合集成电路的振荡电路中，传感器能够产生可变频率的信号，且该信号的输出频率为 80~120 Hz，与进气歧管的绝对压力成正比。电控装置 ECU 可以根据传感器输入信号的频率来感知进气歧管绝对压力的大小，进而对发动机的喷油量进行控制。

2. 检测方法

电容式进气压力传感器目前还没有得到很普遍的应用，仅在福特等少数轿车的 D 型喷射发动机上使用。若电容式进气压力传感器或其连接电路发生故障，也可从电源电压、信号电压、传感器与电源间连接线束的导通性去检测，具体的车型需参考各自的参数标准值。同时也可用汽车专用万用表对此进气压力传感器进行频率测试，测试方法是：打开点火开关，发动机不运转，进气压力传感器输出信号的频率约为 160 Hz；减速时频率为 80 Hz 左右；急速时频率为 105 Hz 左右；若进气压力输出

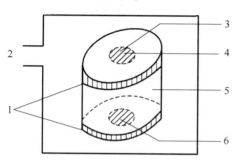

图 4-12 电容式进气压力传感器的结构
1—氧化铝膜片；2—来自进气歧管；3，6—电极引线；4—厚膜电极；5—绝缘介质

信号消失或者超出工作范围（频率小于 80 Hz 或大于 160 Hz），则说明此传感器已损坏，应进行检修或更换。

以下对福特轿车的电容式进气压力传感器的检测方法进行简单介绍。福特汽车使用的电容式进气压力传感器与 ECU 的连接电路如图 4-13 所示。进气压力传感器有 3 条线与电控单元 ECU 连接。ECU 的 26 端子向进气压力传感器提供 5 V 电压；46 端子是信号端子，经 ECU 搭铁；45 端子为进气压力传感器输出信号端子。其检测方法如下。

（1）检查真空软管的连接状态，以确保无老化破裂现象。

（2）打开点火开关，检查 ECU 的 26 端子（橘/黑）与搭铁间的电压值，应为 5 V。

（3）检测 46 端子信号电路（黑/白）电压，应为 0 V，接地电阻不大于 0.5 Ω。

（4）检测进气压力信号线（蓝/黄），拆下传感器连接器接头，测量 45 端子处的电压，在点火开关接通时为 0.5 V。

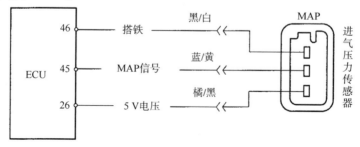

图 4-13 福特轿车的电容式进气压力传感器与 ECU 的连接电路

四、表面弹性波式进气压力传感器

表面弹性波式进气压力传感器是在一块压电基片上用超声波方法加工出一块薄膜敏感区，上面刻制换能器（压敏 SAW 延时线），换能器与电路组合成为振荡器，如图 4-14 所示。为了提高测量精度，减小补偿温度对基片的影响，在薄膜敏感区边缘设置另一只性能相同的换能器（温基 SAW 延时线）。换能器是通过在抛光的压电基片上设置两个金属叉指构成的，若在输入换能叉指 T1 上加电信号，便由逆压电效应在基片表面激励起弹性表面波，传播到换能叉指 T2 转换成电信号，经放大后反馈到 T1 以便保持振荡状态。表面弹性波 SAW 在两个换能叉指之间的传播时间即是所获得的延迟时间，其大小取决于两换能叉指间的距离。由于导入的进气歧管压力作用于压电基片上，压力变化将在薄膜敏感区产生应变，使换能叉指间的距离发生变化，从而使表面弹性波传播的延迟时间相应变化。这样，根据与延迟时间成反比的振荡频率，即可输出压力信号。

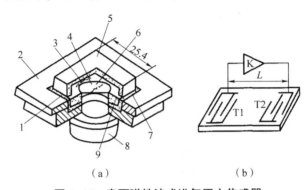

图 4-14　表面弹性波式进气压力传感器
（a）传感器结构；（b）换能器
1—气密封；2—印制电路板；3—温基 SAW 延时线；4—换能器；5—石英帽；
6—压力敏感膜；7—密封物；8—压力器件；9—石英基体

第二节　轮胎压力传感器

轮胎压力监控系统（Tire Pressure Monitor System，TPMS），通过采用无线射频通信的胎压传感单元和胎压监控单元，实现了对轮胎压力的实时监控。轮胎压力监控系统（TPMS）的作用是在汽车行驶过程中对轮胎气压进行实时自动监控，并对轮胎漏气和低气压进行报警，以确保行车安全。

轮胎的胎毂上安装了一个内置传感器，传感器中包括感应气压的电桥式电子气压感应装置，它将气压信号转换为电信号，通过无线发射装置将信号发射出来。TPMS 通过在每一个轮胎上安装高灵敏度的传感器，在行车或静止的状态下，实时监视轮胎的压力、温度等数据，并通过无线方式发射到接收器，在显示器上显示各种数据变化或以蜂鸣等形式，提醒驾车者。并在轮胎漏气和压力变化超过安全门限（该门限值可通过显示器设定）时进行报警，以保障行车安全。

一、轮胎压力监控系统的结构组成

轮胎压力监控系统由 5 个轮胎压力传感器、4 个轮胎压力监控天线、轮胎压力监测控制单元、组合仪表、功能选择开关等部件构成,如图 4-15 所示。

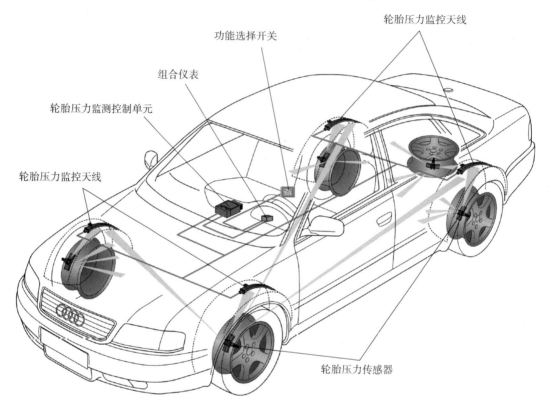

图 4-15 轮胎压力监控系统部件位置

1. 轮胎压力传感器 (G222 ~ G226)

轮胎压力传感器拧在金属气门嘴上,在更换车轮或轮辋时,该传感器仍可再用。轮胎压力传感器将轮胎的实时压力信息(绝对压力测量)发送给轮胎压力监测控制单元,用以评估压力情况。温度信号用于补偿因温度改变而引起的压力变化,同时还用于自诊断。当温度高于某一限定值时,传感器就停止发送无线电信号。温度补偿由轮胎压力监测控制单元来进行,测出的轮胎压力以 20 ℃时的值为标准值。

轮胎压力传感器内部集成部件,如图 4-16 所示。压力传感器、温度传感器及测量/控制电子装置都集成在一个智能型传感器上。

根据各国情况的不同,现在使用两种不同的载波频率,大多数国家使用 433 MHz 的载波频率;少数国家(如美国)使用 315 MHz 的载波频率。传感器、天线和控制单元上打印有相应的载波频率,另外从零件号上也可看出用的是哪种载波频率。只有当系统部件都使用相同的载波频率时,轮胎压力监控系统才能正常工作。一个封闭系统内的空气压力变化与温度是成比例的。正常情况下,温度每变化 10 ℃,压力变化约 104 Pa。输入"存储压力"后,轮胎充气压力就被标准化为 20 ℃时的值。

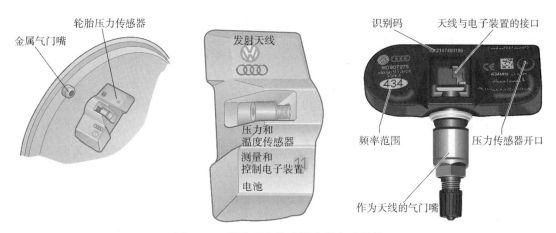

图 4-16 轮胎压力传感器内部集成部件

为了避免调整不当,应特别注意:必须在"轮胎冷态"时检查、校正存储轮胎的充气压力。

轮胎压力传感器的发射天线发送下述信息:专用识别码(ID-Code)、实时轮胎压力(绝对压力)、实时轮胎空气温度、集成电池的状态,为保证数据的安全传递所需的状态、同步和控制方面的信息。以上所列的信息都包含在一段 12 位长的数据电报内。数据传递是调频式的,传递时间约 10 ms。

每个轮胎压力传感器都有一个专用的识别码(ID-Code),用于"轮胎识别"。为了避免接收到错误信息,当轮胎压力传感器接收到的温度达到 120 ℃时,它就不再发送无线电信号(数据电报)了。就在发射电子装置马上切断轮胎压力传感器前,轮胎压力控制单元得到了"温度切断"信息,于是"故障内容"就被记录在故障存储器内。温度低于某一值时,轮胎压力传感器又能恢复无线电通信,电子部件对高温是很敏感的,高温会导致功能故障及部件损坏(图 4-17)。当一个或多个轮胎压力传感器发生温度切断时,会出现图 4-18 中的提示。

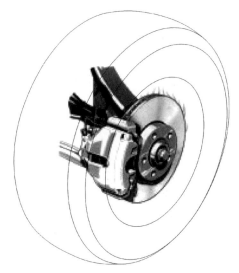

图 4-17 制动盘产生的高温

图 4-18 轮胎压力传感器发生温度切断

测量、控制及发射电子装置是通过集成的锂电池供电的。为了使轮胎压力传感器的使用寿命尽可能长,其控制电子装置有专用的"能源管理"功能。

测量轮胎压力的数据传递量是很小的,但应能立即识别出气压不足并将此信息传递给控制单元。"能源管理"功能可以根据不同的测量和发射时间间隔,区分出是正常发射模式还是快速发射模式。当轮胎气压值保持恒定时,轮胎压力传感器就处于正常发射模式;当气压损失高于 2×10^4 Pa/min 时,轮胎压力传感器立即切换到快速发射模式,如图 4-19 所示。"能源管理"可在保证压力监控功能的同时,使传感器电池所承受的负荷尽可能小。电池寿命理论上可达到 7 年。电池是轮胎压力传感器的一个组成部件,它不能单独更换,可以通过自诊断来查询电池的理论寿命。

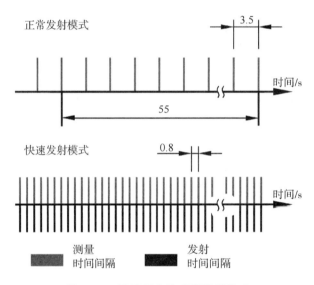

图 4-19 轮胎压力传感器发射模式

2. 轮胎压力监控天线（R59~R62）

轮胎压力监控天线（图 4-20）接收来自轮胎压力传感器的无线电信号,并将此信号传至轮胎压力监测控制单元以便进一步处理。轮胎压力监控系统共有 4 根用于轮胎压力监控的天线,分别安装于左前、右前、左后、右后车轮罩内的衬板后,如图 4-21 所示。这 4 根天线经高频天线导线与轮胎压力监测控制单元相连,并根据安装位置与控制单元进行匹配。天线接收所有处于接收范围和频率范围内的无线电信号,每根天线都会接收所有处于其作用半径以内的传感器信号。无线电信号会被传送至控制单元内并经过选择,以便得出正确的信息。为了保证轮胎压力监控系统能正常工作,要求该系统上使用各部件的载波频率必须相同,载波频率可从零件号中看出。

为了不干扰高频数据传递,对损坏的天线导线目前不可以修理,如果天线导线损坏,应更换整个线束。轮胎压力监控天线目前还不能用自诊断来查找故障,但故障存储器内记录的关于轮胎压力传感器"无信号故障",也可能是天线和天线导线的原因。

图 4-20 轮胎压力监控天线的外形　　图 4-21 轮胎压力监控天线安装位置

3. 轮胎压力监测控制单元 J502

轮胎压力监测控制单元（图 4-22）对轮胎压力监控天线发来的信号进行处理并排队，然后把相应的信息送至组合仪表。驾驶员信息系统（FIS）的显示屏会显示相应信息。车辆外围设备是通过 CAN 总线进行通信的。通过对各种不同的界限值和按时间变化的压降（压降梯度）进行分析，就可对系统状况信息进行排队（按其重要性）。输入"存储压力"后，不但要求控制单元存储新的轮胎充气压力，还要"学习"以前存储的传感器及其位置，因此控制单元内存储了两套彼此毫无关系的轮胎压力值。

（1）用控制单元编码输入的部分负荷及全负荷时的轮胎充气压力。该压力值可在油箱盖上的不干胶标签上查到，它是按编码表输入的。根据部分负荷的压力可计算出一个最低压力极限值，如图 4-23 所示。

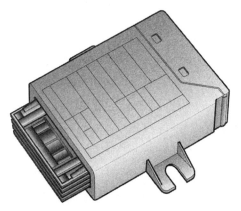 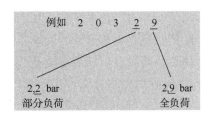

图 4-22 轮胎压力监测控制单元 J502 的外形　　图 4-23 轮胎压力值

（2）通过驾驶员信息系统显示屏的"存储压力"功能，由驾驶员存储的轮胎充气压力（见随车使用说明书）。用驾驶员信息系统的菜单可以存储个性化的轮胎充气压力值（如满负荷或冬季轮胎）。

4. 金属气门嘴

轮胎压力监控系统所用的气门嘴是新设计的，以前使用的是橡胶气门嘴，现在用的是金属气门嘴，如图 4-24 所示。

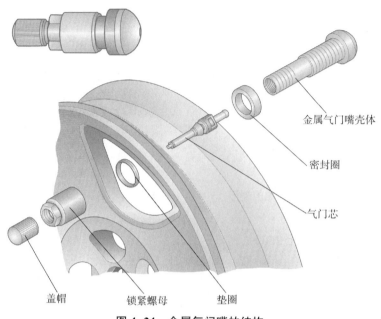

图 4-24 金属气门嘴的结构

二、轮胎压力监控系统的工作过程

如图 4-25 所示,当打开驾驶员车门或 15 号接线柱接通时,系统就开始初始化过程,然后控制单元给轮胎压力监控发射器 G31~G434 和天线 R96 各分配一个 LIN 地址(分配时在时间上是错开的)。初始化完成后,这几个发射器一个接一个地从控制单元接收到一条信息,随后这些已经分配地址的发射器发射出无线电信号(频率为 125 kHz,只发射一次)。由于这种无线电信号的作用半径很小,所以它们只会分别被相应的轮胎压力传感器接收,传感器被无线电信号激活,然后就会发送测量到的当前压力和温度值,这些测量值由天线接收后,再经 LIN 总线传送到控制单元。

随后,只要是车停着,就不再进行任何通信联系了。轮胎压力传感器上装有离心力传感器,该传感器可以识别出车轮是否在转动。与前代系统相比,现在系统的一个突出优点是:只要 15 号接线柱接通就可立即显示出警告信息,同时传感器的寿命也得到了提高。

车辆起步时,传感器在约 2 min 后开始与车轮位置进行匹配。当车速超过约 20 km/h 时,每个传感器会自动发射当前的测量值,而不需等待来自各自发射器的信号。发射出的无线电信号中包含传感器的 ID,这样控制单元就可识别出是哪个传感器发出的信息及其位置了。正常情况下,发射器每隔 30 s 就发射一次信号。如果传感器发现压力变化较快($>2\times10^4$ Pa/min),那么传感器会自动切换到快速发送模式,这时每隔 1 s 就发送一次当前测量值。

三、轮胎压力监控系统的功能

图 4-25 所示为奥迪车用轮胎压力监控系统功能图。

1. 轮胎识别

每个轮胎压力传感器都有一个单独的识别码(ID 码),它是一个 10 位的数字。这个 ID

第四章 气体和液体压力传感器 129

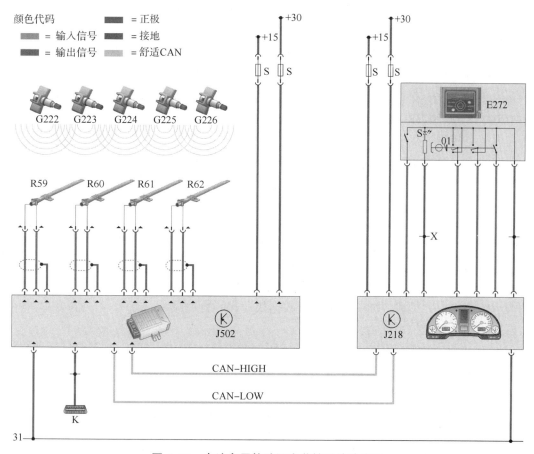

图 4-25 奥迪车用轮胎压力监控系统功能图

E272—功能选择开关；G222—左前轮胎压力传感器；G223—右前轮胎压力传感器；G224—左后轮胎压力传感器；G225—右后轮胎压力传感器；G226—备胎轮胎压力传感器；J218—仪表板内组合处理器；J502—轮胎压力监测控制单元；K—自诊断连接；R59—左前轮胎压力监控天线；R60—右前轮胎压力监控天线；R61—左后轮胎压力监控天线；R62—右后轮胎压力监控天线；X—接线柱 58 s；▲—镀金触点

码包含在传感器信号中并传给控制单元，车辆用它就可以识别传感器的位置。控制单元在一定条件下确定并存储传感器的信息，这个过程就称为轮胎识别。系统最多可以"管理"5个传感器（包括备胎）。接收到的 ID 码与存储的 ID 码不断地进行对比，以便对存储的数据进行进一步处理，这样就可以避免无线电作用范围内未知传感器影响系统。

轮胎识别有"自学习"能力，轮胎如果装上了别的传感器，控制单元会识别出来，并在一定条件下（算法处理）接受并存储"新传感器"。只有在车辆行驶过程中才能完成传感器的自适应，这样可避免停在附近车辆的影响（如果它有轮胎压力监控系统的话）。轮胎识别码（ID 码）、车轮位置识别码（ID 码）如图 4-26 所示。

2. 位置识别

为了能向驾驶员提供轮胎位置信息，轮胎压力监测控

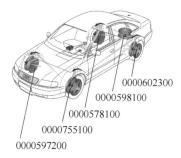

图 4-26 车轮位置识别码（ID 码）

制单元必须知道传感器在车上的安装位置。位置识别是控制单元的一个扩展功能。该功能可以自动完成车轮与传感器的匹配，即定义出左前（VL）、右前（VR）、左后（HL）、右后（HR）及备胎（RR）。为此车上安装了 4 个接收天线，通过分析各个传感器传来的不同强度信号，即可完成位置识别。控制单元根据计算和统计数据就可确定传感器的理论位置（车轮的安装位置及其识别码：VL—0000755100，VR—0000597200，HL—0000602300，HR—0000578100 和 RR—0000598100）。

在无线电传输过程中，有很多影响接收信号强度的因素，如金属件的屏蔽作用、发射器到天线的距离、环境影响等。所以并不能 100% 保证确定传感器的位置，这就是为什么说是理论位置的原因。

3. CAN 舒适接口

轮胎压力监测控制单元与车辆的信息交换是在组合仪表上通过 CAN 舒适总线来完成的。

4. 自诊断

通过自诊断，可以快速查询故障，地址码为 65，可选功能如下：

01—查询控制单元版本号；02—查询故障存储器；05—清除故障存储器；06—结束输出；07—给控制单元编码；08—读取测量数据块；10—自适应。

匹配轮胎气压监控系统的步骤如下：

（1）首先检查轮胎气压，必要时进行气压调整并在 MMI 中储存。规定的气压值在油箱盖内侧标注或查找轮辋和轮胎指导说明。

（2）确认"车轮更换功能"并存储在 MMI 中。

（3）当匹配轮胎气压监控控制单元 J502 时，需要满足如下条件：

① 以超 40 km/h 的车速持续行驶至少 20 min，避免走时停驾驶，与其他车辆并行行驶时间不要超过 5 min，以避免接受其他车辆车轮信号。

② 匹配结果可通过轮胎气压系统读取测量数据块 17 组的系统状态显示。

③ 系统状态数据块 17 记录 1。

④ 状态 0049 表示系统已经匹配成功。

第三节　座椅占用识别传感器

大众新款速腾智能安全气囊系统区别于以前一般的安全气囊系统重要的一点就在于智能安全气囊系统采用了乘客位置感知系统。

一、前乘客侧座椅占用识别传感器

前乘客侧座椅占用识别传感器 G128 是安全带报警器系统的组件。该传感器由一层塑料薄膜和多个独立的触点传感器组成。

如图 4-27 所示，前乘客侧座椅占用识别传感器 G128 安装在前乘客座椅的座椅套和坐垫之间。座椅占用传感器的位置包括前乘客座椅的后部区域，选择位置时应确保能够探测到座椅面的相关区域。

第四章　气体和液体压力传感器

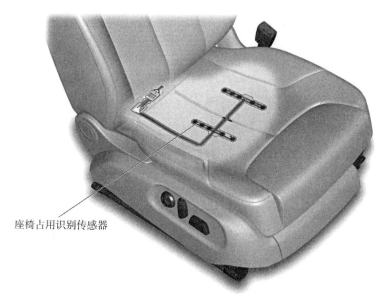

图 4-27　前乘客侧座椅占用识别传感器 G128 安装位置

前乘客侧座椅占用识别传感器 G128 根据负重改变其电阻。如果前乘客座椅未被占用，前乘客侧座椅占用识别传感器 G128 的电阻很高。负重越大，电阻就越小。自负重约 5 kg 起，安全气囊控制单元 J234 就将座椅识别为"座椅已被占用"。当 G128 的电阻大于 430 Ω 时，控制单元认为座椅未被占用；当 G128 的电阻小于 140 Ω 时，控制单元认为座椅已被占用。

二、座椅占用识别压力传感器

如图 4-28 所示，座椅占用识别压力传感器 G452 和座椅占用识别垫组成一个部件。座椅占用识别垫充有硅凝胶，位于前乘客座椅的坐垫下。如果前乘客座椅被占用，则座椅占用识别垫中的压力发生变化。座椅占用识别压力传感器识别出该压力变化，并以电压信号形式将这一情况报告给座椅占用识别控制单元 J706。

根据负重情况，电压在 0.2 V（大负重）与 4.8 V（小负重）之间变化。座椅占用识别控制单元向传感器提供的电压为 5 V。

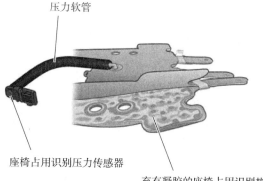

图 4-28　座椅占用识别压力传感器 G452

三、座椅占用识别传感器检测

副驾驶员侧座椅占用识别传感器相关电路如图 4-29 所示，相关检测如下。

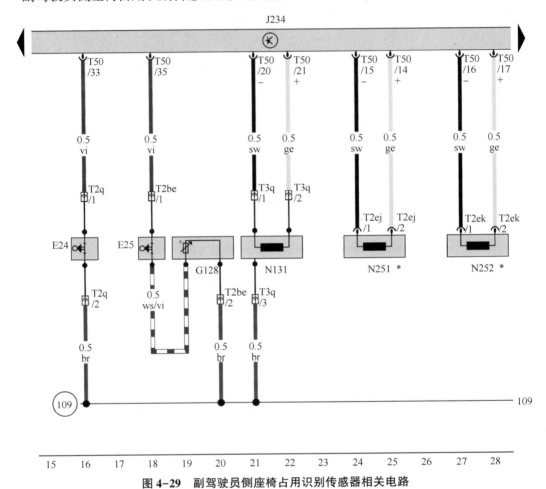

图 4-29　副驾驶员侧座椅占用识别传感器相关电路

E24—驾驶员侧安全带开关；E25—副驾驶员侧安全带开关；G128—副驾驶员侧座椅占用识别传感器；J234—安全气囊控制单元；N131—副驾驶员侧安全气囊引爆装置 1；N251—驾驶员侧头部安全气囊引爆装置；N252—副驾驶员侧头部安全气囊引爆装置

（1）检测步骤。

① 打开点火开关，检测 G128 传感器端子 T2be/1 与 T2be/2 之间的电压应约为 5 V。

② 检测 T2be/2 端子与搭铁之间的导通性。

③ 测量副驾驶员侧安全带开关 E25，电阻为 2 Ω，插上开关时电阻为无穷大。

（2）控制逻辑分析。对于舒适型速腾气囊电控系统，当车辆车速超过一个设定目标值，气囊电脑监控到乘客侧座位处于占位状态（由 G128 传感器识别），且副驾驶员侧安全带开关不插合时，仪表将发出安全带未系提示音报警。

（3）电路图分析。

① 根据电路图 4-29 所示，其信号流向为：电脑提供 5 V 电压→G128 传感器→副驾驶

员侧安全带开关 E25→接地。

② 当无乘客时，整个回路是闭合的，G128 和 E25 产生电压降，电脑通过 T50/35 电位变化进行监测（实际上电脑通过电脑内部分压电阻器的电压变化进行监测）。

③ 当有乘客未系上安全带时（E25 闭合），G128 阻抗发生变化，电压降发生变化，电脑通过 T50/35 的电位变化进行监测，符合乘客未系安全带情形，则系统发出报警提示音。

④ 当乘客上安全带时，安全带开关 E25 将断开回路，无电压降，电位约 5 V，电脑通过 T50/35 进行监测。

⑤ 座椅占用识别传感器标准电阻值如表 4-3 所示。

表 4-3　座椅占用识别传感器标准电阻值

G128 的电阻值	分析结果	G128 的电阻值	分析结果
430~480 Ω	座椅上未坐人	大于 480 Ω	故障，断路
120 Ω 或更小	座椅上已坐人		

第四节　制动压力传感器

一、压阻式制动压力传感器

1. 结构

如图 4-30 所示，在 MK60 产品系列中的制动压力传感器集成在 ESP 单元内。制动压力传感器以前安装在串联制动主缸上。

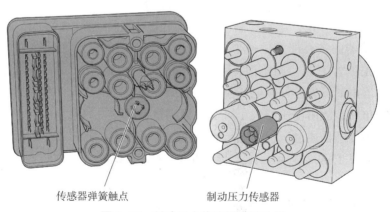

图 4-30　制动压力传感器安装位置

该传感器通过 4 根接触弹簧与控制单元连接。两个触点用于供电，另外两个触点提供两个彼此独立的压力信号。该传感器根据压阻原理工作，利用结构变形引起的材料电导率变化量来实现其功能。4 个压阻测量元件构成一个电桥，这些元件固定在一个隔膜上。压阻测量元件是半导体材料制成的电阻，如图 4-31 所示。

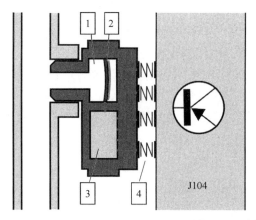 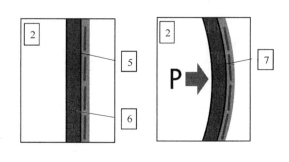

图 4-31 制动压力传感器的结构

1—测量室；2—压阻厚膜传感器元件；3—传感器电子装置和信号放大器；4—连接至控制单元 J104 的接触弹簧；
5—压阻测量电桥；6—柔性厚隔膜；7—测量电桥内的压电元件

2. 功能

压力提高时隔膜和与其连接的压阻测量电桥的长度发生变化。长度变化时测量电桥内的压电元件上出现作用力，这些作用力使压电元件内的电荷分布发生改变。

电荷分布发生变化时电桥压电元件的电气特性会发生改变。其电气信号与压力成正比，并作为放大后的传感器信号传输给控制单元。当某一压力传感器失灵时，系统将 ESP 功能降低到 ABS 和 EBV（电子制动力分配）功能。

3. 工作原理与安装位置

制动压力传感器安装在电子稳定程序 ESP 系统中的行驶动力调节液压泵中，该压力传感器不能从液压泵中拧出（该传感器拧在液压泵内），要和液压泵一起更换。它向电子控制单元传送制动管路的实际制动压力，电子控制单元据此算出车轮制动力及作用在车辆上的轴向力，如果需要 ESP 起作用，电子控制单元会利用上述数值计算侧向力。

制动压力传感器的核心部件是一个会受到制动液作用的压电元件和一个传感器电子元件。若制动液挤压压电元件，压电元件上的电荷分布就会起变化，电荷位置移动，由此产生电压。压力越大，电荷分得越开，电压越大。电压被内置的电子元件放大后，以信号的形式发送给电子控制单元。故由电压的大小可以直接测量出制动力的大小。

ESP 制动压力传感器通过三根电线与电子控制单元相连，如图 4-32 所示，导线 T3an/1 为 5 V 电源线，导线 T3an/2 为信号线，导线 T3an/3 为搭铁线。

4. 检测

用于奥迪 A6 轿车上的 ESP 制动压力传感器，集成在液压单元，如图 4-33 所示，传感器在液压控制单元输入端的初级电路中测量出制动压力，这种集成结构可以减少线束的使用，并可提高安全性。最大测量值为 170 bar；最大能量消耗为 10 mA、5 V。

传感器由 4 个压电晶体电阻组成，形成电桥，并附在柔性的变形片上。当控制单元发现两个信号偏离了公差范围后，控制单元会出现故障记忆，同时 ESP 功能失效，但 ABS 和 EBD 功能仍然有效。ESP 制动压力传感器的检测方法如下。

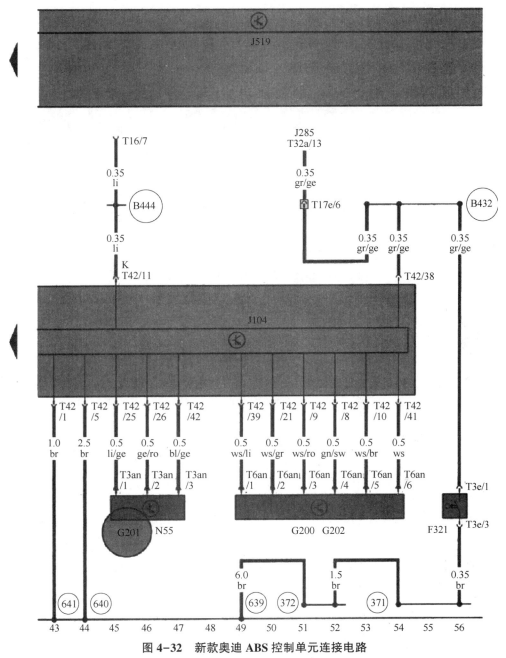

图 4-32 新款奥迪 ABS 控制单元连接电路

F321—驻车制动器开关；G200—横向加速度传感器；G201—制动压力传感器 1；G202—偏转率传感器；
J104—ABS 控制单元（在发动机舱内左侧）；J285—组合仪表中的控制单元；
J519—车载电网控制单元；N55—ABS 液压单元

（1）首先检查线路是否断路。
（2）其次检查正极线路是否短路。
（3）最后检查负极线路是否短路。
（4）如果以上检查均未出现错误，说明传感器已损坏，应更换新传感器。

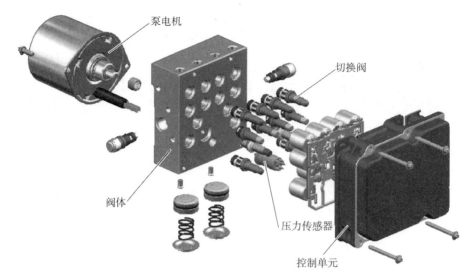

图 4-33 奥迪 A6 制动压力传感器安装位置

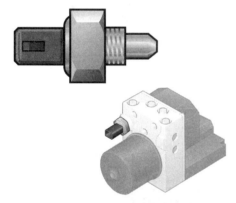

图 4-34 制动压力传感器安装位置

二、压电式制动压力传感器

如图 4-34 所示,在带 ESP 的制动系统中,制动压力传感器直接装在液压单元中,用于记录制动系统中实际制动力。

压电式制动压力传感器的核心部件是一个压电元件。如图 4-35 所示,制动压力传感器通过元件内部的电荷分布变化对压力变化作出反应,由电荷分布变化产生可测量的电压变化。传感器的电压变化由控制单元感知并分析。

综上所述,通过传感器的信号与时间段的比值得到压力斜度,该斜度被设定为制动辅助系统的接通条件。没有制动压力传感器的信号,制动辅助系统和 ESP 将不起作用。若传感器的功能异常时将被自诊断系统记录下来,并储存到故障代码存储器中。

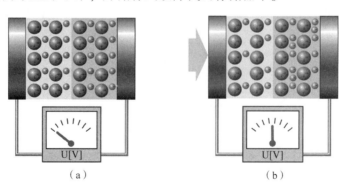

图 4-35 制动压力传感器工作原理
(a)均匀电荷分布情况;(b)非均匀电荷分布情况

三、电容式制动压力传感器

1. 功用

制动压力传感器拧在行驶动态调节液压泵内。该传感器向发动机控制单元提供制动管路内的实际压力信号,发动机控制单元根据这个压力信号计算出车轮制动力及作用在车上的纵向力。如果需要 ESP 系统工作,控制单元会将此值用于计算侧导向力。制动压力传感器的外形如图 4-36 所示,该传感器一般是双重布置的(G201、G204),以便尽可能保证安全性,这可以看成一种超稳定结构。每个制动压力传感器通过三根导线与控制单元 J104 相连,如图 4-37 所示。

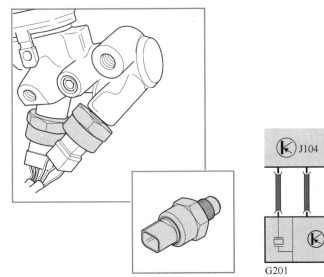

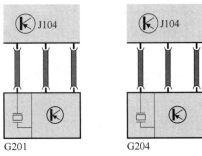

图 4-36 制动压力传感器 G201 的外形　　图 4-37 制动压力传感器连接电路

如果缺少实际制动压力信号,那么系统就无法计算正确的侧导向力,ESP 系统也就失效了。自诊断系统会确定导线是否断路及是否对地/正极短路,此外,系统还将判定制动压力传感器是否损坏。维修时不可从液压泵上拧下制动压力传感器,而应与该液压泵一同更换。

2. 工作原理

(1) 压电式制动压力传感器。如图 4-38 所示,制动压力传感器的核心部件是一个压电元件,制动液的压力就作用在其上,另一个是传感器电子元件。如果制动液的压力作用到压电元件上,那么该元件上的电荷分布就会改变。

如果没有压力作用,则电荷分布是均匀的,如图 4-39 (a) 所示。有压力作用时,电荷分布空间发生变化,如图 4-39 (b) 所示,于是就产生了电压。压力越大,电荷分离的趋势越强,产生的电压就越高。这个电压由电子装置放大,然后作为信号传给控制单元。电压的高低就是制动压力大小的直接反应。

(2) 电容式制动压力传感器。如图 4-40 所示,电容式制动压力传感器内部有一个平板式电容器,制动液就作用在这个电容器上。

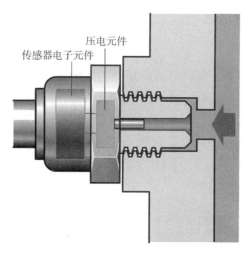

图 4-38 制动压力传感器的结构

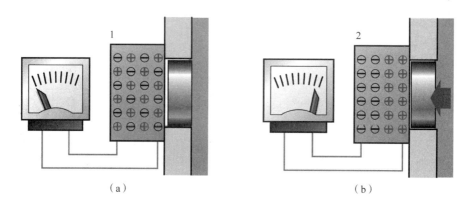

图 4-39 制动压力传感器 G201 的工作原理
(a) 没有压力作用时；(b) 有压力作用时

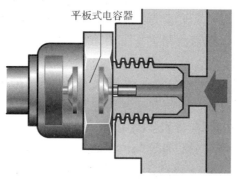

图 4-40 电容式制动压力传感器的结构

电容式制动压力传感器的工作过程如图 4-41 (a) 所示，电容器的两个平板间有一定距离 (s)，因此它有一定的电容量，也就是说它可以容纳一定量的电荷，电容量单位是法拉。

一个平板是不动的,另一个平板在制动液的作用下可以移动。

如图 4-41 (b)、图 4-41 (c) 所示,当压力作用到活动的平板上时,两平板之间距离 (s_1) 就变小,电容 C_1 就变大了。如果阻止了该压力,那么平板就回位,电容 C_1 又变小了。电容的变化就可直接作为压力变化的量度。

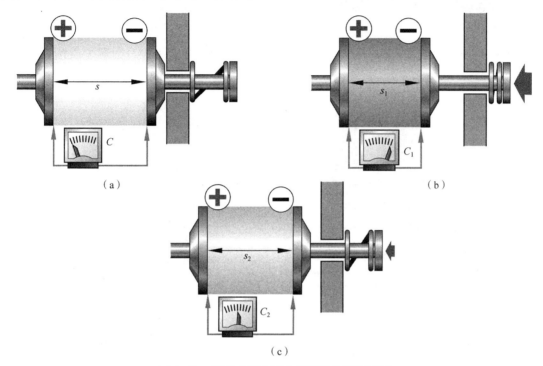

图 4-41 电容式制动压力传感器的工作过程

第五节　其他压力传感器

目前用在汽车上的液体压力传感器主要有机油压力传感器、发动机机油液面传感器、制动主缸油压传感器、蓄压器压力传感器、燃油压力传感器、共轨燃油压力(柴油机用)传感器和制冷剂(空调)压力传感器等。

一、机油压力传感器

1. 结构和原理

发动机机油压力传感器用于检测发动机机油压力的大小,它一般通过螺纹拧在缸体的油道内,其内有一个可变电阻,一端输出信号,另一端和搭铁的滑动臂连接。当油压增大时,压力通过润滑油道接口推动膜片弯曲,膜片推动滑动臂移动到低电阻位置,使电路中的输出电流增大;反之,当油压降低时,膜片推动滑动臂移动到高电阻位置,使电路中的输出电流减小,通过机油压力表将机油压力的大小用指针(指示灯)指示出来。机油压力传感器的外形和结构如图 4-42、图 4-43 所示。

图 4-42 机油压力传感器的外形

2. 检测方法

(1) 将点火开关置于"OFF"位置,断开发动机机油压力开关的线束连接器,将点火开关置于"ON"位置,用万用表测量线束连接器电压,其值为 12 V,正常,说明 ECM 和线束都没有问题;测量机油压力开关与缸体间的电阻,其值为 345 Ω,过大,正常值应该接近 0 Ω,说明是机油压力开关内部失效了。

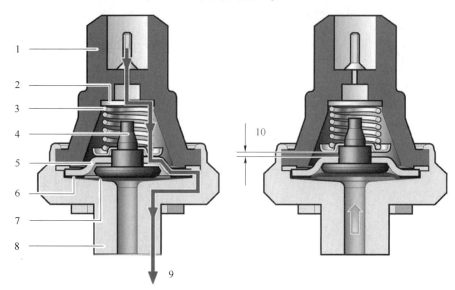

图 4-43 机油压力传感器的结构

1—由塑料制成的壳体上部件;2—触点顶端;3—弹簧;4—压板;5—隔板;6—密封环;7—隔膜;
8—由金属制成的壳体;9—触点闭合时的电流;10—触点打开时的间隙

(2) 检查机油压力开关及机油压力时应满足的条件有:机油油位正常;点火开关打开后,机油压力警报灯必须亮;自动检查系统的显示屏必须显示"OK";机油温度约为 80 ℃。

(3) 机油压力传感器的检查。断开机油压力开关连接导线,拧下机油压力开关,并装上机油压力检测仪 VAG1342(图 4-44),将机油压力传感器装到机油压力检测仪 VAG1342 上,检测仪导线 1 接地。将二极管测试灯 VAG1527 连接到机油压力传感器及蓄电池正极,测试灯应不亮;若测试灯亮,则需要更换机油压力传感器。起动发动机,压力达 120~160 kPa 时测试灯应亮,若测试灯不亮,则需要更换机油压力传感器。

断开机油压力开关连接导线,拧下机油

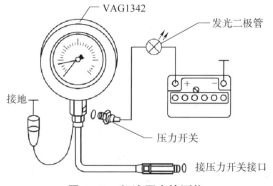

图 4-44 机油压力检测仪

压力开关,并装上机油压力测试仪 VAG1342,将机油压力开关装到 VAG1342 上。起动发动机,机油温度约为 80℃,机油压力参考值是,急速时机油压力为 100~250 kPa;2 000 r/min 时机油压力应不小于 200 kPa;3 000 r/min 时机油压力为 300~500 kPa;转速更高时机油压力不允许超过 700 kPa。若未达到上述规定值,应更换带限压阀的滤清器支座或机油泵。

二、大众直喷发动机燃油压力传感器

1. 结构与原理

燃油压力传感器用于检测发动机实际燃油压力。此传感器由印制电路板、传感器元件、隔离块(间隔块)和壳体等组成,安装在进气歧管下方靠近飞轮一侧,用螺栓紧固在塑料制成的油轨上。它监控燃油系统高压部分的压力,并且把信号传给发动机控制单元。油轨内的压力保持恒定对减少废气排放、降低噪声和提高功率有重要影响。燃油压力在一个调节回路中进行调节,传感器的测量误差小于2%,传感器的核心是一个钢膜,在钢膜上存在应变电阻要测的压力,经压力接口作用到钢膜的一侧,使钢膜弯曲,从而引起应变电阻的阻值发生变化,分析电路将电信号处理放大后传递给控制单元电路。燃油压力传感器及安装位置如图 4-45 所示。

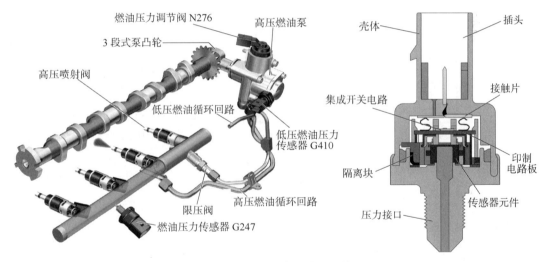

图 4-45 燃油压力传感器及安装位置

发动机控制单元给燃油压力传感器供电,供电电压为 5 V。压力升高时电阻降低,于是信号电压升高。燃油压力传感器的特性曲线如图 4-46 所示。

2. 信号作用

发动机控制单元根据这个信号,调节燃油压力调节阀来控制油轨内的燃油压力。如果这个信号反映出燃油压力无法调整了,燃油压力调节阀会在泵油行程中也通电,处于常开状态,这时整个系统压力降低至低压端的 5 bar。

3. 失效影响

如果这个信号失效了,燃油压力调节阀会在泵油行程中也通电,处于常开状态,这时整个系统压力降低至低压端的 5 bar。发动机的输出扭矩和功率都会大幅下降。

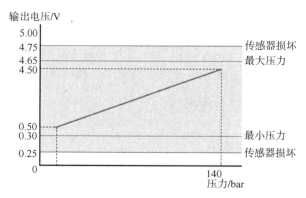

图 4-46 燃油压力传感器的特性曲线

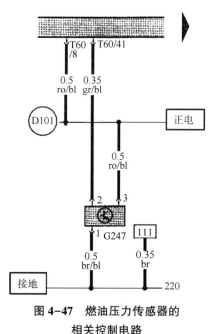

图 4-47 燃油压力传感器的相关控制电路

4. 检测方法

燃油压力传感器的相关控制电路如图 4-47 所示，其电路的相关检测如下。

（1）电路检测。

① 打开点火开关，检查燃油压力传感器插头 1 和 3 端子的电压应为 5 V。

② 检查传感器线束与发动机线束和 ECU 连接器端子有无损坏之处，若有损坏之处应修复或更换传感器线束。

③ 当燃油压力随着工况变化时 ECU 认为是故障，并以故障码 268 的形式存储该故障。由于故障的存在，直接导致发动机功率或转速降低，并且发动机工作粗暴。起动发动机，怠速运转，连接诊断仪确认是此故障码后应清除。

（2）油压检测。在打开高压范围前，如拆卸高压泵、燃油分配器、喷射阀门、燃油管或燃油压力传感器 G247 之前，高压范围内的燃油压力必须被降低到剩余压力大约为 6 bar。操作方法为将一块干净的抹布放在连接点周围，并小心地打开，以便卸载大约为 6 bar 的剩余压力；必须收集流出的燃油；在工作结束后查询发动机控制单元的故障存储器，将所有由于插头拔下而生成的故障输入值清除。

三、电控柴油机共轨燃油压力传感器

1. 结构

共轨燃油压力传感器以足够的精度，在相对较短的时间内，测定共轨中的实时压力，并向 ECU 提供电信号，其结构如图 4-48 所示。燃油经过一个小孔流向共轨燃油压力传感器，传感器的膜片将孔的末端封住。高压燃油经压力室的小孔流向膜片，膜片上装有半导体材料的敏感元件，可将压力转换为电信号。通过连接导线将产生的电信号传送到一个向 ECU 提供测量信号的求值电路。

2. 工作原理

压力传感器的测量元件安装于其中心部位,它与一个被微机械蚀刻的硅膜制成一体,四个变形的电阻分布在硅膜的膜片上,如图4-49所示。

当有微小压力作用于硅膜片上时它们的电阻值将发生变化,测量元件的四周被一个盖子环绕,测量元件与盖子一起将参考真空封闭。根据压力测量的范围,传感器的膜片可以制成 10~1 000 μm 厚度(150 MPa 时变化量约为 1 mm)。压力传感器以惠斯顿电桥原理工作,当膜片在气压作用下发生变形时,四个测量电阻的其中两个电阻值升高而其他两个电阻值降低,这将导致电桥的输出端产生电压,以该电压值代表压力。信号处理电子电路被集成在传感器内部,该电路用于对电桥电压进行放大,同时补偿温度的影响,产生线性的压力特性曲线。其输出电压在 0~5 V 范围,通过端子与发动机的 ECU 连接,发动机 ECU 以此输出电压计算压力。共轨燃油压力传感器失效时,具有应急行驶功能的调压阀以固定的预定值进行控制。

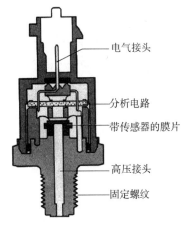

图 4-48 共轨燃油压力传感器结构

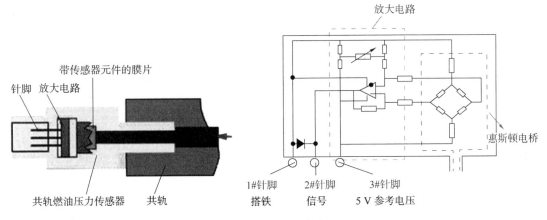

图 4-49 工作电路

共轨燃油压力传感器应用于第三代柴油机电控燃油系统中,如图4-50所示,该系统将喷油量和喷油时间控制融为一体,使燃油的升压机构独立,也就是燃油压力与发动机转速、负荷无关,具有可以独立控制压力的蓄压器共轨。喷油量、喷油时间等参数直接由装在各个气缸上的喷油器控制。

第三代柴油机电控燃油系统采用高速电磁阀,是全新一代的燃油系统,将发挥巨大的作用,尤其在降低柴油机的排放、保护环境方面将会起到不可替代的作用。图 4-51 和图 4-52 所示是电控共轨式燃油系统的控制原理图及电路图。

共轨式燃油系统中喷油压力的控制方法如图 4-53 所示。根据各个传感器的信息,ECU 演算单元经过演算后定出目标喷油压力。根据装在共轨上的压力传感器的信号,ECU 计算出实际喷油压力,并将其值和目标压力值比较,然后发出命令控制供油泵,升高或降低压

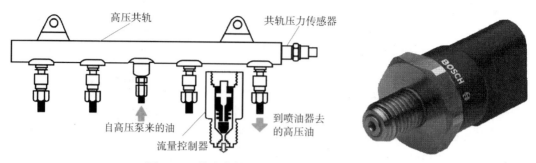

图 4-50 柴油共轨燃油压力传感器及安装位置

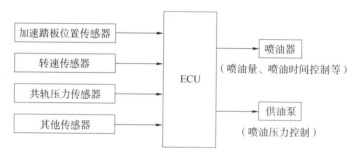

图 4-51 电控共轨式燃油系统的控制原理图

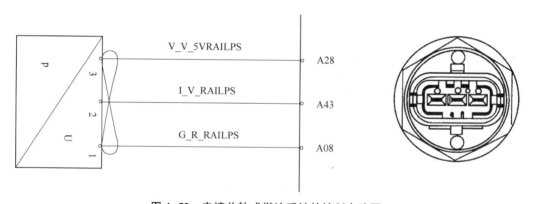

图 4-52 电控共轨式燃油系统的控制电路图

力。将 ECU 中的目标喷油压力特性用具体数据表示成三维图形，即所谓 MAP 图，可以得到最佳喷射压力特性。

3. 检修

（1）BOSCH 高压共轨系统可能会有的故障代码。P0194 表示共轨燃油压力传感器信号太弱；P0191 表示共轨燃油压力传感器信号太强；P0192 表示共轨燃油压力传感器电压太低；P0193 表示共轨燃油压力传感器电压太高。

（2）可能会有的实际值。检查共轨燃油压力传感器的电源供应；拔出共轨燃油压力传感器插塞接头；在线束一侧的端子 1 上对应端子 3 进行检测。触发系统已接通额定值 4.5 V，如果未达到额定值，检查电线。

第四章　气体和液体压力传感器　145

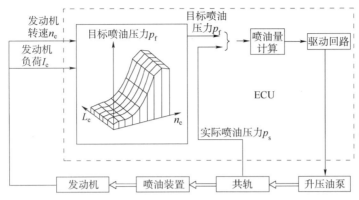

图 4-53　共轨式燃油系统中喷油压力控制方法

（3）检查信号电压。插上共轨燃油压力传感器的插塞接头；在部件一侧的端子 2（+）和端子 1（-）之间进行测量，触发系统已接通时，额定值为 0.3~0.7 V；当发动机处于热温和怠速运转状态时，额定值为 0.8~1.2 V，踩下加速踏板时的标准电压值为 1.2~4.5 V。

（4）其他可能出现的故障。电缆断路、正极短路或者接地短路；插塞接头没有连接或者连接处导电不佳；尽管已通过检验，共轨燃油压力传感器仍然有故障。

四、制冷剂压力/温度传感器

1. 作用及位置

如图 4-54 所示，制冷剂压力/温度传感器 G395 位于发动机舱内压缩机与冷凝器之间的高压管路上，它将制冷剂温度与制冷剂压力信号送到 Climatronic 控制单元。这两个信号用于控制散热器风扇、控制压缩机以及检测制冷剂的损耗。

在制冷剂因发生大的泄漏而逸出时，压力会急剧下降。在此情况下，压力传感器的信号足以让控制单元检测到故障。

如果冷却液逐渐损耗，那么此信号就不会足够强，因为少量制冷剂的损耗不会使压力变化达到系统可测量的程度。但是，由于制冷剂的量与蒸发器的量精确相关，所以缺少制冷剂会导致蒸发器中膨胀的冷却液气体热到可测量的程度，从而使压缩机后的制冷剂温度上升。

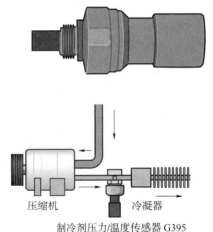

图 4-54　制冷剂压力/温度传感器 G395 外形及安装位置

由于较少的制冷剂吸收了等量的热量来将空气冷却到默认值，因此造成这种温升。该传感器检测这种温升并发送电压信号给 Climatronic 控制单元。若温度或压力信号失败，制冷功能将关闭。

2. 功能

如图 4-55 所示，压力传感器测量元件按照电容原理进行工作。它的工作模式可以用平行极板电容器进行简单说明。制冷剂回路中的压力变化改变了传感器中电容器极板之间的间距。由于电容器极板之间的间距发生改变，电容量也就发生改变，即电容器存储电能的能力发生改变。若间距减小，电容量下降；若间距增大，电容量上升。传感器电子装置检测这种变化，并按比例将压力转换成电压信号。

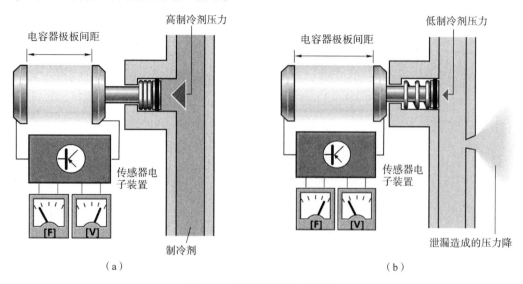

图 4-55　压力传感器工作原理
(a) 制冷剂回路完好时的压力信号；(b) 制冷剂完全损耗时的压力信号

五、空调制冷剂高压传感器

在很多大众车的空调系统中，用高压传感器代替原来的压力开关，高压传感器检测制冷回路高压管路内的压力并转化成电信号输送至空调控制单元和发动机控制单元。通过空调控制单元间接控制散热风扇的挡位、压缩机离合器的通断，以及检测制冷剂的损耗。而发动机控制单元根据此信息来计算压缩机接合时的扭矩，从而防止扭矩/功率突然下降，并使发动机达到与指定压缩机转速相匹配发动机的怠速。

1. 安装位置

高压传感器安装在发动机舱内压缩机与冷凝器之间的高压管路上，高压传感器的安装位置和实物如图 4-56 所示。

按照工作原理的不同，可以将空调高压传感器分为电容式和压阻式两种。

2. 电容式空调高压传感器工作原理

电容式空调高压传感器按照电容原理进行工作，如图 4-57 所示，它的工作模式可以用平行极板电容器进行简单说明。制冷剂回路中的压力变化改变了传感器中电容器极板之间的间距，由于电容器极板之间的间距发生改变，电容量也就发生改变，即电容器存储电能的能力发生改变。若间距减小，电容量下降；反之，间距增大，电容量上升。传感器电子装置检测这种变化，并按比例将压力转换成电压信号。

若制冷剂发生大量泄漏而逸出时，压力会急剧下降，在此情况下，传感器的信号足以让控制单元检测到故障；若制冷剂逐渐损耗，传感器的信号不够强，因为少量制冷剂的损耗不会使压力变化达到系统可测量的程度。但是，由于制冷剂的量与蒸发器的量精确相关，所以缺少制冷剂会导致蒸发器中膨胀的制冷剂气体热到可测量的程度，从而使压缩机后的制冷剂

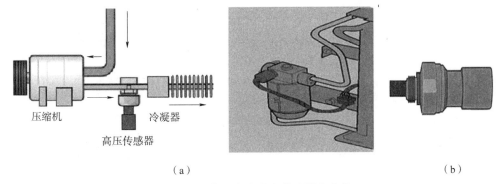

图 4-56　高压传感器安装位置和实物
(a) 安装位置；(b) 实物

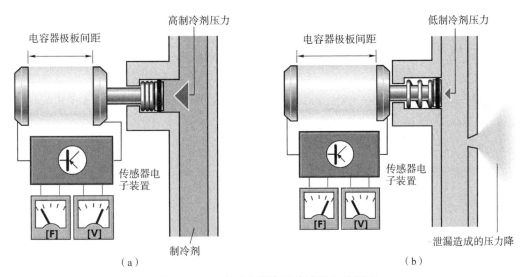

图 4-57　电容式空调高压传感器工作原理
(a) 制冷剂回路完好时的压力信号；(b) 制冷剂完全损耗时的压力信号

温度上升。由于较少的制冷剂吸收了等量的热量来将空气冷却到默认值，因此造成这种温升。该传感器检测这种温升并发送电压信号给空调 ECU 控制单元。

3. 压阻式空调高压传感器

压阻式空调高压传感器的工作原理是：将制冷剂的压力施加在一个硅晶体上，压力使晶体片发生变形，引起它的电阻发生变化。硅晶体连接一个微处理器，对信号进行处理，该传感器根据压力大小产生一个成比例的脉冲宽度调节（PWM）信号送给空调控制单元和发动机控制单元。图 4-58 是压阻式空调高压传感器的工作原理图。在低压下，晶体的变形最小，输出一个小脉冲，如图 4-58（a）所示。在高压下，晶体变形增加脉冲宽度，随着压力的增加而变宽，如图 4-58（b）所示。

当压缩机工作时，管路的压力会升高；当压力高于一定值（约 1.6 mbar）时，高压传感器会给自动空调 ECU 信号，ECU 将会终止压缩机工作以防止管路压力过高。

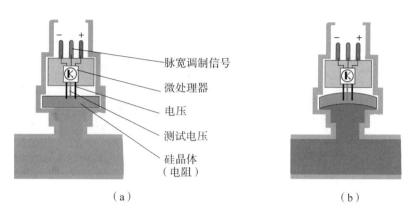

图 4-58 压阻式空调高压传感器的工作原理
(a) 压力低，变形小；(b) 压力高，变形大

如图 4-59（a）所示，高压传感器 G65 在低压情况下输出一个小的脉冲宽度，这相当于 20 ms 的周期（100%），在 0.14 MPa（1.4 bar）的低压下，脉冲宽度为 2.6 ms，这相当于 13% 周期。

如图 4-59（b）所示，脉冲宽度随压力增加而脉宽也增加，在 3.7 MPa（37 bar）的高压下，脉冲宽度为 18 ms，相当于 90% 周期。

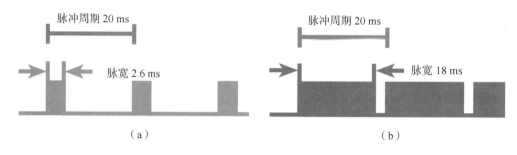

图 4-59 脉冲宽度
(a) 低压；(b) 高压

4. 高压传感器的检测

以速腾轿车为例，介绍高压传感器的检测。

（1）线路连接。速腾轿车高压传感器的电路如图 4-60 所示。

（2）电源与搭铁检查。断开高压传感器接头，打开点火开关，测量电路图中 T3c/3 与 T3c/1 之间电压应为 12 V，T3c/3 与 T3c/2 之间电压应在 0~5 V 之间变化。

（3）信号检查。由于高压传感器输出的是 PWM 信号，因此应使用示波器进行检查。高压传感器的示波器检测方法及其标准波形如图 4-61 所示。

高压传感器失灵或信号失真时，空调 ECU 内将保存一条故障信息，并长时间关闭压缩机。PWM 信号为 75% 时，达到的压力约为 3 MPa（30 bar）（高压故障），压缩机将关闭。压力重新下降到 2.6 MPa（26 bar）左右时，将重新打开压缩机。

第四章　气体和液体压力传感器

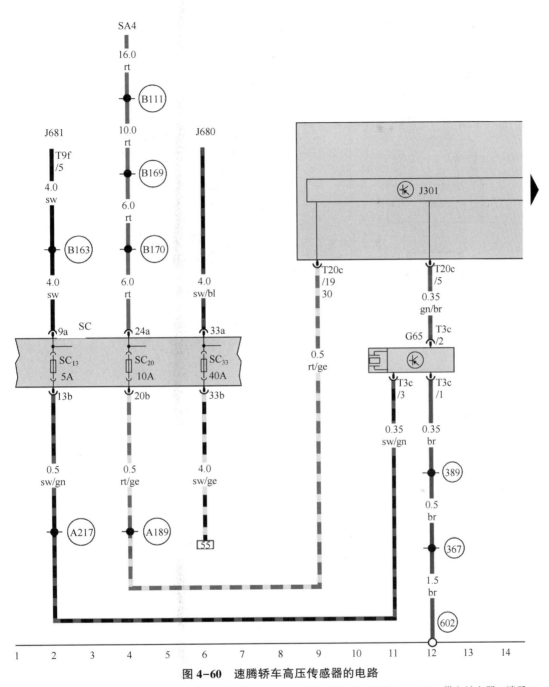

图 4-60　速腾轿车高压传感器的电路

G65—制冷剂高压传感器；J301—Climatronic 控制单元；J680—供电继电器 1 端子 75；J681—供电继电器 2 端子 15

（4）解码仪检测。使用大众专用解码仪 VAS5052，如果高压传感器有故障，会出现以下故障码：

00819009——高压传感器 G65 断路/对地短路；

9481748——高压传感器开路或接地短路；

9481769——高压传感器信号无效。

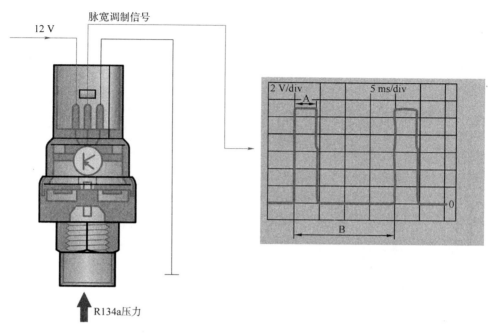

图 4-61　高压传感器的示波器检测方法及标准波形

第五章 气体浓度传感器

第一节 氧传感器

现在的三元催化转化器大多安装在排气歧管近端,以便更有效地净化排气中 CO、HC 和 NO_x 三种主要的有害成分,但三元催化转化器只有在混合气的空燃比接近理论值的一个窄小范围内才能有效地起到净化作用,故在排气管中安装氧传感器(图 5-1)。其功用是通过监测排气中氧离子的含量来获得混合气的空燃比信号,并将空燃比信号转变为电信号输入发动机 ECU。ECU 根据氧传感器信号对喷油时间进行修正,实现空燃比反馈控制(闭环控制),从而将过量空气系数(λ)控制在 0.98~1.02 范围内(空燃比 A/F 约为 14.7),使发动机得到最佳浓度的混合气,从而达到降低有害气体的排放量和节约燃油的目的。

随着汽油缸内直接喷射(GDI)发动机和燃油分层喷射(FSI)发动机的大量使用,均质稀薄燃烧技术也日益成熟,只能在理论空燃比附近间接测量混合气浓度的二氧化钛式和二氧化锆式氧传感器已不能满足监测的需要,宽域氧传感器随之出现。这种传感器能在混合气极稀薄的条件下,连续地检测出空燃比,实现稀薄领域的反馈控制。

一、普通氧传感器

目前使用的氧传感器有二氧化锆(ZrO_2)式和二氧化钛(TiO_2)式两种,其中应用较多的是二氧化锆式氧传感器。二氧化锆式氧传感器又分为加热型与非加热型氧传感器两种,二氧化钛式氧传感器一般为加热型氧传感器。

图 5-1 氧传感器的安装位置

1. 二氧化锆(ZrO_2)式氧传感器(电压型)

(1)结构和工作原理。二氧化锆式氧传感器的基本元件是二氧化锆陶瓷管(固体电解质),陶瓷体制成管状,因此亦称锆管。锆管固定在带有安装螺纹的固定套中,锆管内、外表面都覆盖着一层多孔性的透气铂膜作为电极。二氧化锆式氧传感器安装在排气管上,其内表面与大气接触,外表面与废气接触。为了防止废气中的杂质腐蚀铂膜,在锆管外表面的铂膜上覆盖着一层多孔的氧化铝保护层,并加装了一个防护套管,套管上开有通气槽,这样既可以防止废气烧蚀电极,又可以保证废气渗进保护层和电极接触。二氧化锆式氧传感器的接线端有一个金属护套,其上开有一孔,用于锆管内表面与大气相通,导线将锆管内表面电极经绝缘套从传感器引出,其结构如图5-2所示。

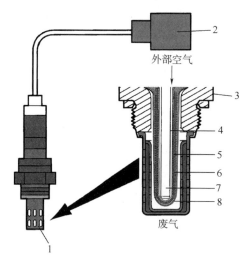

图 5-2 二氧化锆式氧传感器的结构
1—保护罩;2—接线端子;3—外壳(接地);
4—空气侧铂电极;5—二氧化锆陶瓷体(锆管);
6—排气侧铂电极;7—加热器;8—陶瓷涂层

锆管的陶瓷体是多孔的,允许氧渗入该固体电解质内,当温度高于300℃时,氧气发生电离,氧气渗入锆管的多孔陶瓷体,由于锆管内、外侧的氧含量不一致,存在浓度差,因而氧离子从大气侧向排气一侧扩散,从而使锆管成为一个微电池,在两电极间产生电压,如图5-3(a)所示。

当混合气的实际空燃比小于理论空燃比,即发动机以较浓的混合气运转时,排气中氧含量少,但CO、HC和NO_x等较多,这些气体在锆管外表面的铂催化作用下与氧气发生反应,将耗尽排气中残余的氧气,使锆管外表面氧气浓度变为零,这就使得锆管内、外侧氧气浓度差加大,两电极间的电压陡增,可以产生约1V的电压;当混合气的实际空燃比大于理论空燃比,即发动机以较稀的混合气运转时,氧气浓度高,CO、HC和NO_x浓度低,在锆管外表面的铂催化作用下,使CO、HC和NO_x完全与氧气发生反应,排气中仍有残余的氧气存在,由于内、外两侧氧气浓度差较小,几乎不能产生电动势,此时输出电压几乎为零。因此,二氧化锆式氧传感器产生的电压将在理论空燃比时发生突变,如图5-3(b)所示。

根据二氧化锆式氧传感器所产生的电压值,可测量二氧化锆式氧传感器外表面的氧气含量,而发动机废气排放中的氧含量主要取决于混合气的空燃比,因此,ECU根据二氧化锆式氧传感器输入的电信号分析汽油的燃烧状况,以便及时修正喷油量,使空燃比处于理想状况,即使空气过量系数$\lambda=1$,所以这种传感器又称为λ传感器。准确地完全保持混合气浓度为理论空燃比是不可能的,实际上二氧化锆式氧传感器对喷油器的反馈调节是动态的,只能使混合气在理论空燃比附近一个较小的范围内波动,故二氧化锆式氧传感器的输出电压在0.1~0.8V范围内不断变化(通常每10s内变化8次以上)。如果该传感器输出电压变化过缓(每10s内少于8次)或电压保持不变(不论是保持在高电位还是低电位),则表明该传感器本体或线路有故障,需要检查线路或更换传感器。

(2)加热型二氧化锆式氧传感器。二氧化锆式氧传感器输出信号的强弱与工作温度有关,只有在300℃以上时该传感器才能正常工作,早期使用的二氧化锆式氧传感器靠排气加热,这种传感器必须在发动机起动运转数分钟后才能开始工作,因此,电控发动机在二氧化锆式氧传感器正常工作之前是开环控制的。现在,大部分汽车使用带加热器的二氧化锆式氧传感器,这种传感器在原来传感器的基础上,增加了一个陶瓷加热元件(用于加热传感

第五章 气体浓度传感器

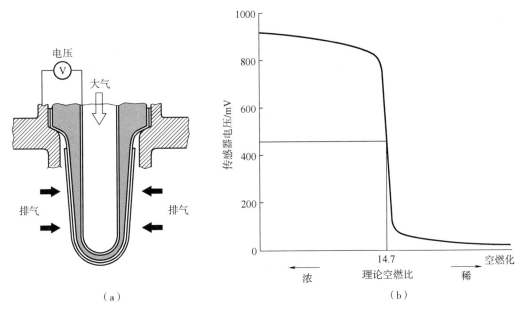

图 5-3 二氧化锆式氧传感器工作原理图

器），可在发动机起动后的 20~30 s 内迅速将该传感器加热至工作温度，扩大了空燃比闭环控制的工作范围，故又称为加热型二氧化锆式氧传感器。

常见的氧传感器有一线制、二线制、三线制、四线制四种类型。一线制氧传感器只有一根信号线与发动机 ECU 相连，传感器的另一极直接搭铁。二线制的两根线均与 ECU 相连，一根为信号线，另一根进入 ECU 后搭铁；三线制、四线制氧传感器均属于加热型氧传感器，由于添加了两根加热电阻的接线，和氧传感器信号线组合成为三线制或四线制。加热电阻的两根接线，一根直接接控制继电器或主继电器，接 12 V 加热电源；另一根由 ECU 控制搭铁端，控制加热电阻的加热时间。氧传感器中的加热器是正温度系数热敏元件，在传感器与线束断开的情况下，可以通过测量加热器的阻值来对加热元件进行检测。加热型氧传感器的控制电路如图 5-4 所示。

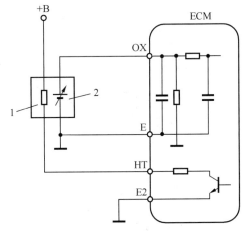

图 5-4 加热型氧传感器的控制电路
1—加热器；2—氧传感器

（3）双氧传感器系统。现代排放法规越来越严格，因此越来越多的车辆在三元催化转化器的前、后端分别安装了氧传感器，称为双氧传感器系统（图 5-5）。其中一个氧传感器位于三元催化转化器之前，称为主氧传感器或上游氧传感器，用于混合气反馈控制，发动机 ECU 根据主氧传感器的反馈信号，增加或减少喷油量，将实际空燃比控制在理论空燃比附近；另一个氧传感器位于三元催化转化器之后，称为副氧传感器或下游氧传感器，用于监测三元催化转化器的催化净化效率。

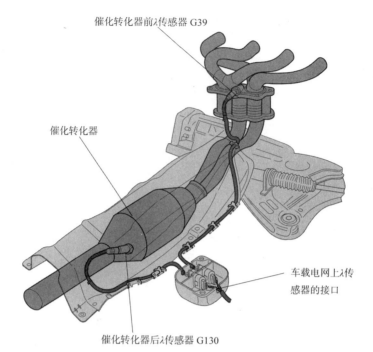

图 5-5 双氧传感器系统

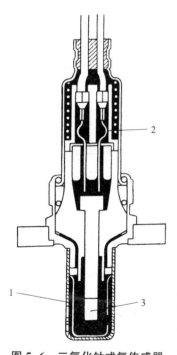

图 5-6 二氧化钛式氧传感器
1—保护套管；2—连接线；
3—二氧化钛厚膜元件

因为正常运行的三元催化转化器在转化 HC 和 CO 时要消耗 O_2，所以副氧传感器输出的电压信号比主氧传感器输出的电压信号波动要缓慢得多，两个氧传感器电压幅度差值可反映出三元催化转化器存储氧以及转换有害气体的能力。当三元催化转化器损坏时，其转化效率丧失，这时其前、后排气管中的氧气量十分接近，几乎相当于没有安装三元催化转化器，前、后两氧传感器的信号电压波形趋于相同，并且电压波动范围也趋于一致，此时表明三元催化转化器的转化能力下降。OBD-Ⅱ监视系统正是根据这个原理来检测三元催化转化器转化效率的。

2. 二氧化钛式氧传感器（电阻型）

（1）结构。二氧化钛式氧传感器是利用二氧化钛（TiO_2）材料的电阻值随排气中氧含量的变化而变化的特性制成的，故又称为电阻型氧传感器。二氧化钛式氧传感器的外形和二氧化锆式氧传感器的外形相似。在二氧化钛式氧传感器前端的护罩内是一个二氧化钛厚膜元件（图 5-6）。纯二氧化钛在常温下是一种高电阻的半导体，但表面一旦缺氧，其晶格就会出现缺陷，电阻随之减小。由于二氧化钛的电阻也随温度不同而变化，因此，在二氧化钛式氧传感器内部也有一个电加热器，以保持二氧化钛式氧传感器在发动机工作过程中的温度恒定不变。

（2）工作原理。由于二氧化钛半导体材料的电阻具有随氧离子浓度的变化而变化的特性，因此二氧化钛式氧传感器的信号源相当于一个可变电阻，其电阻值与过量空气系数的关系如图 5-7 所示。

当发动机的可燃混合气浓（过量空气系数小于 1）时，由于燃烧不完全，排气中会剩余少量氧气，二氧化钛传感元件周围的氧离子很少，呈现高阻态。与此同时，在催化剂铂的催化作用下，剩余氧离子与排气中的一氧化碳（CO）产生化学反应，生成二氧化碳（CO_2），进一步消耗排气中的氧离子，从而大大提高了传感器的灵敏度。

当发动机混合气稀（过量空气系数大于 1）时，排气中氧离子含量较多，二氧化钛传感元件周围的氧离子浓度较大，呈现低阻态。

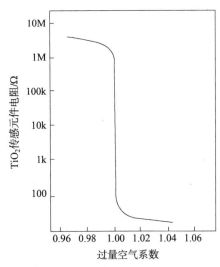

图 5-7 二氧化钛式氧传感器的电阻值与过量空气系数的关系

由上可见，二氧化钛式氧传感器的电阻将在混合气的过量空气系数 λ 约为 1（空燃比 A/F 约为 14.7）时产生突变。当给二氧化钛式氧传感器施加稳定的电压时，在其输出端可得到一个交替变化的信号。该稳定电压一般由 ECU 内部的稳压电源提供。

新型二氧化钛式氧传感器由发动机 ECU 提供 1 V 基准电压，外形和原理与二氧化锆式氧传感器相似，但为了使二氧化钛式氧传感器有着与二氧化锆式氧传感器相同的变化，即和二氧化锆式氧传感器输出的 0~1 V 的电压值一致，将参考电压由原来的 5 V 变为 1 V，同时，为了降低二氧化钛式氧传感器的质量和更换时的成本，将其中的精密电阻转移到了 ECU 内部，因此，在二氧化钛式氧传感器的接线上减少了一条引出线。

3. 2011 款捷达二氧化锆式氧传感器的检测

2011 款捷达使用二氧化锆式氧传感器，其接线图和端子布置如图 5-8 所示，其安装位置如图 5-9 所示。T4c/1、T4c/2 端为加热元件插头，T4c/1 端供电来自 J519 经燃油泵继电器 J17 的端子 87r 提供的蓄电池电压，T4c/2 端为搭铁端，接 ECU，由 ECU 控制加热时间；T4c/3、T4c/4 端为氧传感器信号端，其中，T4c/3 为信号电压正极，T4c/4 为信号电压负极（搭铁端）。

（1）故障现象判断。二氧化锆式氧传感器对汽车电子控制燃油喷射发动机正常运转和尾气排放起着至关重要的作用，一旦该传感器或其连接线路出现故障，不仅会使排放超标，还会出现回火、放炮、怠速熄火、发动机运转失准、油耗增大等各种故障，使发动机工况恶化。

（2）解码器检测。二氧化锆式氧传感器的异常工作，都会在 ECU 中存储故障码。因此，通过专用解码器或通用解码器，可以查出二氧化锆式氧传感器的故障码 00525——氧传感器 G39、G130 无信号或对正极短路，或者通过读取数据流来判断二氧化锆式氧传感器是否有故障。如果氧传感器示数长时间停滞在一个数值不变或变化缓慢状态，则说明该传感器有故障。

（3）检测加热元件的电阻。在室温下，可用万用表对加热元件的电阻进行检测。检测时，拔下二氧化锆式氧传感器线束插头，检测插头上端子 T4c/1 与 T4c/2 之间的电阻，在常

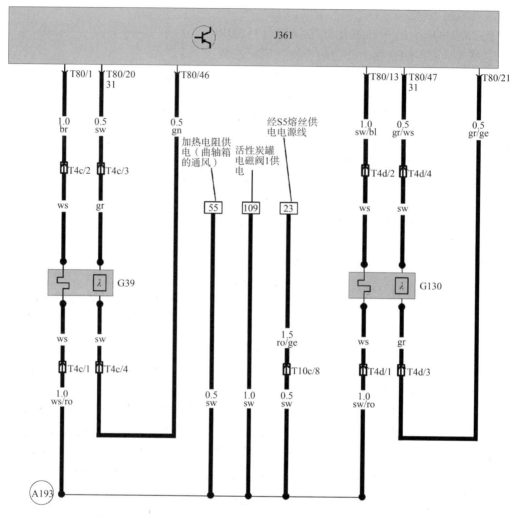

图 5-8　2011 款捷达二氧化锆式氧传感器的接线图和端子布置

G39—氧传感器；G130—尾气催化净化器后的氧传感器；J361—发动机控制单元；T4c—4 芯棕色插头连接；T4d—4 芯黑色插头连接；T10c—10 芯黑色插头连接；T80—80 芯黑色插头连接；A193—仪表板线束中的连接（87a）

图 5-9　2011 款捷达二氧化锆式氧传感器的安装位置

温下该阻值应为 1~5 Ω。如果常温下该阻值为无穷大，则说明加热元件断路，应更换该传感器。

（4）检测二氧化锆式氧传感器加热元件的电源电压。该传感器加热元件的电压为蓄电池电压，当点火开关接通使燃油泵继电器触点接通时，加热元件的电源即被接通。检测加热元件的电压时，拔下该传感器插头，起动发动机，检测插接器插座上的端子 T4c/1 与 T4c/2 之间的电压，电压值应不低于 11 V。如果该电压值为零，则说明熔丝 S5（10 A）断路或燃油泵继电器触点接触不良，分别检修即可。

(5) 检测二氧化锆式氧传感器的信号电压。由于当二氧化锆式氧传感器工作温度低于 300 ℃时，该传感器没有达到正常工作温度，无信号输出，因此应在二氧化锆式氧传感器处于 300 ℃以上的工作状态时测量其输出电压。用汽车万用表测压法检查二氧化锆式氧传感器的具体方法是：使发动机转速在 2 500 r/min 时运行约 90 s，插头与插座连接，将数字式万用表连接到二氧化锆式氧传感器端子 T4c/3 与 T4c/4 连接的导线上，当供给发动机浓混合气（加速踏板突然踩到底）时，信号电压应为 0.7~1.0 V；当供给发动机稀混合气（拔下空气流量传感器至发动机之间的真空管）时，信号电压应为 0.1~0.3 V；否则说明该二氧化锆式氧传感器失效，应予以更换。

(6) 检测二氧化锆式氧传感器的信号变化频率。将一个发光二极管和一个 300 Ω 的电阻串联在传感器 T4c/3 与 T4c/4 端子连接的导线之间进行检测。二极管正极连接到 3 端子上，二极管的负极经 300 Ω 电阻连接到插接器 4 端子上。发动机怠速或部分负荷运转时，发光二极管应当闪亮。闪亮频率不应低于 10 次/分，如果二极管不闪亮或闪亮频率过低，则说明二氧化锆式氧传感器失效，应更换。用万用表检测在 10 s 内摆动的次数，应为 8 次或更多。

(7) 示波器检测。用示波器检测二氧化锆式氧传感器输出的信号波形，可以很直观地确定二氧化锆式氧传感器是否良好。检测方法是：起动发动机，使二氧化锆式氧传感器预热到 300 ℃以上，发动机处于闭环工作状态时，用探针连接到该传感器插接器信号端子 T4c/2 和 T4c/3 上，发动机从怠速开始增大转速，观察该传感器的输出信号波形，并与标准波形比较，以此判断传感器的好坏。图 5-10 所示为二氧化锆式氧传感器在怠速和转速为 2 500 r/min 时的标准波形。

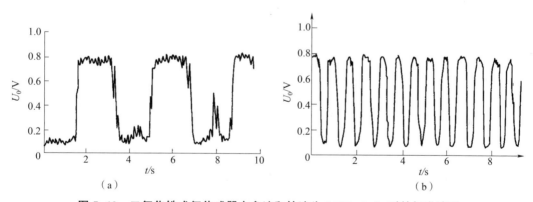

图 5-10 二氧化锆式氧传感器在怠速和转速为 2 500 r/min 时的标准波形
(a) 怠速时的输出波形；(b) 转速为 2 500 r/min 时的输出波形

4. 二氧化钛式氧传感器的检测方法

二氧化钛式氧传感器加热电阻的检查与二氧化锆式氧传感器的基本相同。下面主要介绍其不同于二氧化锆式氧传感器的检测方法。

(1) 万用表测电阻法。万用表测阻法是利用二氧化钛式氧传感器的电阻特性来判断其在暖机状态和非暖机状态下的电阻值，以此来判断其是否损坏。正常二氧化钛式氧传感器在充分暖机状态下的电阻值在 300 kΩ 左右（不同厂家此值不同）；拆下该传感器并暴露在空气中冷却后测量其电阻值，若阻值很大，则说明该传感器良好；反之，则说明该传感器已损坏，应予以更换。

（2）二氧化钛式氧传感器波形检测法。对于采用1 V参考电压的二氧化钛式氧传感器，其测试方法、波形图等和二氧化锆式氧传感器相同。对于采用5 V参考电压的二氧化钛式氧传感器需要注意的是：良好的二氧化钛式氧传感器的输出端电压应以2.5 V为中心上、下波动。

二、宽域氧传感器

在发动机电控系统中，氧传感器的作用是监测尾气中的氧气浓度，并将信息反馈给ECU以修正喷油量，实现发动机的闭环控制，确保废气空燃比始终处于三元催化转化器的最佳工作点。越来越严格的排放法规以及方兴未艾的稀薄燃烧技术，都要求发动机实现更稀薄的燃烧，尾气得到更理想的控制，这就对氧传感器提出了更高的要求。二氧化锆（ZrO_2）及二氧化钛（TiO_2）式氧传感器的工作范围都在$\lambda=1$附近，一旦超出此范围，其反应性能就会降低。当ECU要进行稀混合控制，甚至超稀薄燃烧时，这两种类型的氧传感器便无法胜任了。为了克服普通氧传感器的缺陷，人们开发出了新一代氧传感器——宽域氧传感器。宽域氧传感器为五、六线制，属于线性、电流型氧传感器，在全空燃比范围内（$\lambda=0.7\sim4.0$）起作用。

一般来讲，宽域氧传感器只用于三元催化转化器之前，三元催化转化器之后必为普通氧传感器。后氧传感器只负责校验，当前氧传感器出现故障时，发动机进入开环紧急运行状态。查看发动机盖下的标识，如果标识为HOS，则为普通氧传感器；如果标识为A/FS，则为宽域氧传感器。

1. 宽域氧传感器的结构

传统的二氧化锆式氧传感器为四线制，属于主动、平面型氧传感器，仅适用于标准空燃比附近范围，在350 ℃或更高的温度下能传导氧离子，二氧化锆式氧传感器两侧的氧气浓度差使两个表面之间产生电位差，且工作曲线非常陡峭。混合气接近标准空燃比时，输出0.45 V电压；混合气偏浓时，输出0.6~0.9 V电压；混合气偏稀时，输出0.1~0.3 V电压。由于二氧化锆式氧传感器只能在比较狭窄的范围（0.1~0.9 V）内工作，所以当尾气过浓或过稀时都无法进行检测，因此二氧化锆式氧传感器的应用有一定的局限性。

宽域氧传感器的基本控制原理是以二氧化锆式氧传感器为基础而加以扩充的。二氧化锆式氧传感器有一个特性，即当氧离子移动时会产生电动势。若采用反向程序，将电压施加于二氧化锆组件上，也会造成氧离子移动。根据此特性即可由ECU控制想要的比例值。

如图5-11所示，构成宽域氧传感器的组件有两个部分，一部分为感应室；另一部分为泵氧元。感应室的一面与大气接触，而另一面是测试腔，通过扩散孔与排气接触，与普通二氧化锆式氧传感器一样，由于感应室两侧的氧含量不同而产生一个电动势。一般的二氧化锆式氧传感器将此电压作为ECU的输入信号来控制混合比，而宽域氧传感器与此不同的是：ECU要使感应室两侧的氧含量保持一致，让电压维持在0.45 V（这个电压只是电脑的参考标准值），这就需要传感器的另一部分来完成。

宽域氧传感器的另一部分是传感器的关键部件——泵氧元，泵氧元的一面是排气，另一面与测试腔相连。泵氧元就是利用二氧化锆式氧传感器的反作用原理，将电压施加于二氧化锆组件（泵氧元）上，这样会造成氧离子移动。把排气中的氧气泵入测试腔中，使感应室两侧的电压维持在0.45 V。这个施加在泵氧元上的变化电压才是所需要的氧含量信号。如果混合气太浓，那么排气中含氧量下降，此时从扩散孔溢出的氧气较多，感应室的电压升高。为了平衡ECU，增加控制电流使泵氧元增加泵氧效率，测试腔的氧含量增加，这样可

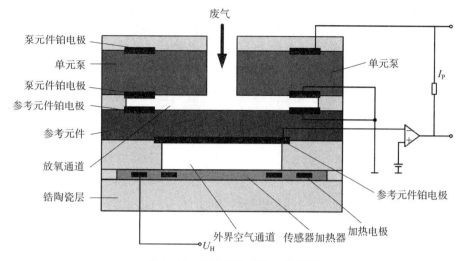

图 5-11 宽域氧传感器工作原理

以调节感应室的电压使其恢复到 0.45 V；相反，如果混合气太稀，则排气中的含氧量增加，这时氧气要从扩散孔进入测试腔，感应室电压降低，此时泵氧元向外排出氧气来平衡测试腔中的含氧量，使感应室的电压维持在 0.45 V。总而言之，加在泵氧元上的电压可以保证当测试腔内的氧含量高时，排出腔内的氧气，这时 ECU 的控制电流是正电流；当腔内的氧含量低时，进行供氧，此时 ECU 的控制电流是负电流。以上供给泵氧元的电流过程就反映了排气中的剩余空气含量系数。

当 $\lambda = 1$，即理论混合比时，$I_P = 0$；当 λ 大于 1，即稀混合比时，I_P 渐渐升高；当 λ 小于 1，即浓混合比时，I_P 为负值。ECU 利用 I_P 控制即可得到连续的含氧感应值。

2. 宽域氧传感器的工作原理

如图 5-12 所示，因为传统的杆形传感器（LSH—加热式氧传感器）或扁平形氧传感器（LSF）的电压曲线是跳跃的，所以也叫阶跃式氧传感器。三元催化转化器后（下游）使用的是阶跃式氧传感器。阶跃式氧传感器的测量范围在 $\lambda = 1$ 附近跳动，它用于监控三元催化转化器后废气中的氧含量。

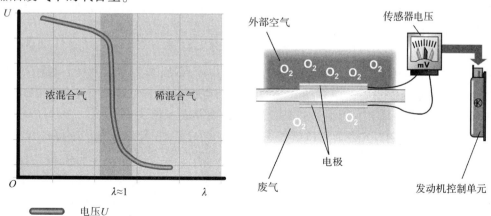

图 5-12 传统的阶跃式氧传感器工作原理

阶跃式氧传感器的核心元件是一个陶瓷体，该陶瓷体的两面有镀层（能斯脱单元），镀层起到电极的作用，其中一个电极层与外部空气接触，另一个电极层与废气接触。由于外部空气的氧含量和废气中的氧含量是不同的，这个氧含量差就会在两个电极之间产生一个电压，ECU 根据这个电压来计算出 λ 值。

图 5-13 所示为宽域氧传感器结构，其外形尺寸比阶跃式氧传感器仅大几毫米。宽域氧传感器由一个普通窄范围浓差电压型氧传感器（能斯脱单元）、氧气泵氧元（ZrO_2）、传感器加热器、传感器控制器及扩散小孔、扩散室等构成。图 5-14 所示为 2012 款迈腾宽域氧传感器的电路图。

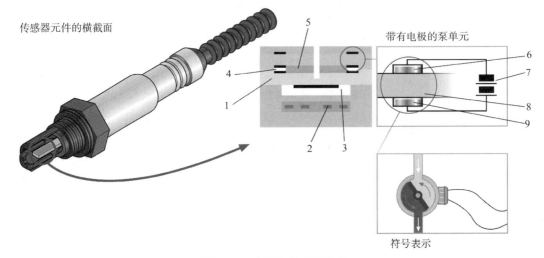

图 5-13 宽域氧传感器结构

1—带电极的能斯脱单元；2—传感器加热器；3—外部空气通道；4—测量区；5—扩散通道；
6—电极（阳极）；7—电源；8—陶瓷；9—电极（阴极）

宽域氧传感器（LSU）是新一代氧传感器，这种传感器被用在三元催化转化器前（上游）。如图 5-15 所示，λ 值的输出不再是一个跳跃式上升的电压曲线（传统阶跃式氧传感器），而是一个电流接近于线性的上升曲线。因此，我们可以在一个较宽的范围内来测量 λ 值。宽域氧传感器的 λ 值接收和分析与阶跃式氧传感器是不一样的，宽域氧传感器的 λ 值不是从电压变化中分析出来的，而是从电流变化中分析出来的，但是其物理过程还是一样的。

宽域氧传感器通过两个电极产生一个电压，这个电压是因为氧含量的不同而产生的。与阶跃式氧传感器不同的是，宽域氧传感器电极间的电压保持恒定不变。电压保持不变是通过泵氧元（微型泵）来实现的，该泵给靠近废气侧的电极供氧，使得两个电极间的电压保持为 450 mV 的恒定值。泵氧元所消耗的电流被 ECU 换算成 λ 值。

图 5-16 所示为 2012 款迈腾宽域氧传感器的调节原理，它与传统氧传感器基本相同。安装在三元催化转化器前（上游）的宽域氧传感器称为控制氧传感器，监测尾气中的氧含量，并将信息反馈给 ECU，用于调节喷油量，从而实现发动机的闭环控制，改善发动机的燃烧性能并减少有害气体的排放。为了对三元催化转化器的效率进行持续监控，其配有诊断氧传感器，安装在三元催化转化器的下游。通过比较三元催化转化器上游和下游的氧传感器信号，可以确定三元催化转化器的效率。

第五章　气体浓度传感器

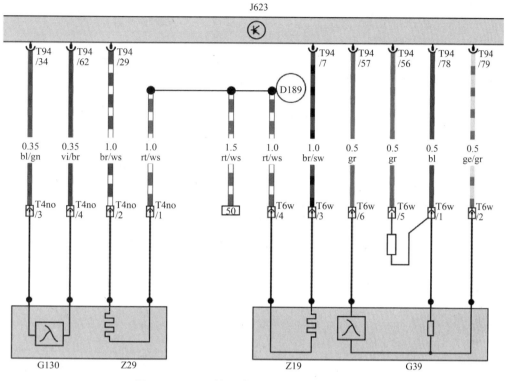

图 5-14　2012 款迈腾宽域氧传感器的电路图

G39—氧传感器；G130—尾气催化净化器下游的氧传感器；J623—发动机控制单元（在排水槽内中部）；T4no—4 芯插头连接；T6w—6 芯插头连接；T94—94 芯插头连接；Z19—氧传感器加热元件；Z29—尾气催化净化器后的氧传感器 1 加热装置；D189—连接端（87a）（在发动机预接线导线束中）

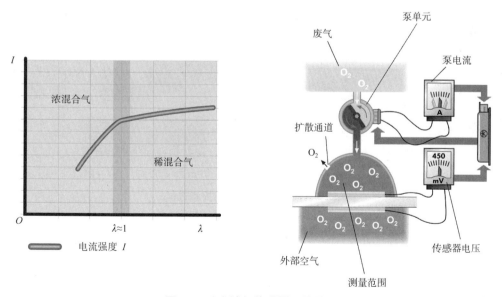

图 5-15　宽域氧传感器工作原理

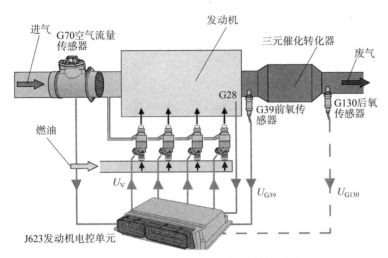

图 5-16　2012 款迈腾宽域氧传感器的调节原理

3. 宽域氧传感器的控制过程

（1）燃油、空气混合气变稀。如图 5-17（a）所示，废气中的氧含量升高，且在泵功率不变的情况下向测量区送入的氧气量多于通过扩散通道漏掉的氧气量。因而相对于外部空气来说，氧气比例就发生了变化，所以两个电极之间的电压就下降了。如图 5-17（b）所示，为了使两电极间的电压再回到 450 mV，必须减少废气侧的氧含量。为此泵氧元必须减少送入测量区的氧气量，于是就降低了泵功率，直至电压回到 450 mV，ECU 将泵氧元的电流消耗换算成一个 λ 值，从而改变混合气的成分。

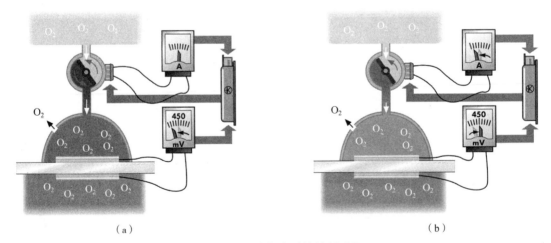

图 5-17　混合气变稀的控制过程

（2）燃油、空气混合气变浓。如图 5-18（a）所示，废气中的氧含量降低，在泵功率不变的情况下向测量区送入的氧气量减少，于是两电极间的电压升高，这时通过扩散通道漏掉的氧气量多于泵氧元送入的氧气量。如图 5-18（b）所示，提高泵氧元的功率，就会提高测量区的氧含量，于是电极间的电压又回到 450 mV，泵氧元的电流消耗量被 ECU 换算成 λ 值。

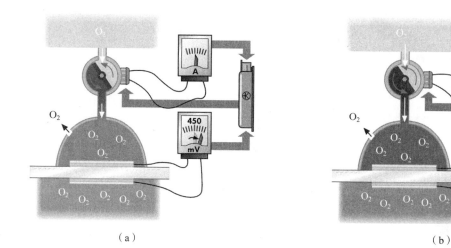

(a)　　　　　　　　　　　　(b)

图 5-18　混合气变浓的控制过程

宽域氧传感器与 ECU 是一个系统，因此必须与 ECU 进行匹配。

4. 宽域氧传感器的 λ 值

（1）加速和巡航。从较适中到急加速和巡航状态时，λ 值将保持在较稳定的状态，接近 1，这是因为宽域氧传感器和 ECU 是在闭环状态下工作的，λ 值将按照 ECU 进行燃油平衡调节，仅在 1 的上或下漂移。

（2）加浓。当加浓状态出现时，λ 值将降低，并向下移动。

（3）减速。在减速状态时，λ 值将变到 1.989，这是因为 ECU 执行减速断油状态，所以排气气流非常稀。

值得注意的是，ECU 将调节节气门的开度，在最终达到 1.989 之前，节气门开度必须小于 5%。在特殊车辆上，λ 值 1.989 是宽域氧传感器软件、硬件的极限值。

第二节　氮氧化物（NO_x）传感器

NO_x 为可燃混合气在高温、高压下燃烧后的产物，是 NO 和 NO_2 的总称。NO_x 是在高温富氧的条件下生成的，当空气过量时，N_2 与 O_2 在电火花的作用下，产生了 NO，而 NO 被空气中的 O_2 氧化为 NO_2。燃烧过程排放的 NO_x 95% 以上是 NO，其余是 NO_2。尾气中 NO_x 的排放量取决于燃烧温度、时间和空燃比等因素。

一、结构

NO_x 传感器包含两个腔室、两个泵室、四个电极和一个加热器，如图 5-19 所示。传感器元件是用二氧化锆制成的，此材料的典型特点是，如果对它施加电压，它就能使负的氧离子从负电极迁移到正电极，相当于气泵将氧气从一侧泵入另一侧，因此，传感器元件习惯上也被称为氧气泵。

NO_x 传感器的检测原理是以氧气测量为基础,并且可以从一个宽带 λ 探针上检测到氧气含量。

二、工作原理

如图 5-20 所示,NO_x 传感器安装在存储式 NO_x 催化转化器的后部,以监测 NO_x 的存储量。NO_x 传感器采用电池电动势原理检测 NO_x 的浓度,其原理图如图 5-21 所示。

在泵室内,氧气含量保持恒定(14.7 kg 空气:1 kg 燃油),通过调整泵工作电流,空燃比会发生变化。废气流经扩散网到 O_2 测量单元,该单元通过还原电极将 NO_x 分解成氧气和氮气,通过氧-泵电流就可确定 NO_x 的浓度。

1. 存储过程

当发动机在 λ>1 稀薄燃烧工作时,废气中的 NO_x 存储催化转化器表面上白色涂层发生氧化反应,产生 NO_x。NO_2 再与氧化钡(BaO)发生化学反应,生成硝酸盐 $[Ba(NO_3)_2]$,并存储在催化转化器中,如图 5-22 所

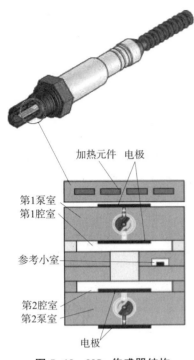

图 5-19 NO_x 传感器结构

示。催化转化器不能再存储 NO_x 了,于是启动再生模式,存储过程一般需要 60~90 s。发动机将从稀薄的分层充气燃烧模式转为均匀模式。在均匀模式下,在尾气中碳氢化合物和一氧化碳的含量将会提高。在存储催化转化器内,NO_x 的氧与碳氢化合物和一氧化碳反应生成氮气和氧气。

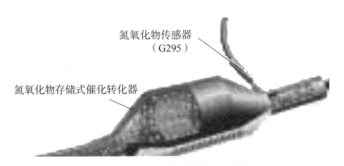

图 5-20 NO_x 传感器安装位置

2. NO_x 的还原

当存储式催化转化器中的 NO_x 负载量达到极限时,发动机控制系统使发动机短时间处于均质且 λ<1 模式下工作。混合气变浓,排放的废气温度升高,存储式催化转化器的温度也就升高,此时所形成的硝酸盐变得不稳定,利用废气中的 CO 与 $Ba(NO_3)_2$ 发生还原反应,使硝酸盐分解,生成 BaO(氧化钡),并释放出 CO_2 和 NO_x。存储式催化转化器中的铂和铑将 NO_x 转化成 N_2,CO 转化为 CO_2,还原过程一般为 2 s,如图 5-23 所示。

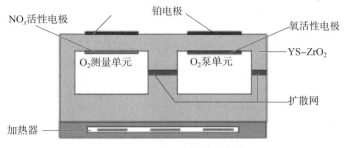

图 5-21 NO$_x$ 传感器原理图

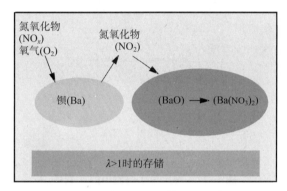

图 5-22 NO$_x$ 存储式催化转化器的存储过程

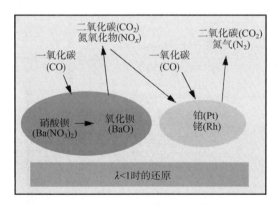

图 5-23 NO$_x$ 存储式催化转化器的还原过程

当 NO$_x$ 传感器监测到 NO$_x$ 的负载量已达到微小量时,发动机又进行 $\lambda>1$ 稀薄燃烧模式。

3. 硫的还原

硫比 NO$_x$ 具有更高的温度稳定性,在很短的时间间隔内频繁发生 NO$_x$ 还原后,就会发生硫还原。发动机控制单元由此即可判断出,催化净化气的存储空间已被硫占满,无法再存储 NO$_x$ 了。除硫的过程要持续约 2 min。从分层充气模式切换到均质模式,两个气缸以较浓混合气工作,两个气缸以较稀混合气工作,不同的气体会聚到 Y 形管内再次燃烧,可将 NO$_x$ 存储式催化转化器的温度提高为 650 ℃ 以上,于是将硫转化成 SO$_2$。如果燃油中含硫较少,那么除去硫的时间间隔也长,但燃油含硫多,就会经常进行这种还原反应。在大负载、高转速行车时会自动去硫。涡轮增压式缸内直喷发动机大多取消了 NO_x 存储式催化转化器。

4. NO_x 传感器的工作过程

NO_x 传感器的工作过程可以分为两个阶段，如图 5-24、图 5-25 所示。

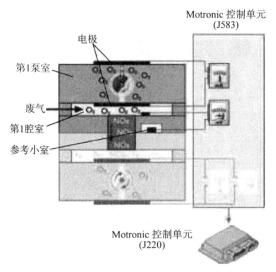

图 5-24　确定第 1 腔室中的 λ 数值

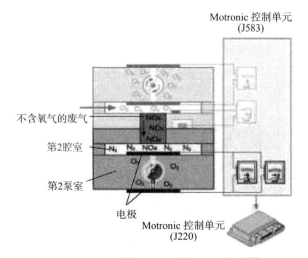

图 5-25　确定第 2 腔室中的 NO_x 残留量

（1）确定第 1 腔室中的 λ 数值。一部分废气流入第 1 腔室中，由于废气中的氧气残留量与参考小室中的氧气残留量不同，就能在电极上测量出一个电压，NO_x 传感器控制单元将此电压设定为恒定的 450 mV，这相当于空燃比 λ = 1。如果偏离此数值，氧气被泵出或者泵入，使 450 mV 的电压保持恒定。

（2）确定第 2 腔室中的 NO_x 残留量。不含氧气的废气从第 1 腔室进入第 2 腔室，废气中的 NO_x 分子被一个特殊的电极分解成氮气和氧气。因为第 2 腔室内部电极和外部电极上电压被调整至恒定的 450 mV，所以氧气泵必须通入电流，使氧离子从内部电极迁移到外部电极。在此过程中氧气泵流动的电流表征的是第 2 腔室中的氧气残留量。因为氧气泵的电流大小与废气中的 NO_x 成正比，因此能够确定 NO_x 的残留量。

三、安装位置与功能

1. 安装位置

NO_x 传感器控制单元常安装于汽车底板外部，在 NO_x 传感器的附近位于车外部底板下部，对传感器信号进行预加工，然后将该信息经 CAN 总线传至发动机控制单元，发动机控制单元通过这个信息来识别所存储的 NO_x 的饱和程度，执行还原过程，如图 5-26 所示。

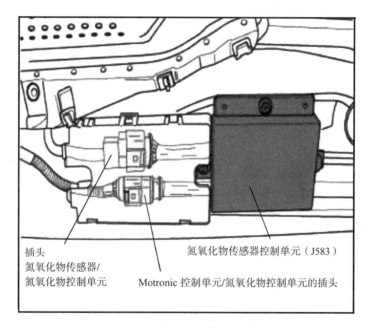

图 5-26 NO_x 传感器控制单元安装位置

2. 功能

NO_x 传感器被直接拧紧在 NO_x 存储式催化转化器的后面，用来确定废气中 NO_x 和氧气的残留量并把此信号传送给 NO_x 控制单元。NO_x 传感器的功能如下：

（1）识别和检查催化转化器的功能是否正常。

（2）识别和检查催化转化器前端宽域氧传感器调节点是否正常或是否需要修正。

（3）检测 NO_x 传感器产生的信号是否被传送至 NO_x 传感器控制单元。

（4）NO_x 传感器感测到 NO_x 存储式催化转化器的存储空间达到饱和时，就会启动一个 NO_x 再生周期，即提供给 ECU 信号，使发动机在短时间内生成更浓的混合气体，使排气温度升高，转化器钡涂层便开始释放 NO_x，NO_x 会随之被转化为无害氮气。

（5）失灵时的影响。如果 NO_x 传感器的信号发生故障，发动机仅能在均质充气模式中运行。

第三节　空气质量传感器

空气质量传感器也称多功能传感器,是众多汽车全自动分区空调系统的组成部分,主要用于测量空气中的水分、环境温度、外界空气污染程度(外部空气中可氧化或可还原的有害气体)。若外部空气质量较差,如堵车或穿过隧道时,前面或邻近车辆的尾气有可能进入本车辆,如果空气质量传感器感测到外部空气中污染物含量超标时,全自动空调系统的控制单元会自动停止进气外循环而转为内循环,阻止外部污染物进入。而当车外空气清新时又自动转为外循环。此外,当挂入倒车挡或者清洗前挡风玻璃而喷射清洗液时,自动空调也会自动地将循环模式转为内循环,防止倒车时的有害尾气和喷射清洗液时的异味进入车内。

一、安装位置和作用

空气质量传感器连同新鲜空气进气道温度传感器 G89 一起安装在通风室的新鲜空气进气区域,如图 5-27 所示。

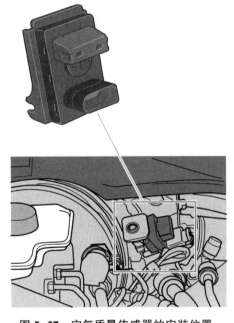

图 5-27　空气质量传感器的安装位置

空气质量传感器具有能够通过感应化学物质(如 NO、NO_2 和 CO)来检测空气污染的能力,如图 5-28 所示。根据进气空气的质量,它会自动打开车内空气循环模式(如果处于 AUTO 模式)。出于安全原因,如果外界温度降到 2℃ 以下或空调压缩机关闭,可能是挡风玻璃结冰,自动循环模式将中断。

空气中的污染物是以可氧化或可还原气体形式存在的,基于这一认识,该传感器得以开发和应用。Climatronic 控制单元需要该传感器信号来执行自动空气再循环功能。若此功能开启,在该传感器检测到新鲜空气中有污染物时,进气风门被自动关闭并且空气再循环风门被打开。

在使用手动空气循环模式的系统中,一般情况下驾驶员不会从空气循环模式切换到其他模式,除非车内有令人不适的气味,在这种情况下如不采取措施,车内空气将被污染。在采用自动空气循环模式的系统中,一旦传感器检测到空气中有污染物,就会立即关闭车辆通风系统,从而杜绝不悦气味的产生。可以手动开启或关闭自动空气循环功能。

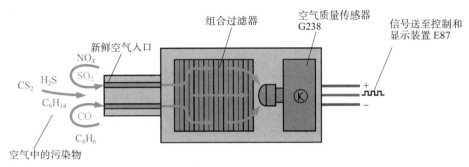

图 5-28 检测空气污染

二、工作原理

空气质量传感器的核心由混有钨的氧化物或混有锡的氧化物组成。当两种化合物接触到可氧化或可还原气体时，它们都改变各自的电特性。简而言之，当一种元素吸收氧时就发生氧化，当一种化合物释放氧时就发生还原，如图 5-29 所示。

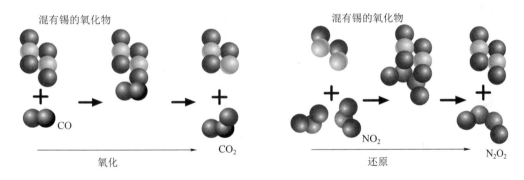

图 5-29 氧化、还原的气体

因此，可氧化气体试图吸收氧并形成化学键，可还原气体试图让氧与其他元素或化合物结合。可氧化气体包括一氧化碳（CO）、苯蒸气、汽油蒸气、碳氢化合物与未燃烧的或燃烧不充分的燃油成分，可还原气体包括 NO_x 等。

三、功能

若传感器的混合氧化物接触到可氧化气体，该气体从混合氧化物上吸收氧，从而改变了该混合氧化物的电特性，其阻抗下降。若该传感器接触到可还原气体，该混合氧化物从气体中吸收氧，从而改变了该传感器的电特性，其阻抗上升。

由于混合氧化物的化学与物理特性，它可以在可氧化与可还原气体同时出现时检测其中的污染物，如图 5-30 所示。对于污染物检测，这意味着若传感器阻抗上升，则一定含有可氧化气体；若传感器阻抗下降，则一定含有可还原气体。

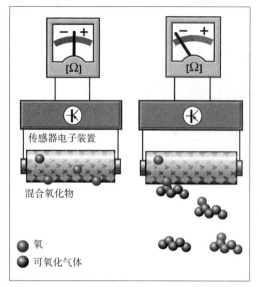 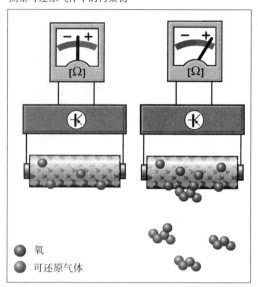

图 5-30 可氧化、还原气体

四、检测

奥迪 A4L 的空气质量传感器电路如图 5-31 所示。

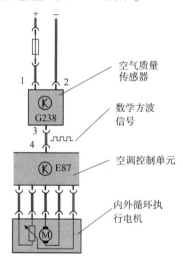

图 5-31 奥迪 A4L 的空气质量传感器电路

（1）搭铁端检查。拆下空气质量传感器接头，用数字式万用表测量 2 引脚与搭铁间的电阻，应为 0。

（2）电压测试。拆下空气质量传感器接头，打开点火开关至 "ON" 位置，用数字式万用表测量 13 引脚与 2 引脚的电压，应为蓄电池电压。

（3）信号检测。接上空气质量传感器接头，用示波器测量 3 引脚与 2 引脚之间的波形，应有方波波形输出。

（4）解码器检测。利用大众故障诊断仪 VAG1551，查询空调故障代码功能，空气质量传感器如果有故障，会出现故障码 01592——空气质量传感器 G238 故障。

第四节 烟雾浓度传感器

在驾驶室内，吸烟发出的烟雾严重危害人体健康，为此，汽车上需要安装空气净化器，以除去空气中的烟尘。烟雾浓度传感器是与空气净化器配套使用的装置，用于检测烟雾。当烟雾浓度传感器从驾驶室内感知到烟尘的存在时，可自动地使空气净化器运转；没有烟尘时，空气净化器自动停止运转，从而使驾驶室内空气始终保持清新。

一、结构与工作原理

烟雾浓度传感器的外观如图 5-32 所示，它是由本体和罩盖组成的，安装在车室顶棚上室顶灯的旁边。烟雾浓度传感器本体上设置有许多可以使烟雾自由进入的细缝，当检测出有烟雾时，烟雾浓度传感器使空气净化器的鼓风机自动运转。在一般情况下，当烟雾浓度达到 $0.3\%/m^3$ 时，就可使烟雾浓度传感器动作。在烟雾浓度传感器的本体上还设有感测灵敏度调整旋钮（灵敏度用电位器），转动旋钮，即可调整传感器的灵敏度。

烟雾浓度传感器是由发光元件、光敏元件及信号处理电路组成的，其结构如图 5-33 所示。烟雾浓度传感器的工作原理如图 5-34 所示。当空气进入烟雾浓度传感器壳体的窄缝后，可以自由地流动，发光元件（发光二极管 LED）间歇地发出肉眼不可见的红外线光。在空气中没有烟雾的情况下，这种红外线光射不到光敏元件上，电路不工作；但当烟雾等进入烟雾浓度传感器的壳体内时，烟雾粒子对间歇的红外线光进行漫反射，使部分红外线光照射到光敏元件上，这时传感器判断出车内有烟雾存在，就会使空气净化器的鼓风机电动机旋转。

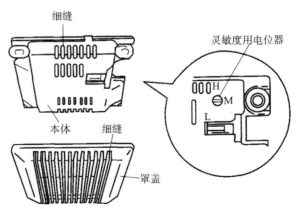

图 5-32 烟雾浓度传感器的外观

为了防止外部干扰引起烟雾浓度传感器的误动作，这种传感器的控制电路采用了脉冲振荡式工作方式，这样即使有相同波长的红外线光射入烟雾浓度传感器内，因其脉冲周期不

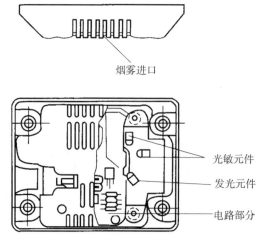

图 5-33 烟雾浓度传感器的结构

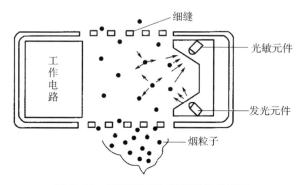

图 5-34 烟雾浓度传感器的工作原理

同，传感器也不能做出有烟雾的判断。另外，烟雾浓度传感器控制电路还包含定时、延时电路，若没有或只有少量的烟雾，鼓风机一旦动作起来，也只能连续旋转 2 min 后就停止工作。

二、检测

新款丰田皇冠在空调系统中使用了光电式的烟雾浓度传感器，图 5-35 所示为新款皇冠烟雾浓度传感器与空调放大器的线路连接。

烟雾浓度传感器 S21 检测烟雾浓度并以电压信号输入到空调放大器中，当点火开关在"ON"（IG）位置时，烟雾浓度越大，电压越高。

（1）搭铁端子电阻的检测。关闭点火开关，从烟雾浓度传感器上断开连接器，用万用表电阻挡测量烟雾浓度传感器线束端 S21 端子 1（E 端）与车身接地间的电阻，其值应小于 1 Ω。

（2）传感器电源的检测。关闭点火开关，拆开烟雾浓度传感器连接器，打开点火开关，用万用表电压挡测量烟雾浓度传感器线束端 S21 端子 3（B 端）与车身接地间的电压，其值应为 10~14 V，约为蓄电池电压。

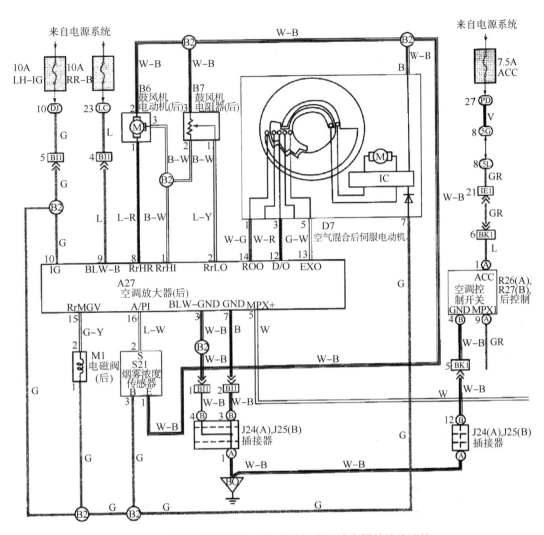

图 5-35 新款皇冠烟雾浓度传感器与空调放大器的线路连接

（3）传感器信号的检测。关闭点火开关，拆下烟雾浓度传感器，将 S21 端子 3（B 端）连接蓄电池正极，负极导线连接到端子 S21 端子 1（E 端），点燃蚊香置于传感器旁边，用万用表检测 S21 端子 3（B 端）与 S21 端子 2（S 端）电压值，有烟雾时电压高于 4 V，无烟雾时电压低于 4 V。否则说明传感器故障。

第六章 速度传感器

第一节 发动机转速传感器

在以前的化油器车上,发动机转速信号一般取自点火线圈负极。采用电控发动机后,ECU 用发动机转速信号取自曲轴位置传感器,而发动机转速表用转速信号既有取自曲轴位置传感器的,也有取自点火信号的。第二章已对曲轴位置传感器的各种形式、测量原理进行了详细的介绍,在此不再赘述。下面介绍其他形式的发动机转速传感器。

一、柴油发动机转速传感器

1. 结构

在柴油发动机上使用的电磁感应式转速传感器是从喷油泵处获取转速信号的,转速传感器的位置和电路连接如图 6-1 所示。它的工作原理是,在永久磁铁的周围绕有线圈,线圈周围有用铁材料制成的齿轮,当齿轮旋转时,齿轮的齿顶和齿谷与永久磁铁之间的空气隙不断变化,使通过线圈的磁力线也发生了变化,于是在线圈中便产生了交变电压,其结构和输出波形如图 6-2 所示。

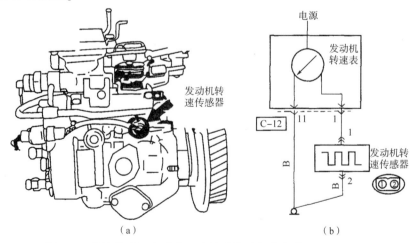

图 6-1 柴油发动机电磁感应式转速传感器的安装位置和电路连接
(a) 三菱 4D56 柴油发动机转速传感器的安装位置;(b) 三菱 4D56 柴油发动机转速传感器电路

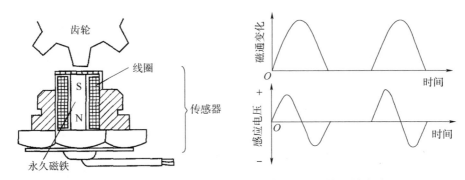

图 6-2 柴油发动机电磁感应式转速传感器的结构和输出波形

2. 工作原理

柴油机的喷油泵工作时，传感器的齿轮被带动旋转，所以在线圈中便有交流电压产生。交流电压的频率与发动机的转速成正比，该交变电压作为输入信号，经转速表内的 IC 电路放大、整形后就可使转速表指示出发动机的实际转速。

图 6-3（a）为转速表电路示意图，当齿轮转动时，每一个齿可以产生如图 6-3（b）所示的一个周期电压，该电压经放大、整形后，可变成图 6-3（c）所示的矩形波。再经单稳态电路变换，使脉宽为一定值，如图 6-3（d）所示。经电流放大器放大后输入转速表中。因为输出的脉冲数是根据发动机转速变化的，所以转速表是按照脉冲电流的平均值来指示发动机转速的，如图 6-3（e）所示。

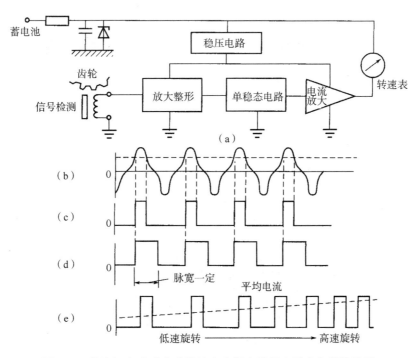

图 6-3 柴油机电磁感应式转速表内部电路及电路中各部位波形

3. 检测

采用磁电感应式发动机转速传感器的检测，可以参照磁电感应式曲轴位置传感器的检测方法来进行，万用表测阻法是最简单、实用的方法之一。例如，三菱 4D56 柴油发动机线圈电阻在 20 ℃时测量值应为 1.3~1.9 Ω。

二、舌簧开关式发动机转速传感器

1. 结构和工作原理

舌簧开关式发动机转速传感器可用于检测发动机转速，该传感器可以装在组合仪表内，也可以安装在分电器内部，其安装位置及结构如图 6-4 所示。舌簧开关触点由强磁体制成，在装于分电器轴上的磁铁作用下动作，舌簧开关触点不直接与大气接触，其容器内充有惰性气体。舌簧开关式发动机转速传感器的工作原理如图 6-5 所示。曲轴转两圈、分电器轴转一圈，分电器内的磁铁也转一圈。当磁铁靠近舌簧开关时，在磁力线的作用下，使触点带磁性。触点的磁性与磁铁近侧极性相同，从而使舌簧开关触点靠本身磁性吸引，使开关导通。磁铁随分电器轴转动后，磁极远离或只有一端靠近舌簧开关时，触点不受磁力线的影响，触点分开。这样，两个舌簧开关在分电器轴上的磁铁作用下，相互以 180°的相位差进行通、断变换，把发动机转速信号输入 ECU。

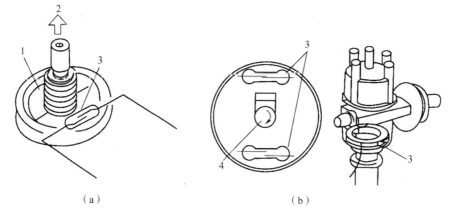

图 6-4 舌簧开关式发动机转速传感器的安装位置及结构
（a）装在组合仪表内的舌簧开关式发动机转速传感器；（b）装在分电器内的舌簧开关式发动机转速传感器
1—磁铁；2—至转速表软轴；3—舌簧开关；4—分电器轴

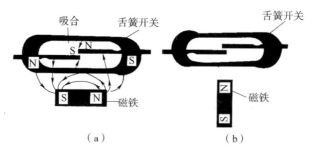

图 6-5 舌簧开关式发动机转速传感器的工作原理图
（a）磁铁靠近舌簧开关时；（b）磁极远离或只有一端靠近舌簧开关时

2. 检测

舌簧开关式发动机转速传感器的检测主要检查信号输出端子是否有脉冲信号产生，如图 6-6 所示，具体检查过程如下。

将分电器从发动机上取下，用万用表电阻挡检测，把两表笔放在信号输出端，用手转动分电器轴，观察是否有导通和断开两种状态交替出现。如果没有，则应更换舌簧开关式发动机转速传感器。

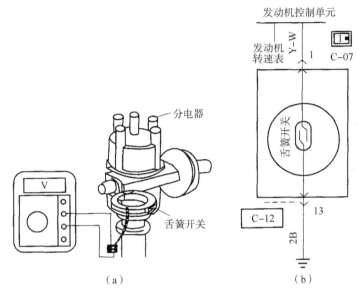

图 6-6 舌簧开关式转速传感器的检测
（a）分电器内舌簧开关检测方法；（b）线路连接图

另外一种形式的舌簧开关式发动机转速传感器是阻断型，如图 6-7（a）所示，为使舌簧开关能闭能开，磁铁必须装在一个转动的轴上，使磁铁转动或用一个转动的齿轮来隔断其磁通。当齿轮的齿处于磁铁和舌簧管之间时，磁通离开簧片，这时触点弹开，如图 6-7（b）所示。无论采取哪种方法，都可以从触点开闭时发出的信号指示轴的转动位置。

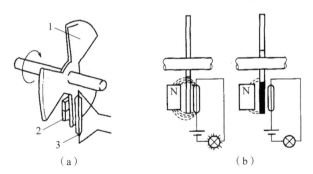

图 6-7 阻断型电磁舌簧开关
（a）作用原理；（b）工作过程
1—齿轮；2—磁铁；3—舌簧开关

三、具有转动方向识别功能的发动机转速传感器

如图 6-8 所示，发动机转速传感器在变速器一侧被集成到密封法兰中，密封法兰再固定在气缸体上，它探测曲轴密封法兰中的 60-2 传感轮信号。发动机控制单元根据 60-2 传感轮信号识别发动机转速并与霍尔传感器 G40 一起识别曲轴与凸轮轴的位置。

图 6-8 发动机转速传感器的安装位置

1. 信号的应用

通过 60-2 传感轮信号确定计算的喷射时间、喷射持续时间和点火时间。另外凸轮轴调节也要用到这个信号。

2. 失真时的影响

发动机转速传感器失灵时，使用霍尔传感器 G40 的信号作为替代信号。同时将最大发动机转速限定为一个固定值，并在故障存储器中出现一条记录。如图 6-9 所示，有的车型使用两种不同的发动机转速传感器，在使用蓝驱（Blue Motion）技术和起动-停止功能的车上，采用了具有转动方向识别功能的发动机转速传感器；在没有使用 Blue Motion 技术的车上采用了无转动方向识别功能的发动机转速传感器。从外部第一眼不能分辨出它们的区别，只有固定的锁止凸耳有所不同。

传统传感器具有两个霍尔盘，具有转动方向识别功能的发动机转速传感器则有三个霍尔盘。

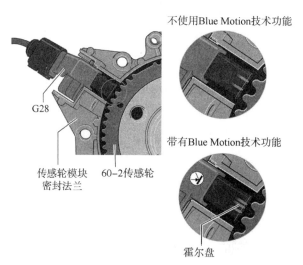

图 6-9 发动机转速传感器的不同版本

在具有起动-停止功能的车上，为了节省燃油需要频繁关闭发动机。为了尽快起动发动机，发动机控制单元必须识别到曲轴的准确位置。但是关闭后，发动机不会立即停止，而是还要转动几圈，如果一个活塞在停止前处在压缩阶段并停在上止点之前，压缩压力会将其压回，此时发动机向左转动，传统的发动机转速传感器不能识别到这种情况。

3. 工作原理

（1）无转动方向识别功能的发动机转速传感器。如图6-10所示，该传感器通过两个霍尔盘同时识别到传感轮上一个上升的和一个下降的齿面，但是它识别不出发动机是向左转动还是向右转动。对于发动机控制单元来说，这些信号是相同的并且认为发动机已经向右转动至静止状态，因此所存储的位置可能是错误的。

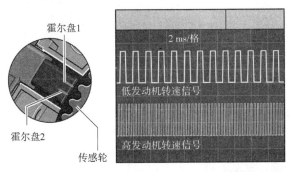

图6-10　无转动方向识别功能的发动机转速传感器

（2）具有转动方向识别功能的发动机转速传感器。如图6-11所示，具有转动方向识别功能的传感器安装了三个霍尔盘，其中第三个霍尔盘被安装在两个外部霍尔盘之间的偏心位置，它对于转动方向的识别具有决定性作用。在发动机运转过程中，它的功能与没有转动方向识别功能的发动机转速传感器一样，同时识别传感轮上一个上升的和一个下降的齿面，只不过信号的类型不同。

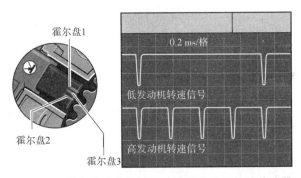

图6-11　具有转动方向识别功能的发动机转速传感器

注意：为了正确显示两个发动机转速传感器的信号，在数字存储示波器（DSO）上必须设置不同的时间规定。

4. 转动方向识别

为了识别发动机是否处于向左或向右转动的状态，三个霍尔盘的时间信号顺序在识别上升的齿面时起到决定性作用。当发动机向右转动时，传感轮向左转动。

（1）发动机向右转动。如图6-12所示，发动机向右转动时，霍尔盘1首先识别到上升齿面；其次在很短的时间之后，霍尔盘3识别到上升的齿面；最后是霍尔盘2识别到上升齿面。当霍尔盘1和霍尔盘3之间的识别时间差小于霍尔盘3和霍尔盘2之间的识别时间差时，这意味着发动机向右转动。传感器中的电子装置编辑这个信号，并通过特定的低宽度发送给发动机控制单元。

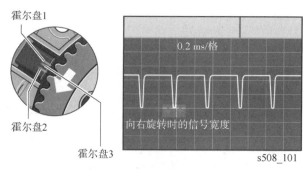

图 6-12 发动机向右转动

（2）发动机向左转动。如图 6-13 所示，发动机向左转动时，霍尔盘 2 首先识别到上升齿面；其次在很短的时间之后，霍尔盘 3 识别到上升的齿面；最后是霍尔盘 1 识别到上升齿面。因为现在的识别时间信号顺序正好相反，所以意味着发动机向左转动。传感器中的电子装置编辑这个信号，并通过双倍的低宽度发送给发动机控制单元。

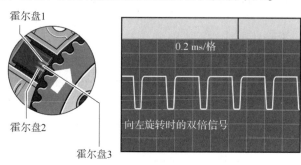

图 6-13 发动机向左转动

第二节　车速传感器

车速传感器（Vehile Speed Sensor，VSS）用于测量车辆的行驶速度，并将信号送到车速里程表，以电子式或指针式显示出来。对于电控自动变速器，车速信号还用于确定变速器的换挡时刻和变矩器锁止离合器的锁止控制。在巡航控制系统中，车速信号是巡航 ECU 控制设定车速的重要参考依据。但要注意，车速传感器并不是在任何情况下都反映车辆的实际行驶速度，如车轮打滑时、车辆倒退时，车速传感器便不能反映车辆的实际行驶状况。车速传感器主要有舌簧开关式、电磁感应式、光电式、霍尔式、磁阻元件式等几种类型。

一、舌簧开关式车速传感器

1. 结构和工作原理

舌簧开关式车速传感器又称为笛簧开关式车速传感器、干簧管式车速传感器，是利用干簧管内两个细长的强磁性触点根据外部磁极的旋转变化而发生开合的特性制成的。图 6-14 为舌簧开关式车速传感器的结构。舌簧开关式车速传感器安置在车速表转子附近，当车速表驱动轴回转时，永久磁铁也回转，磁铁的 N、S 极将靠近或远离舌簧开关的触点。当 N、S 极从接近舌簧开关到逐渐离开时，上下两个触点由于磁化形成不同极性的磁极，触点互相吸引，开关变成闭合状态，如图 6-15 所示。

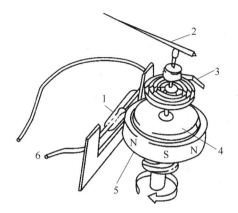 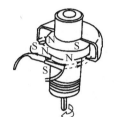 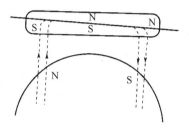

图 6-14 舌簧开关式车速传感器的结构
1—舌簧开关；2—指针；3—弹簧；4—磁铁；
5—转子；6—信号输出

图 6-15 舌簧开关触点的吸合状态

当 N 极或 S 极接近触点时，触点磁化为同一极性的磁极，互相排斥，所以舌簧开关断开。因为磁铁一般是 4 极的，控制部分连续工作时，车速表驱动轴每回转一圈，就会输出 4 个脉冲，如图 6-16 所示。ECU 根据传感器输入的脉冲信号即可计算出汽车的速度，并在速度指示仪表上显示出来。

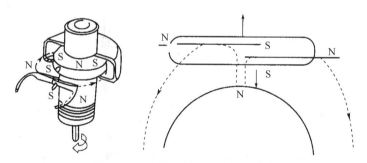

图 6-16 舌簧开关触点的断开状态

舌簧开关式车速传感器亦可用作车速报警装置，它由车速报警组件和信号发生器组成。车速报警装置能够产生与车速大致成正比的电流，由晶体管把这一电流加以放大，当达到报警车速时，这一电流同时加到蜂鸣器上，使蜂鸣器鸣叫报警。

2. 检测

图 6-17 是三菱 V31 舌簧开关式车速传感器电路示意图。使用指针式万用表电压挡检测舌簧开关式车速传感器，把两个表笔接在传感器连接器插头两端子 1 和 2 上，转动起动机 1~2 s，观察电压表指针

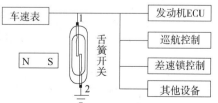

图 6-17 三菱 V31 舌簧开关式车速传感器电路示意图

是否有脉冲电压产生。若无脉冲电压产生，则表示传感器有故障，应当更换，也可以在断开线路后用万用表电阻挡进行通断脉冲检测。

二、电磁感应式车速传感器

1. 结构和工作原理

电磁感应式车速传感器也称为变磁阻式（VR）车速传感器，安装在变速器壳体上，与在输出轴上安装随输出轴转动的导磁感应齿轮相对应，且保持一定的间隙，如图 6-18 所示。电磁感应式车速传感器由永久磁铁和电磁感应线圈组成，其工作原理如图 6-19 所示。它被固定安装在变速器输出轴附近的壳体上，输出轴上的导磁齿轮为感应转子，当输出轴转动时，齿轮的凸齿不断地靠近或离开车速传感器，使线圈内的磁通量发生变化，从而产生交变电压。车速越高，输出轴转速就越高，感应电压脉冲频率也越高，电控组件根据感应电压脉冲的频率可计算出汽车行驶的速度。

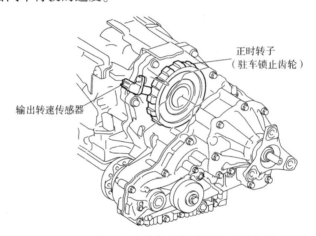

图 6-18 电磁感应式车速传感器的安装位置

2. 检测

（1）电阻检测。拔下电磁感应式车速传感器连接器接头，用万用表测量传感器两接线端子间的电阻，如图 6-20 所示。不同车型的车速传感器感应线圈的电阻值不同，一般为几百欧到几千欧。例如，在室温为 20 ℃时测量别克轿车车速传感器线圈的阻值，应为 981~1 471 Ω。

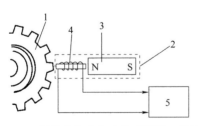

图 6-19 电磁感应式车速传感器的工作原理
1—停车锁定齿轮；2—车速传感器；3—永久磁铁；
4—感应线圈；5—电控组件

图 6-20 电磁感应式车速传感器电阻检测

（2）输出信号检测。电磁感应式车速传感器因为是自发电式的传感器，因此可以对传感器直接进行模拟法检测。

将车支起，用手转动悬空的驱动车轮，同时用万用表测量车速传感器的两接线端子间有无感应电压，输出电压应随车速的变化而变化。若万用表指针有摆动，则说明传感器有输出脉冲电压，传感器工作正常；否则，说明传感器有故障，应进一步检查传感器转子及感应线圈是否脏污，若脏污，应进行清洁，再进行测试。若传感器仍无脉冲电压产生，则确认传感器已经损坏，应进行更换。

我们也可以拆下电磁感应式车速传感器，用一根铁棒或一块磁铁迅速靠近或者离开传感器，同时用万用表测量传感器两接线端子间有无脉冲电压产生，如图6-21所示。如果没有感应电压或感应电压很微弱，则说明传感器有故障，应进一步检查，再试验，确认有故障后，再进行更换。

（3）示波器检测。使用示波器检测车速传感器输出电压，其标准波形如图6-22所示。

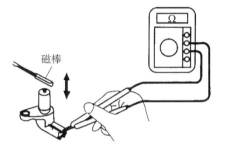

图6-21 模拟检查电磁感应式车速传感器输出电压

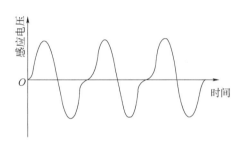

图6-22 电磁感应式车速传感器波形

三、光电式车速传感器

1. 结构和工作原理

图6-23为光电式车速传感器的结构，光电式车速传感器是固态的光电半导体传感器，它由带孔的转盘、一个发光二极管、一个作为光传感器的光敏三极管及安装在转速表驱动轴上的遮光板构成。光电式车速传感器的工作原理如图6-24所示，由速度表驱动轴驱动的带切槽遮光板位于发光二极管和光敏三极管中间，随着带切槽的遮光板转动，当遮光板不能遮断光束时，发光二极管发出的光射到光敏三极管上时，光敏三极管导通，三极管VT1基极因为有偏压存在也导通，因此在信号输出端上为低电平输出。当发光二极管的光被遮蔽时则输出高电平电压5V。脉冲频率由车速决定，仪表软轴每转一圈，传感器有与遮光板缝隙个数相同的脉冲电压信号输出。

2. 检测

（1）供电电压检测。因为光电式车速传感器为主动式传感器，只有在提供工作电压的情况下才能正常工作，因此可以使用万用表电压挡测量，在点火开关打开的情况下，测量光电式车速传感器的供电电源和搭铁端子间的电压，正常应为5V。

（2）输出信号万用表检测。打开点火开关，利用背插法，用万用表的电压挡测量信号端与搭铁端的电压，在转速很慢的情况下，应能够看到电压在0~5V范围内波动。

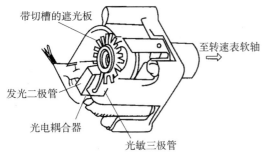

图 6-23　光电式车速传感器的结构

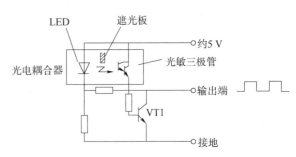

图 6-24　光电式车速传感器的工作原理

（3）示波器检测。使用示波器，对输出信号端进行输出信号检测，应与图 6-25 波形相符。

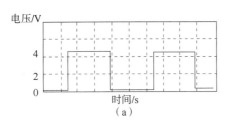

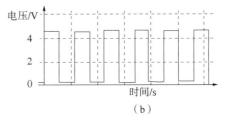

图 6-25　光电式车速传感器输出波形
（a）低转速；（b）高转速

四、霍尔式车速传感器

1. 结构和工作原理

霍尔式车速传感器有两种形式：叶轮触发式和轮齿触发式。

叶轮触发霍尔式车速传感器的外形如图 6-26（a）所示，主要由触发叶轮、带导板的永久磁铁、霍尔元件及集成电路组成，内部结构如图 6-26（b）所示。其工作原理和检测方式可参照遮蔽型霍尔式曲轴位置传感器来进行。

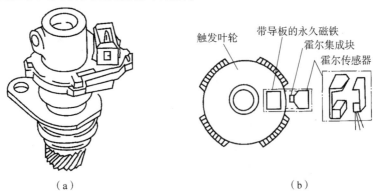

图 6-26　叶轮触发霍尔式车速传感器的外形和内部结构
（a）外形；（b）内部结构

轮齿触发霍尔式车速传感器是利用导磁齿轮的齿顶和齿槽集磁能力的不同来触发霍尔元件的,其工作原理如第三节霍尔效应式轮速传感器所述,其线路框图如图 6-27 所示。

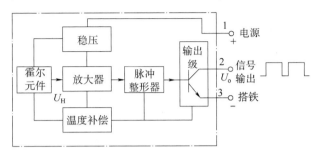

图 6-27 轮齿触发霍尔式车速传感器线路框图

2. 检测

桑塔纳 2000GSi 轿车采用轮齿触发霍尔式车速传感器,传感器安装在主减速器输出轴的端盖上,由霍尔传感器和信号轮组成,如图 6-28 所示。该霍尔式车速传感器与 ECU 的连接如图 6-29 所示。桑塔纳 2000GSi 轿车霍尔式车速传感器连接插头有三个端子:1 号端子为电源端子;2 号端子为信号输出端子,与 ECU 的 20 号端子相连;3 号端子为搭铁端子。

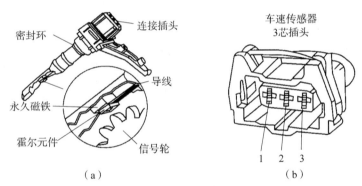

图 6-28 桑塔纳 2000GSi 轿车霍尔式车速传感器外观和插脚
(a) 外观;(b) 端子插脚

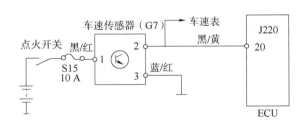

图 6-29 桑塔纳 2000GSi 轿车霍尔式车速传感器与 ECU 的线路连接

(1) 车速传感器的电源电压检测。关闭点火开关,拔下车速传感器的连接插头,然后打开点火开关,用万用表测量车速传感器连接插头上 1 号与 3 号端子之间的电压值。车速传感器的电源电压应为 12 V,若电压值不符合要求,则说明电源线路有断路或短路故障,或熔断丝损坏。

（2）检测车速传感器线束的导通性。关闭点火开关，拔下车速传感器的连接插头，然后拔下发动机控制单元的连接插头，用万用表的电阻挡测量车速传感器连接插头的1号端子与15号熔断丝之间的电阻值。车速传感器连接插头的2号端子与发动机控制单元的20号端子之间的电阻值及车速传感器连接插头的3号端子与搭铁之间的导通电阻，均应小于1Ω，若相差很大或为无穷，则说明线束的连接有故障。

（3）输出信号检测。当汽车行驶时，用示波器检测车速传感器插头端子3和2之间有无方波信号输出（测试时，车速传感器的插头不能取下），若无信号，则说明该车速传感器损坏或相应的连接电路发生故障。

五、磁阻元件式车速传感器

1. 结构和工作原理

磁阻元件式车速传感器安装在变速器壳体上，直接由变速器齿轮驱动。图6-30（a）所示为磁阻元件式车速传感器的安装位置，图6-30（b）为磁阻元件式车速传感器的结构示意图，它主要由磁阻元件、转子、印制电路板和磁环等组成。

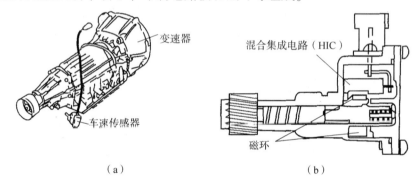

图6-30 磁阻元件式车速传感器的安装位置和内部结构
（a）安装位置；（b）内部结构

磁阻元件式车速传感器的原理示意图如图6-31所示。当变速器齿轮驱动传感器轴旋转时，与轴连在一起的多极磁环同时旋转，磁环旋转引起通过其旁边集成电路内的磁阻元件的电阻值也发生变化。由于磁环上N极与S极交替排列，伴随着磁环的旋转使通过磁阻元件的磁通量和磁力线的方向都不断地变化，从而使磁阻元件（MRE）的阻值发生变化。当流向磁阻元件的电流方向与磁力线方向平行时，其电阻值最大；当电流方向与磁力线方向垂直时，其电阻值最小，如图6-32所示。

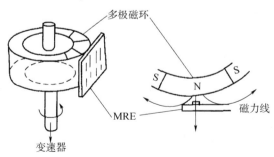

图6-31 磁阻元件式车速传感器的原理示意图

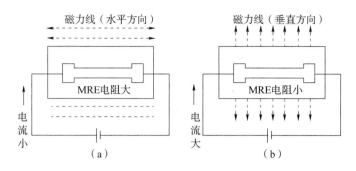

图 6-32 MRE 电阻值与电流方向、磁力线方向的关系
（a）电流方向与磁力线方向平行时；（b）电流方向与磁力线方向垂直时

磁阻元件式车速传感器电路图如图 6-33 所示。在磁环上 N 极和 S 极交替排列，随着磁环的回转使其磁力线方向不断地变化，伴随每一回转，内置磁阻元件（MRE）的集成电路发出 20 个脉冲信号，该信号即车速信号，被送入转速表。磁通量的变化与磁环转速成正比，这样可利用磁阻元件电阻值的变化检测出磁环旋转引起的磁通变化。将电压的变化输入比较器中进行比较，再由比较器输出的信号控制晶体管的导通与截止，这样就可以检测出车速。磁阻元件式车速传感器输出信号如图 6-34 所示。

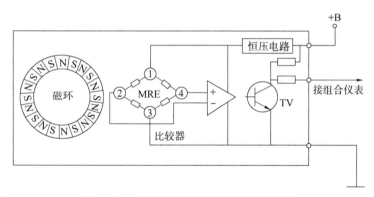

图 6-33 磁阻元件式车速传感器电路图

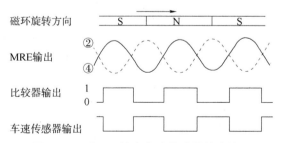

图 6-34 磁阻元件式车速传感器输出信号

2. 检测

三菱 V73 使用磁阻元件式车速传感器，车速传感器安装在变速器上。磁环共有两对磁极，N 极和 S 极交替排列，因此，在车速传感器轴旋转一周时，应输出 4 个脉冲信号，这些脉冲信号被输入车速表。车速表计算输入的脉冲信号，促动指示器显示车速，同时车辆的行驶里程也被计算出来。磁阻元件式车速传感器电路如图6-35所示，三菱V73磁阻元件式车速传感器接线图如图6-36所示。

（1）工作电源电压检测。磁阻元件式车速传感器属于无源传感器，因此需要工作电源，点火开关（IG1）电路通过11号保险丝为车速表和车速传感器提供电源。工作电源电压检测如图6-37所示。

① 不要断开车速传感器插接器B-09。
② 将点火开关转到"ON"位置。
③ 用万用表电压挡测量线束侧1端子与接地之间的电压。电压应为蓄电池正极电压，约为12V。

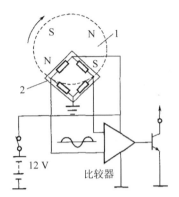

图6-35 磁阻元件式车速传感器电路
1—速度表指示用磁环；2—磁阻元件（MRE）

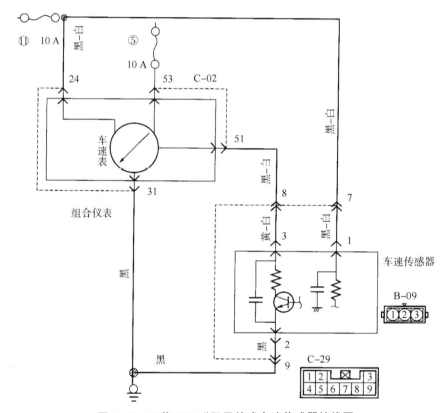

图6-36 三菱V73磁阻元件式车速传感器接线图

（2）搭铁电路的检查。如图6-38所示，断开B-09插头，用万用表测量线束侧2端子与地的导通性，在正常情况下，其电阻应小于2Ω。

（3）检查车速传感器参考电压。
① 断开车速传感器插接器B-09。
② 将点火开关转到"ON"位置。
③ 用万用表电压挡测量3端子与搭铁间的电压。

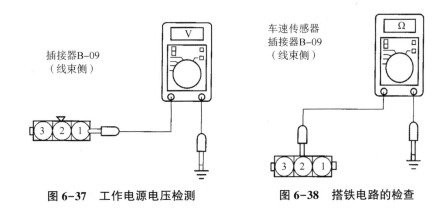

图 6-37 工作电源电压检测　　图 6-38 搭铁电路的检查

在正常情况下，车速传感器输出信号参考电压约为 9 V 或更高，如图 6-39 所示。

（4）解码器检测。使用 MUT-Ⅱ或 MUT-Ⅲ，进入发动机或自动变速器项目，如果车速传感器或其线路有故障，会输出故障码 DTC P0500。

（5）输出信号检测。拆掉车速传感器，输出信号检测方法如图 6-40 所示。在 1、3 端子间串联一个 3~10 kΩ 电阻，同时 1 端子接蓄电池正极，2 端子接蓄电池负极，用手转动传感器轴，在转动的同时，用万用表的电压挡测量 2、3 端子间的电压，观察是否有脉冲电压信号输出。在一般情况下，轴每转一周，输出 4 个脉冲，说明传感器良好；若无脉冲信号产生，则说明传感器已经损坏，应当更换。

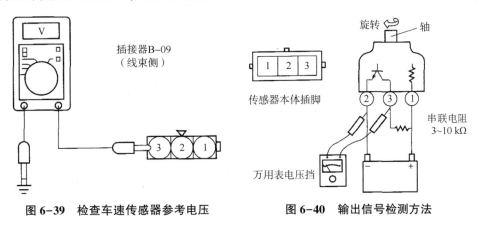

图 6-39 检查车速传感器参考电压　　图 6-40 输出信号检测方法

第三节　轮速传感器

轮速传感器又称为车轮速度传感器，其功用是将车轮转速转换为电信号输入防抱死控制和防滑转控制 ECU。现在，在防抱死制动系统（ABS）、牵引力控制装置（TCS）、电子制动力分配装置（EBD）、电子稳定程序（ESP）等中，各个控制单元根据轮速传感器的信号，通过和车速传感器信号的对比，确定车辆是否发生抱死和滑移，从而决定执行器是否做出制动干预。因此，轮速传感器也是一个重要的传感器。

汽车常用轮速传感器有磁阻式、磁感应式和差动霍尔（效应）式三类，目前普遍采用磁感应式。

一、磁感应式轮速传感器

1. 基本结构

磁感应式轮速传感器由传感元件和信号转子组成，如图 6-41 所示。传感元件为静止部件，由永久磁铁、信号线圈（感应线圈）和线束插头等组成，安装在车轮附近的静止部件（如转向节、半轴套管、悬架构件等）上，不随车轮转动。信号转子是由铁磁材料制成带齿的圆环，又称为齿圈转子，安装在与车轮一同转动的部件（如轮毂、半轴等）上。齿圈上齿数的多少与车型、ABS ECU 有关，BOSCH（博世）公司的 ABS 齿圈有 100 个齿，传感器磁极与齿圈的端面有一个空气隙，一般在 1 mm 左右，通常可移动传感器的位置来调整间隙（具体间隙的大小应参考维修手册）。

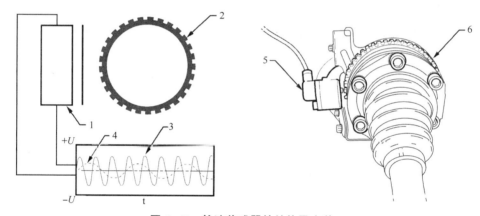

图 6-41 轮速传感器的结构及安装

1，5—车轮速度传感器；2，6—脉冲环（齿圈）；3—高速信号；4—低速信号

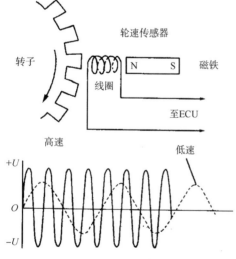

图 6-42 磁感应式轮速传感器的工作原理

2. 信号产生原理

磁感应式轮速传感器的工作原理与普通的交流发电机相同。永久磁铁产生一定强度的磁场，齿圈随车轮在磁场中旋转时，因为齿圈上齿峰与齿谷通过时引起磁场强弱变化，在永久磁铁上的电磁感应线圈就产生一定的交流信号（图 6-42）。交流信号的频率与车轮速度成正比，交流信号的振幅随轮速的变化而变化。例如，在德尔科 ABS-Ⅵ的最低转速时电压为 0.1 V，最高转速时电压为 9 V。

ABS ECU 通过识别传感器发来的交流信号频率来确定车轮的转速，如果 ECU 发现车轮的减速度急剧增加，滑移率达到 20% 时，它立刻给执行器发出指令,减小或停止车轮的制动力,以免车轮抱死。

3. 轮速传感器的缺点

磁感应式轮速传感器的缺点主要有以下几个方面:

(1) 磁感应式轮速传感器向 ABS ECU 输送电压信号的强弱是随转速的变化而变化的,信号幅值一般在 1~15 V 范围内变化。当车速很低时,若传感器输出的电压信号低于 1 V,ECU 则无法检测到如此弱的信号,ABS 也就无法正常工作。

(2) 磁感应式轮速传感器频率响应较低。当车速过高时,传感器的高频频率响应差,在高速时容易产生错误信号。

(3) 磁感应式轮速传感器的抗电磁干扰能力较差,尤其在输出信号幅值较小时。

4. 检测

新款捷达 MK70 制动系统共有 4 个轮速传感器,前轮的齿圈为 43 齿,安装在半轴上,轮速传感器安装在转向节上,如图 6-43 (a) 所示。后轮的齿圈也为 43 齿,安装在后轮毂上,轮速传感器则安装在固定支架上,如图 6-43 (b) 所示。

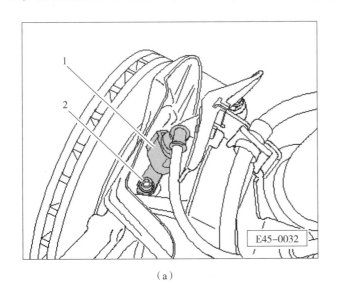
(a)

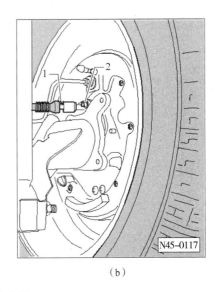
(b)

图 6-43 轮速传感器的安装位置
1—轮速传感器;2—内六角螺栓

(1) 故障征兆检测。磁感应式轮速传感器如发生故障,将无法准确感知车轮转速信号,从而使防抱死制动不可能正确地控制车轮防抱死机构的工作,只能依靠基本制动进行刹车操作,此时 ABS 警告灯点亮,紧急制动时出现制动距离长、车轮抱死、两侧制动力不均匀、制动力不足、制动踏板剧烈振动、制动踏板行程过长、需要用很大的力踩制动踏板、轻踩制动踏板时 ABS 工作、路面有拖印等故障现象。

磁感应式轮速传感器的常见故障主要是传感器本身的感应电路(感应线圈)断路或短路、传感器头和齿圈沾染油污或其他脏物,以及因振动或敲击造成传感器发生消磁现象等。除此之外,轮速传感器的松动、脉冲齿圈距离、车轮轴承、制动轮缸、制动蹄片等出现问题,也会导致轮速传感器没有信号输出故障。

（2）电阻检查。轮速传感器与 ABS ECU 的连接线路如图 6-44 所示。将点火开关挡位置于"OFF"，断开 ABS ECU 插头，用万用表欧姆挡测量各针脚，其电阻值均应为 1.0～1.3 kΩ。

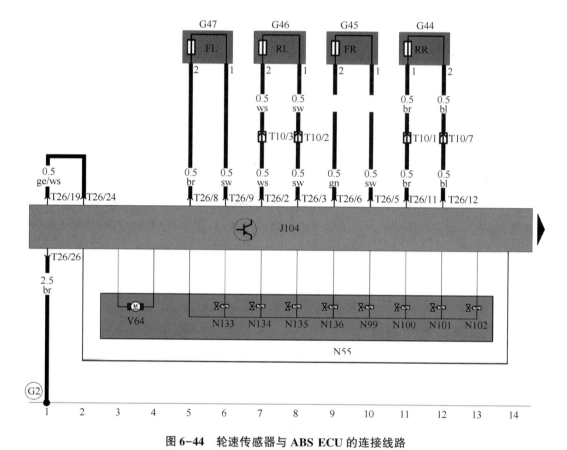

图 6-44　轮速传感器与 ABS ECU 的连接线路

G44—右后轮速传感器；G45—右前轮速传感器；G46—左后轮速传感器；G47—左前轮速传感器；
J104—ABS 控制单元；N55—ABS 油压控制单元

如果电阻值不符合要求，可直接从所对应的轮速传感器处拔下导线，用欧姆表直接测量，如果达到上述标准电阻值，则说明线路有问题；如果仍达不到上述标准值，则说明传感器有故障。如果检测的任何一个轮速传感器的电阻值不在规定范围内，首先应检查与该传感器连接的导线是否发生断路及其插头是否松动。如果经过检查未发现导线中有断路现象，且插头连接牢固，就应更换该轮速传感器。

（3）检测传感器线束的电阻值。关闭点火开关，分别拔下 4 个轮速传感器的 2 芯连接插头，然后拔下 ABS ECU 的连接端子。用万用表的电阻挡分别测量轮速传感器与 ABS 电脑插头相应端子间的阻值，应符合表 6-1 的阻值范围。若相差很大或为无穷大，则说明线束断路。

（4）检测传感器信号电压。升降车轮，使 4 个车轮离地悬空，以 1 r/s 的速度分别转动各个车轮，用万用表或示波器分别测量各个轮速传感器的信号输出电压值。各轮速传感器的信号电压应满足表 6-2 所示的要求。

表 6-1 轮速传感器的阻值范围

传感器	检测的阻值	正常阻值/Ω
左前轮速传感器	1 端子与 ABS ECU 插头的 T26/9 端子之间的阻值	<0.5
	2 端子与 ABS ECU 插头的 T26/8 端子之间的阻值	<0.5
右前轮速传感器	1 端子与 ABS ECU 插头的 T26/5 端子之间的阻值	<0.5
	2 端子与 ABS ECU 插头的 T26/6 端子之间的阻值	<0.5
左后轮速传感器	1 端子与 ABS ECU 插头的 T26/3 端子之间的电阻值	<0.5
	2 端子与 ABS ECU 插头的 T26/2 端子之间的阻值	<0.5
右后轮速传感器	1 端子与 ABS ECU 插头的 T26/12 端子之间的电阻值	<0.5
	2 端子与 ABS ECU 插头的 T26/11 端子之间的阻值	<0.5

表 6-2 各轮速标准电压值

轮速传感器	信号输出电压（转速 1 r/s）	轮速传感器	信号输出电压（转速 1 r/s）
左前轮	190~1 140 mV 的交流电压	左后轮	>650 mV 的交流电压
右前轮	190~1 140 mV 的交流电压	右后轮	>650 mV 的交流电压

（5）检测传感器与齿圈的间隙。升起汽车，使 4 个车轮离地，在齿圈上取 4 点，用非磁性厚薄规，测量齿圈与传感器之间的间隙。各轮速传感器与齿圈的间隙应符合表 6-3 所示的范围。

表 6-3 各轮速传感器与齿圈的间隙

检查项目	标准值/mm
前轮速传感器与齿圈之间的间隙值	1.10~1.97
后轮速传感器与齿圈之间的间隙值	0.42~0.80

二、磁阻式轮速传感器

1. 结构与安装位置

新款皇冠的轮速传感器采用磁阻式半导体传感器，简称 MRE 传感器。磁性转子是由内置带磁性粒子的橡胶制成的，南北共 48 极；磁极是按圆周方向均匀分布的环状垫片，镶嵌在后轮轴承内圈上，与车轮同速度旋转。MRE 传感器则安装在轮毂上固定不动，与磁性转子间存在 0.5~0.8 mm 的空气间隙。轮速传感器的安装位置如图 6-45 所示。

2. 工作原理

当磁性转子随车轮旋转，产生磁场变化，传感器内的磁阻值相应变化，经电路处理以脉冲信号输出给 ABS ECU。MRE 传感器与广泛采用的其他方式轮速传感器比较，它能检测到从 0 km/h 开始的车速，此外，还能够检测到转子的旋转方向，因此系统可以区分车辆的运动方向，为坡道起步辅助控制系统 HAC 提供制动控制信号，其工作原理如图 6-46 所示。

新款皇冠使用的新型磁阻轮速传感器除具备主动型轮速传感器的功能外，还能够检测出

图 6-45 轮速传感器的安装位置

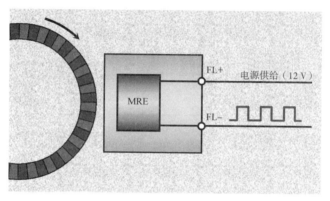

图 6-46 新款皇冠轮速传感器工作原理图

车轮的旋转方向。如图 6-47 所示,新型磁阻轮速传感器内部有两个磁阻,在车轮转动时产生两个信号,把这两个信号叠加在一起后,再发送到电脑。由于车辆向前或向后行驶时,两个磁阻发出的信号是不同的,所以电脑可以根据传感器信号来判断车轮的旋转方向和车辆的实际行驶方向,如图 6-48 所示。轮速传感器输出的正常波形如图 6-49 所示。

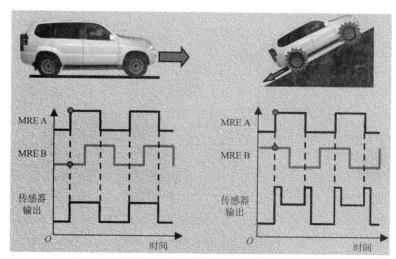

图 6-47 检测旋转方向的方法

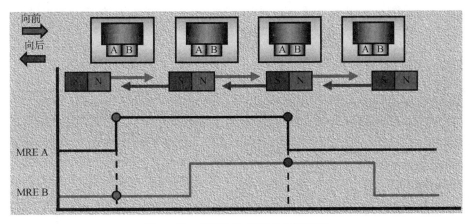

图 6-48 检测车轮旋转方向原理图

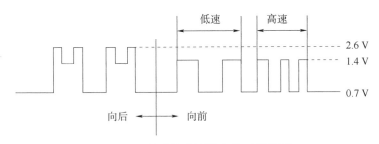

图 6-49 轮速传感器输出的正常波形

3. 检测

新款皇冠轮速传感器与制动防滑控制 ECU 连接电路如图 6-50 所示。

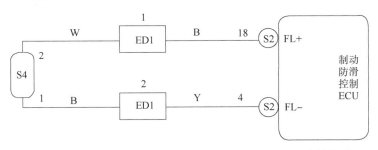

图 6-50 新款皇冠轮速传感器与制动防滑控制 ECU 连接电路

（1）线路导通性检测。关闭点火开关，断开轮速传感器连接器和制动防滑控制 ECU 连接器，用万用表测量左前轮速传感器 S4 的 2 号端子与防滑 ECU 的 18 号端子、左前轮速传感器 S4 的 1 号端子与防滑 ECU 的 4 号端子之间的电阻值，其阻值应小于 1 Ω。

（2）绝缘性检测。关闭点火开关，断开制动防滑控制 ECU 连接器，用万用表测量防滑 ECU 的 4 号端子 FL- 与搭铁之间、防滑 ECU 的 18 号端子 FL+ 与搭铁之间的电阻，其值应大于 10 kΩ。

（3）输入电压检测。关闭点火开关，断开轮速传感器连接器，打开点火开关，用万用表检测左前轮速传感器 S4 的 2 端子与车身搭铁的电压，其值应为 7.0~12 V。

(4) 示波器检测。使用示波器，利用背插法，在不脱开端子的条件下测量，应该输出如图 6-49 所示波形，否则应检查线路或更换传感器。

三、霍尔式轮速传感器

1. 结构

车轮转速传感器的测量元件是霍尔传感器，它包括三个霍尔元件。传统的传感器环（脉冲感知环）被车轮轴承上的电磁密封圈所取代，这个密封圈上布置有 48 对南/北磁极（多极），其结构如图 6-51 所示。

2. 工作原理

传感器感知磁通量的变化，三个霍尔元件是错开布置的，如图 6-52 所示，元件之间距离的选择如下：当元件 C 测出的磁通量最小时，元件 A 测出的磁通量最大。传感器内会产生一个差动信号（A—C）。

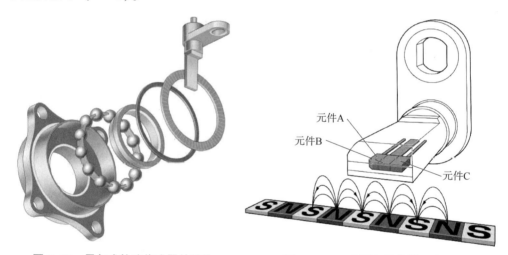

图 6-51　霍尔式轮速传感器的结构　　图 6-52　三个霍尔元件错开布置

霍尔元件 B 布置在 A 和 C 之间。当信号 A 和 C 以及差动信号为零时，元件 B 测出的磁通量最大。信号 B 何时达到最大值（正或负）就作为判定旋转方向的依据。例如，如果差动信号（A—C）的过零点是由信号的下降沿得到的，且信号 B 的最大值为负，那么就认为车轮在逆时针转动，如图 6-53 所示。

3. 电气线路

轮速传感器通过一个电流接口与 ESP 控制单元相连，ESP 控制单元内装有一个低阻值的测量电阻 R。轮速传感器有两个电插头，它与测量电阻一起构成一个分压器。插头 1 和 2 之间的电压就是蓄电池电压 U_B。传感器信号在测量电阻上会产生一个电压降 U_S（图 6-54），这个信号电压由控制单元进行分析。

轮速传感器输出的是一个脉冲宽度调制 PWM 信号，在规定时间内的脉冲数提供了速度信息。由脉宽信号提供的旋转方向、空气间隙大小、安装位置、停车识别正确的空气间隙大小等信息，对于系统操作和系统自诊断是很重要的。

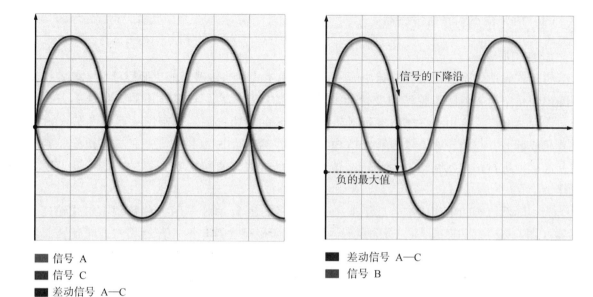

图 6-53 输出波形

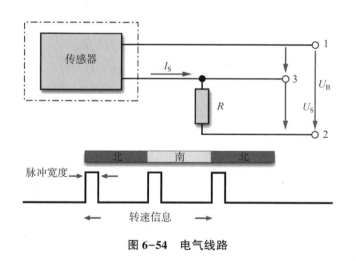

图 6-54 电气线路

4. 检测

对于霍尔式轮速传感器,可用检测其输出电压信号的方法来判断其工作好坏。关闭点火开关,将车支起,使每个轮胎离地 10 cm 左右,然后拔下轮速传感器的导线连接器插头,并用导线将线束插头与轮速传感器插头的电源端子相连,用万用表(打开交流电压挡)的两表笔分别搭在轮速传感器的信号输出端子间,测量传感器的输出电压。接通点火开关,用手转动车轮,万用表应显示在 7~12 V 范围内波动的交流电压,若电压不在此范围内,应检查传感器与齿圈之间的间隙,标准值应在 0.2~0.5 mm 范围内,否则应进行调整。

四、新型霍尔式轮速传感器

1. 结构原理

霍尔式轮速传感器输出方波脉冲信号。由于霍尔式轮速传感器能克服磁感应式轮速传感器输出信号电压幅值随车轮转速变化而变化、响应频率不高,以及抗电磁干扰能力差等缺点,因而其被广泛应用于汽车防抱死制动系统 ABS 的轮速检测。轮速传感器是汽车 ABS 的重要组成部分,它将轮速信号传给 ABS 电控单元,然后 ABS 电控单元通过计算决定是否开始并准确地进行防抱死制动,因此轮速传感器性能的好坏直接关系到驾驶人的生命及财产安全。

为了降低汽车的生产成本,近年来,越来越多的汽车 ABS 采用一种新型霍尔式轮速传感器(图 6-55),如奥迪 A8、奇瑞风云、雪铁龙新爱丽舍等车型。普通霍尔式轮速传感器有 3 根引线,分别为电源线、信号线和搭铁线;而新型霍尔式轮速传感器只有 2 根引线,分别为电源线和信号线。新型霍尔式轮速传感器电路如图 6-56 所示。新型霍尔式轮速传感器与普通霍尔式轮速传感器的输出信号均为方波脉冲信号,占空比范围一般为 50%,但输出信号的高、低电压存在差异,如图 6-57 所示。新型霍尔式轮速传感器输出信号的高、低电压不受轮速影响,主要由 ABS 电控单元内部的电阻 R 决定,如图 6-58 所示,电阻 R 一定,则高、低电压便一定,即使轮速很低,ABS 电控单元仍能检测到输出信号电压,这就克服了磁感应式轮速传感器输出信号电压随转速变化而变化的缺点。

图 6-55 两线式轮速传感器

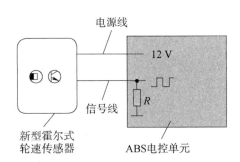

图 6-56 新型霍尔式轮速传感器电路

新型霍尔式轮速传感器有两条线,其中一条是 ABS ECU 提供的 8 V 或 12 V 的工作电源,通过传感器另一条信号线再回到 ABS ECU 控制搭铁,转子旋转时,传感器产生 0.75~2.5 V 的方波脉冲信号。因为霍尔传感器的独特性能,新型霍尔式轮速传感器的搭铁线和信号线供用一条线,如图 6-59 所示。

2. 检测

长城 C50 的 ESC 电子稳定控制系统的电路如图 6-60 所示。

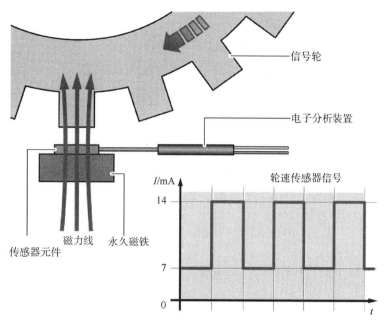

图 6-57 新型霍尔式轮速传感器结构及输出信号波形

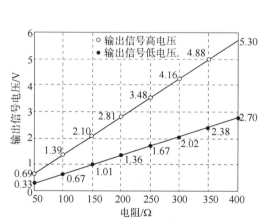

图 6-58 新型霍尔式轮速传感器输出高、
低电压与电阻的关系

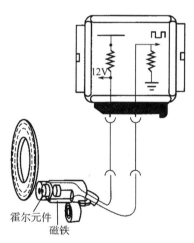

图 6-59 轮速传感器电路

(1) 电源电压的检测。关闭点火开关,断开传感器插头,用万用表电压挡连接传感器线束侧两个针脚,打开点火开关,其电压值应为 12 V。

(2) 输出信号的万用表检测。因为两线制霍尔式轮速传感器是电流传感器,检测时不可用欧姆表直接测量,可以使用万用表的电流挡来检测。

(3) 输出信号的示波器检测。其示波器显示结果如图 6-61 所示。其电流值高电位为 14 mA,低电位为 7 mA,且交替出现,图中所示的车轮旋转频率是 100 Hz。

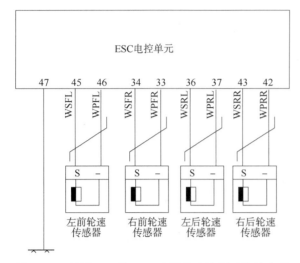
图 6-60　长城 C50 的 ESC 电子稳定控制系统的电路

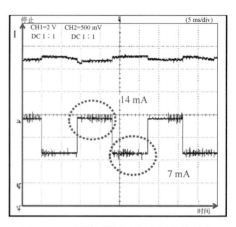
图 6-61　示波器检测的输出电流信号

五、新型主动型 ABS 轮速传感器

当一个传感器的功能需要一个外接电源时被称为主动型传感器，其安装位置如图 6-62 所示。主动型转速传感器带有一个磁阻式元件，其电阻根据读取前束的传感器环切割的磁力线进行变化。轮毂上的传感器环由一个带有根据南北极不同磁力线的读取前束构成，如图 6-63 所示。传感器环旋转通过固定的传感器元件。

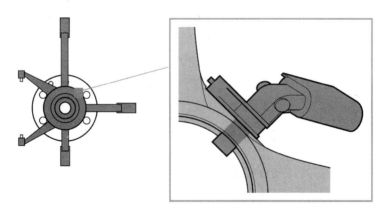
图 6-62　新型主动型 ABS 轮速传感器安装位置

主动型传感器的功能原理是在磁性区域旁边，磁力线垂直于读取前束。根据极性的不同，磁力线远离或趋近于前束。因为读取前束和传感器之间的距离非常小，因此磁力线穿过传感器元件并改变其电阻。安装于传感器中的电子放大器/触发器开关装置将电阻变化转换成两个不同的电流电平，如图 6-64 所示。这也就意味着如果传感器元件的电阻因穿过的磁力线方向而变大，电流便会降低；如果电阻变小，电流则会因为磁力线方向的颠倒而升高。

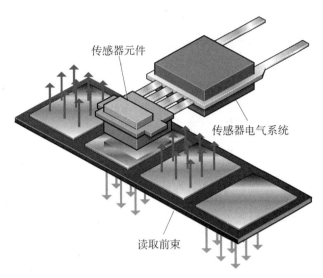

图 6-63 读取前束

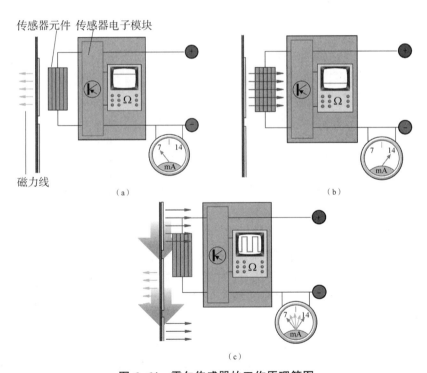

图 6-64 霍尔传感器的工作原理简图
(a) 磁力线远离;(b) 磁力线靠近;(c) 磁力线交替变化

因为旋转读取前束上的南北极交替变换,因此会产生一个矩形信号序列,频率是转速的标准。

第四节　组合式加速度传感器

一、组合式加速度传感器概述

1. 外形及工作机理

组合式加速度传感器简称组合传感器（图6-65），它包括横向加速度传感器G200和偏转率传感器G202，这两个传感器装在一个壳体内。该传感器具有安装尺寸小、结构更牢靠等优点，同时两传感器彼此可精确调整，调整后就无法改变。传感器部件都装在一个印制电路板上，按微机械原理工作，通过一个六脚插头连接，按电容原理对横向加速度进行测量。

偏转率是通过测量科氏（Coriolis）加速度而获得的。当站在北半球水平开炮时，对于正在与地球一同旋转的观察者来说，炮弹看起来是偏离直线的，原因就在于观察者受到了一个力，该力逆着地球旋转方向使炮弹加速并偏离直线方向，这个力就叫科氏力，科氏加速度示意图如图6-66所示。

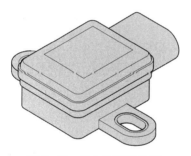

图6-65　组合传感器外形

图6-66　科氏加速度示意图

2. 横向加速度传感器

横向加速度传感器是组合传感器印制电路板上的一个极小的部件，其结构如图6-67所示，放好具有一定质量的可动电容器片，使它能来回摆动。两个固定安装的电容器片围住了具有一定质量的可动电容器片，这样就形成了两个串联电容器K1和K2。借助电极就可以测量出这两个电容器容纳的电荷量，这个电荷量就叫电容。

如果没有加速度作用在这个系统上，那么测出来的两个电容器的电荷量C_1和C_2是相等的，如图6-68（a）所示。若有横向加速度作用在这个系统上，那么具有一定质量的可动电容器片就会因惯性而作用到中间板上，即它顶着固定板并逆着加速度方向移动，于是两板之间距离就改变了，相应的分电容器的电荷量也增加了，如图6-68（b）所示。

对于电容器K1，若其两板间距离变大，那么其电容C_1就变小。对于电容器K2，若其两板间距离变小，那么其电容C_2就变大。

3. 偏转率传感器

（1）构造。在同一板上还有偏转率传感器，该传感器与横向加速度传感器在空间上是

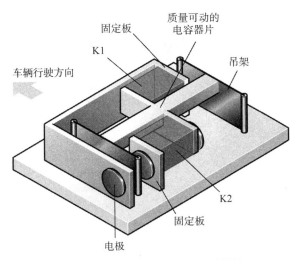

图 6-67　横向加速度传感器的结构

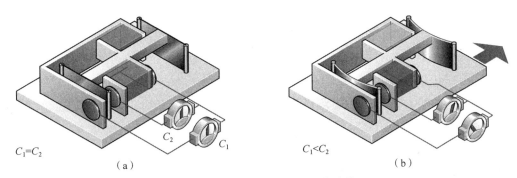

图 6-68　横向加速度传感器的功能

分开的。偏转率传感器结构如图 6-69 所示,在恒定磁场的南极和北极之间的托架内放一个摆动质量块,在这个质量块上装一个导电轨道,这个轨道可用以代替真正的传感器。为了保险起见,真正的传感器有两个这种结构。

（2）功能。如果接上交流电压 u,那么支撑导电轨道的托架就会在磁场内摆动。如果现在有旋转加速度作用在此结构上,那么由于惯性作用,摆动质量块的状态与前述的炮弹是一样的。也就是说,由于出现了科氏加速度,质量块偏离了来回的直线摆动。由于这一切都是发生在磁场内的,因此导电轨道的电气性能就改变了,测量出这个变化就知道了科氏加速度的大小和方向,电子装置根据这个值即可计算出偏转率的大小,其信号产生机理如图 6-70 所示。

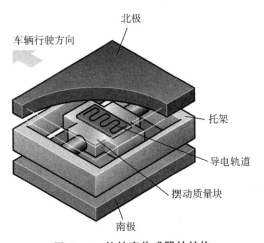

图 6-69　偏转率传感器的结构

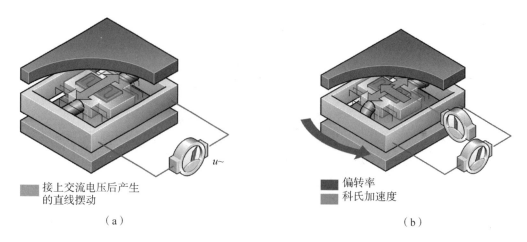

图 6-70 偏转率传感器信号产生机理
(a) 接上交流电压后的直线摆动；(b) 旋转加速度作用后

二、组合式加速度传感器检测

奥迪 A4 ESP 系统加速度传感器连接电路如图 6-71 所示。在检测组合式加速度传感器时，应注意不能让传感器跌落，如果传感器受到强烈冲击，应更换。

(1) 电源检测。将点火开关旋转到接通的位置（发动机关闭），测量组合式加速度传感器的 T6m/5 端子和搭铁之间的电压，其值应为 4.5～5.0 V。

(2) 搭铁电路检测。将点火开关旋转到断开的位置，断开组合式加速度传感器，测量组合式加速度传感器线束侧的 T6m/2 端子与蓄电池负极之间的导通性，正常应导通。

(3) 横向加速度传感器的检测。连接插头，接通点火开关，根据下列内容检查 T6m/4 端子和 T6m/2 搭铁之间的电压。如果结果不满足技术规范，则更换横向加速度传感器。

① 水平方向时，T6m/4 端子和 T6m/2 搭铁之间的电压应为 2.4～2.5 V。

② 顶面向上（与水平面上倾 90°）时，T6m/4 端子和 T6m/2 搭铁之间的电压应为 3.3～3.7 V。

③ 顶面向下（与水平面下倾 90°）时，T6m/4 端子和 T6m/2 搭铁之间的电压应为 1.3～1.7 V。

(4) 偏转率传感器的检测。在静态条件下测定偏转率传感器的电压。当偏转率传感器左右旋转时，测量 T6m/3 端子和 T6m/2 搭铁之间电压，应符合下述规定，如果结果不满足技术规范，则更换偏转率传感器。

① 向右旋转时，在 2.5～4.62 V 范围内波动。

② 向左旋转时，在 2.5～0.33 V 范围内波动。

注意：旋转横摆角速度传感器时的旋转位置，因为旋转方向和电压方向相反，所以旋转位置处于相反状态。

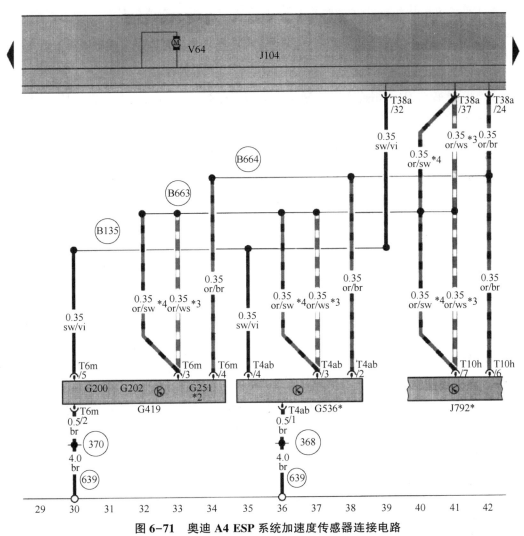

图 6-71 奥迪 A4 ESP 系统加速度传感器连接电路

G200—横向加速度传感器；G202—偏转率传感器；G251—纵向加速度传感器；G419—ESP 传感器单元 1；
G536—ESP 传感器单元 2；J104—ABS 控制单元；J792—主动转向系统控制单元；V64—ABS 液压泵

第五节 加速度与减速度传感器

一、纵向加速度传感器

纵向加速度传感器 G249 外形如图 6-72 所示，它安装在汽车右侧 A 柱上，只用于四轮驱动车。在单轴驱动的车上，系统根据制动压力传感器的值、车轮转速传感器信号及发动机管理系统的信息来计算车辆的纵向加速度。

在装有 Haldex 耦合器的四轮驱动车上，前轮与后轮是刚性连接的，根据各个车轮转速计算出的真实车速在某些条件（如摩擦系数低且 Haldex 耦合器锁止时）下是不准确的，测出的纵向加速度就是用于保证理论车速的正确性的。

对于四轮驱动车，如果没有纵向加速度信号，那么在某些不利条件下就无法得知真实的车速，因此 ESP 及 ASR 功能就失效了，但 EBV 功能仍正常。如图 6-73 所示，传感器通过三根导线与控制单元 J104 相连。在诊断中系统将确定导线是否断路及是否对地/正极短路，还将进一步确定传感器信号是否可靠。

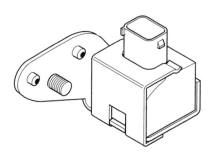 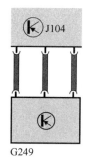

图 6-72　纵向加速度传感器 G249 外形　　图 6-73　纵向加速度传感器 G249 电路

二、横向加速度传感器

1. 作用及电路

横向加速度传感器 G200 外形如图 6-74（a）所示，用于接收是否有侧向力及该侧向力的大小等信息，这个侧向力总是试图使车脱离原行驶路线。由于物理方面的原因，该传感器的安装位置应尽量与汽车重心离得近一些，一般安装在转向柱右侧的驾驶员座椅下，与偏转率传感器固定在同一支架上。

横向加速度传感器用于判断有哪个方向的侧向力，该信息用于评估在当前道路上行驶时应保证哪些车辆运动处于稳定状态。

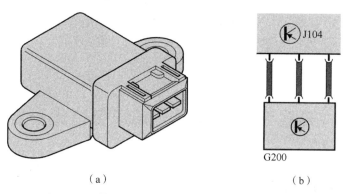

（a）　　　　　　　　　　（b）

图 6-74　横向加速度传感器 G200 的外形及电路
(a) 外形；(b) 电路

如果缺少横向加速度信息，控制单元就无法计算出车辆的实际状态，ESP 系统也就失效了。在诊断过程中系统会确定导线是否断路及是否对正极/地短路，还会进一步确定传感器是否损坏。

横向加速度传感器通过三根导线与控制单元 J104 相连，其电路如图 6-74（b）所示。

2. 结构功能

（1）霍尔式横向加速度传感器。如图 6-75 所示，霍尔式横向加速度传感器由一块永久磁铁、一个弹簧、一个阻尼盘及一个霍尔传感器组成。永久磁铁、弹簧及阻尼盘构成了一个磁力系统。该磁铁与弹簧牢固地捆在一起，并可由阻尼盘来回摇动。

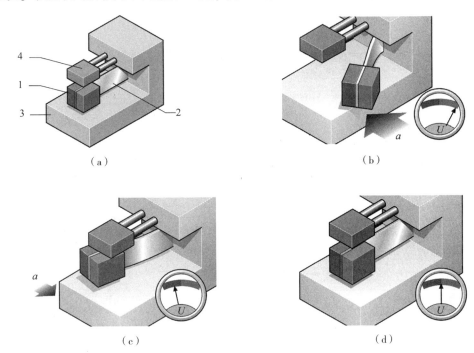

图 6-75　霍尔式横向加速度传感器的工作原理
（a）传感器内部结构；（b）、（c）、（d）传感器信号产生过程
1—永久磁铁；2—弹簧；3—阻尼盘；4—霍尔传感器

当横向加速度 a 作用到车上时，永久磁铁也会有相应运动，但因惯性原因，这个运动要稍迟发生。也就是说，阻尼盘与传感器壳体及整车一同偏离永久磁铁（该磁铁先前处于静止状态）。

这个运动会在阻尼盘内产生电涡流，而电涡流又会产生一个与永久磁铁磁场极性相反的磁场。因此，总磁场的强度就被削弱了，这会使霍尔式横向加速度传感器的电压改变，电压的变化与横向加速度的大小成比例。

也就是说阻尼盘与磁铁之间的运动幅度越大，磁场强度削弱得越厉害，霍尔式横向加速度传感器电压变化就越明显。如果没有横向加速度，霍尔式横向加速度传感器的电压则保持恒定。

（2）电容式横向加速度传感器。电容式横向加速度传感器是按电容原理工作的。如图 6-76 所示，假设有两个串联的电容器，中间共用的电容器片可以通过力的作用而移动，每个电容器都有一定的电容，可以容纳一定量的电荷。

如图 6-77（a）所示，如果没有横向加速度作用，中间的电容器片与两侧的电容器片是

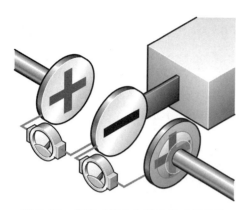

图 6-76 电容式横向加速度传感器结构

等距的,那么这两个电容器的电容是相等的。

如图 6-77(b)所示,当有横向加速度作用时,中间的电容器片就会移动,它与一边的距离变大,与另一边的距离变小,于是每个电容器的电容也会改变。电子装置根据电容的变化就可以判断出横向加速度的方向和大小。

三、奥迪 A8 加速度传感器

如图 6-78 所示,传感器电子控制单元使用传感器测量车辆在 X、Y 和 Z 轴上的旋转,它替代了 ESP 传感器单元和自适应空气悬架系统中的车身加速度传感器。在 2011 款奥迪 A8 上有两个版本的控制单元:基本版本包含六个传感器,以记录车辆在 X、Y 和 Z 轴上的运动以及绕着这些轴的旋转运动;另外一个版本具有扩展的传感器系统,被用在带动态转向和运动差速器的车辆上。

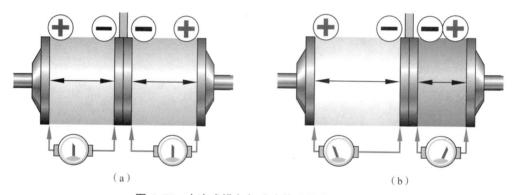

(a) (b)

图 6-77 电容式横向加速度传感器的工作机理

(a)没有横向加速度作用 (b)有横向加速度作用

图 6-78 加速度传感器用于测量车辆在 X、Y 和 Z 轴上的旋转

1. 测量车辆在 X、Y 和 Z 轴方向上运动的传感器的工作原理

测量车辆在 X、Y 和 Z 轴方向上运动的传感器采用振动质量原理来工作。在作为电容器片用的两个电极之间，有一个弹性支承着的质量块（振动质量），这个质量块本身也有两个电极，这两个电极与壳体的电极构成了两个电容器。在受到加速影响时，这个质量块相对于壳体的位置就会发生变化，这样就会引起电容器的电容变化，电子逻辑电路会对这个变化进行分析。

（1）静止状态。如图 6-79 所示，静止状态时质量块位于外侧电容器片的正中间位置。两个电容器 C_1 和 C_2 的电容是一样大的。

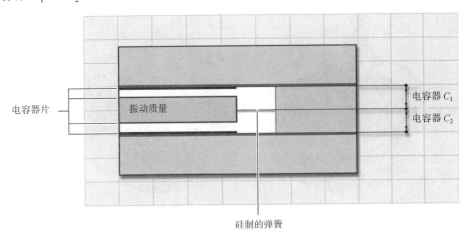

图 6-79 加速度传感器的静止状态

（2）加速状态。如图 6-80 所示，在受到加速作用时，这个振动质量因惯性作用就会偏离中间位置。因此，电极之间的距离会发生改变，这个距离减小，电容就增大。与静止状态相比，电容器 C_2 的电容增大，电容器 C_1 的电容减小。

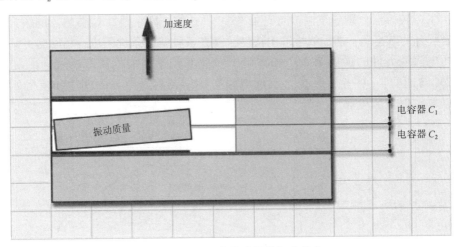

图 6-80 加速度传感器的加速状态

2. 测量车辆在 X、Y 和 Z 轴方向上转动的传感器的工作原理

测量车辆在 X、Y 和 Z 轴方向上转动的传感器采用科氏力物理效应。在旋转坐标系中，运动的物体上都有科氏力作用。

测量车辆在 X、Y、Z 轴方向上转动的传感器的测量机理如图 6-81 所示。当一个人坐在旋转木马上并将一个球滚到旋转木马平台的中心时，如果旋转木马是静止的，那么这个球会沿直线滚到中心点；如果旋转木马是旋转着的，那么这个球就会偏离其运动方向。偏离程度的大小取决于旋转木马的旋转速度。

简单地说，传感器中有一个微型机械装置，该装置始终处于受激振动状态。如果车辆转动了，那么振动体的运动方向就会改变，电子逻辑电路会对这个运动变化进行分析。为了侦测三个轴上的旋转运动，使用了三个相同的传感器，它们在控制单元内彼此成 90° 布置。

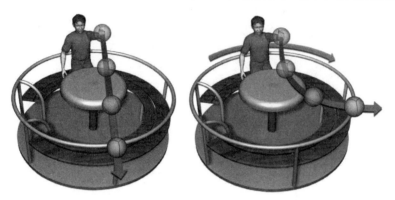

图 6-81　测量车辆在 X、Y 和 Z 轴方向上转动的传感器的测量机理

四、横摆率传感器和线性 G 传感器

半导体式的横摆率传感器和线性 G 传感器集成在一个单元中，如图 6-82 所示，其结构更加紧凑，安装在中央控制台下方。当车辆加速时，线性 G 传感器内的可变电极发生移动，根据和固定电极间的距离变化计算电极间的静电容量，并转换为电子信号。相对于车辆的前后方向，两个线性 G 传感器分别与车辆轴向成 45°安装，这样，两个线性 G 传感器的组合能检测车辆水平方向所有的减速率，加上线性输出特性，能在各种路况条件下进行精确的控制。

根据压电陶瓷元件的横摆率大小和方向，横摆率传感器能检测车辆轴向的旋转角速度（横摆率和轴向速度）。将专用的 IC（集成电路）用于传感器单元的摆动和信号处理，结构更加紧凑，并确保性能可靠。

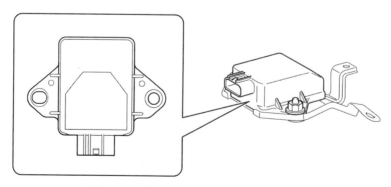

图 6-82　横摆率传感器和线性 G 传感器

第七章 温度传感器

温度传感器的种类很多，常用的有热敏电阻式、金属热电阻式、线绕电阻式、半导体晶体管式等。常用的热敏电阻有负温度系数（Negative Temperature Coefficient，NTC）型和正温度系数（Positive Temperature Coefficient，PTC）型。汽车普遍采用NTC型热敏电阻式温度传感器，如冷却液温度传感器、进气温度传感器、排气温度传感器、燃油温度传感器等。

第一节　发动机用温度传感器

一、温度传感器的类型

温度传感器的作用是把探测对象的冷热程度转换为电信号进行输出。温度传感器广泛应用于现代汽车发动机、自动变速器和空调等系统中，用于测量发动机冷却液温度、进气温度、自动变速器油温度、空调系统环境温度、室内温度等，为发动机的燃油喷射、自动变速器的换挡和锁止离合器的锁止控制，以及自动空调的自动控制提供了重要依据。

汽车上的温度传感器因车型、检测目的、检测范围、数量不同，使用的类型也不尽相同。目前温度传感器主要有热敏电阻传感器、金属热电偶传感器、热电阻传感器三种。

1. 热敏电阻传感器

热敏电阻是用陶瓷半导体材料与其他金属氧化物按适当的比例混合后高温烧结而成的温度系数很大的电阻体。在工作范围内，热敏电阻按陶瓷半导体与温度的特性关系可分为以下三种类型：

（1）负温度系数（NTC）热敏电阻。在工作范围内，电阻值随温度升高而减小的热敏电阻，称为负温度系数热敏电阻，其特性如图7-1中曲线1所示。

（2）正温度系数（PTC）热敏电阻。在工作范围内，电阻值随温度升高而增加的热敏电阻，称为正温度系数热敏电阻，其特性如图7-1中曲线2所示。

（3）临界温度系数（CTR）热敏电阻。在临界温度时，电阻值随温度的增加发生锐减的热敏电阻，称为临界温度系数热敏电阻，其特性如图7-1中曲线3所示。

临界温度系数热敏电阻具有很大的负温度系数，构成材料是钒、钡、铬、磷等元素氧化物的混合烧结体，是半玻璃状的半导体，也称为玻璃态热敏电阻。

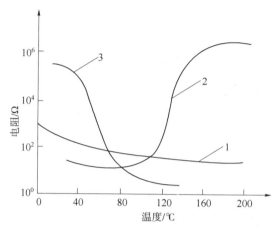

图 7-1　热敏电阻的温度特性
1—负温度系数（NTC）；2—正温度系数（PTC）；3—临界温度系数（CTR）

2. 金属热电偶传感器

将两种不同性质的金属导体接成一个闭合回路，如果两接合点温度不相等，则在两导体间产生电动势，并且回路中有一定大小的电流存在，此现象称为热电效应。

如图 7-2 所示，两种不同材料的金属黏合在一起，当两接合点 A、B 间存在温度差 ΔT_{AB} 时，会出现一个电位差 ΔU_{AB}，A、B 两点间的电位差仅仅取决于其温度差的大小。测量时，将其中的一端置于恒温箱中，另一端置于被测物中，被测物温度变化时，ΔU_{AB} 也将发生变化，ΔU_{AB} 的变化反映被测物温度的实际变化。

图 7-2　热电效应原理

3. 热电阻传感器

导体的电阻随温度变化的特性称为热阻效应。由实验可知，大多数电阻在温度升高 1 ℃ 时，其电阻值将增加 0.4%~0.6%。热电阻的测量精度较高，温度特性稳定且无热电偶的参照端误差。

热电阻材料通常为纯金属，广泛使用的是铂、铜、镍、铁等，这些材料的电阻率与温度的关系一般可近似为下面的二次方程：

$$\rho = a + bt + ct^2$$

式中，ρ——电阻率；
　　　t——温度；
　　　a，b，c——实验确定的常量。

三种典型温度传感器的特点如表 7-1 所示。

在汽车上，绝大多数温度传感器使用的是负温度系数热敏电阻，热敏电阻式温度传感器其灵敏度高、测量温差小、结构简单、价格低廉、经济性好，在汽车的电子控制系统中有着越来越广泛的应用。

二、进气温度传感器

1. 功用

进气温度传感器（Intake Air Temperature Sensor，IATS）通常安装在进气管路中，有的安装在空气流量计上,有的和进气歧管压力传感器安装在一起,如图 7-3 所示。进气温度传感器的功用是将发动机进气温度信号变换为电信号输入发动机 ECU,以便 ECU 修正喷油量。

表 7-1 三种典型温度传感器的特点

温度传感器	测量用部件	优　点	缺　点
热敏电阻传感器	热敏电阻	(1) 可测量很小部位的温度; (2) 可缩短滞后时间; (3) 灵敏度高; (4) 不能忽略导线电阻造成的误差; (5) 适于测量微小的温度差; (6) 测量机构简单且价格低廉; (7) 因信噪比较高,所以对系统性计量工程来说经济性好	(1) 因电阻与温度间的非线性程度较严重,有时需要做线性处理; (2) 有时需要互换用电阻; (3) 振动严重的场合可能会造成破坏
金属热电偶传感器	热电偶	(1) 可测定很小部位的温度; (2) 可缩短滞后时间; (3) 耐振动与冲击; (4) 适于测定温度差; (5) 测定范围宽	(1) 需要标准触点; (2) 标准触点与补偿导线有误差; (3) 在常温下,不注意修正时,难以得到较高的精度
热电阻传感器	热电阻	(1) 适于测定较大范围的平均温度; (2) 不需要标准触点等; (3) 与热电偶相比,常温时的精度较高	(1) 难以缩短滞后时间; (2) 在振动严重的场所下可能出现破损; (3) 受导线电阻的影响,需要修正

众所周知,空气质量大小与进气温度和大气(进气)压力高低有关。当进气温度低时,空气密度大,相同体积气体的质量增大;反之,当进气温度升高时,相同体积气体的质量将减小。在采用歧管压力式、叶片式、卡尔曼涡流式空气流量传感器的燃油喷射系统中,由于空气流量传感器测定的空气流量为体积流量,因此,需要配装进气温度传感器和大气压力传感器来修正喷油量,使发动机自动适应外部环境温度(寒冷、高温)和压力(高原、平原)的变化。当进气温度低(空气密度大)时,ECU 将控制喷油器增加喷油量;反之,当进气温度高(空气密度小)时,ECU 将控制喷油器减少喷油量。进气温度信号是各种控制功能的修正信号,如果进气温度传感器信号中断,就会导致热起动困难、废气排放量增大等。

2. 结构和电路

进气温度传感器的内部是一个有负温度系数(NTC)的半导体热敏电阻[图 7-4 (a)],外部用环氧树脂密封。电阻值与温度的高低成反比,温度越低则电阻越大,温度越高则电阻越小[图 7-4 (b)]。进气温度传感器的两根导线都和电控单元 ECU 相连接,其中一根为地线;另一根的对地电压随热敏电阻阻值的变化而变化,是信号输出线。

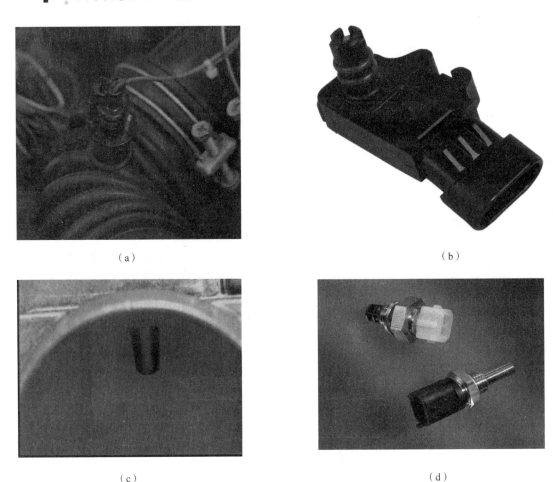

图 7-3 进气温度传感器的外形及安装位置
(a) 安装在进气道上；(b) 和进气压力传感器安装在一起；(c) 安装在空气流量计上；
(d) 进气温度传感器的外形

图 7-5 所示为桑塔纳 2000GSi AJR 发动机进气温度传感器。进气温度传感器（G72）的接线端子 2 通过导线与控制单元 J220 的 T80/67 端子相连，是搭铁端；G72 的端子 1 与控制单元 J220 的 T80/54 端子相连，是参考电压输出端，也是信号输入端。

3. 检测

(1) 单体检测。关闭点火开关，断开进气温度传感器线束插接器，拆下该传感器，采用放入热水中加温的方法对此传感器进行加温（图 7-6），用万用表电阻挡测量传感器两端子间的电阻（该阻值应为 0.2~20 kΩ），其电阻值随温度变化而变化的规律应与图 7-4（b）所示特性曲线的变化规律一致，如果电阻值不在图 7-4（b）所示范围内，则应更换该进气温度传感器。

(2) 就车检测。拔下进气温度传感器插头，接通点火开关，测量插头上 THA 端子与 E2 端子之间的电压值（图 7-7），该电压应为 5 V。若无电压，则应检查 ECU 插接器上 THA 端子与 E2 端子之间的电压值；若电压为 5 V，则表明 ECU 与传感器之间的连接线路有故障；若不是 5 V 电压，则为 ECU 有故障。

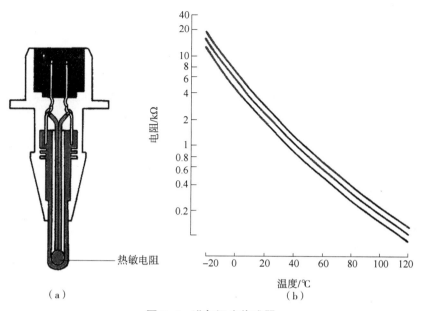

图 7-4 进气温度传感器
(a) 结构；(b) 电阻值与温度的关系

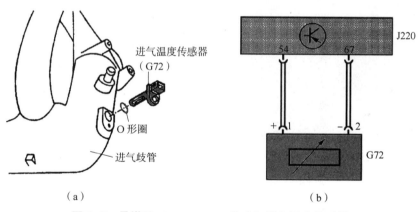

图 7-5 桑塔纳 2000GSi AJR 发动机进气温度传感器
(a) 安装位置；(b) 与 ECU 的连接电路

插回插头，起动发动机，测量传感器 THA 端子与 E2 端子之间在不同温度下的电压值，该电压值应在 0.1~4.5 V 范围内变化（若车型不同则略有差异，但变化规律基本上是相同的）。如果测量值与规定值不符，则说明进气温度传感器有故障或者损坏，应予以更换。

（3）检测进气温度传感器与 ECU 之间连接线束的电阻值。用高阻抗万用表的电阻挡测量传感器信号端子与 ECU 信号端子之间的连接线束及传感器搭铁端子与 ECU 搭铁端子之间的电阻值，此时线束应导通，且电阻值应小于 1.5 Ω，否则说明该线束短路或接线端子的接触不好，应继续检查或更换线束。

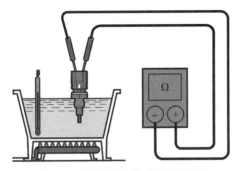
图 7-6 进气温度传感器的检测

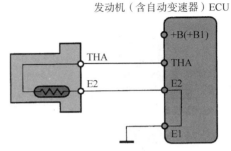
图 7-7 皇冠轿车进气温度传感器与 ECU 的连接电路

三、冷却液温度传感器

1. 结构和电路

冷却液温度传感器（Coolant Temperature Sensor，CTS）通常安装在发动机冷却液出水管道上（图 7-8），与发动机冷却液接触。冷却液温度传感器用于将发动机冷却液温度信号变换为电信号输入发动机 ECU，以便 ECU 修正喷油时间和点火时间，使发动机处于最佳工作状态。

图 7-8 冷却液温度传感器的安装位置

如图 7-9 所示，冷却液温度传感器的内部也是一个负温度系数的半导体热敏电阻，其结构原理与进气温度传感器基本相同。图 7-10 所示为桑塔纳 2000GSi AJR 发动机冷却液温度传感器 G62 的安装位置、与 ECU 的连接电路及其端子，通常将冷却液温度传感器 G62 与至温度表的冷却液温度传感器 G2 安装在一起。冷却液温度传感器 G62 的接线端子 1 通过导线与控制单元 J220 的 T80/67 端子相连，是搭铁端；G62 的端子 3 与控制单元 J220 的 T80/53 端子相连，是参考电压输出端，也是信号输入端。

2. 检测

如图 7-11 所示，G62 的插头端子为端子 1 和端子 2，与 J623 的插头端子 T60/57 和 T60/14 相连。冷却液温度传感器 G62 不断地向 ECU 输入冷却液温度信号，如果此时该传感器发生故障或损坏，则信号也将中断，ECU 也不能再确定冷却液温度，这会导致发动机在冷机或暖机状态下起动困难、油耗增加、怠速不稳、废气排放增加等故障。冷却液温度传感器的检测方法如下：

（1）检测电源电压。拔下冷却液温度传感器插接器插头，打开点火开关，测量传感器相应端子与 J623 端子 T60/14 和 T60/57 之间的电压，电压值应为 5 V 左右。

（2）检测信号电压。插上冷却液温度传感器插头，接通点火开关，检测端子 2 和端子 1 之间的信号电压，其应为 0.5~4.5 V，若所测电压不在此范围内，则表明冷却液温度传感器已失效或损坏，应予以更换。冷却液温度传感器的信号电压与冷却液温度之间的关系如表 7-2 所示。

第七章 温度传感器

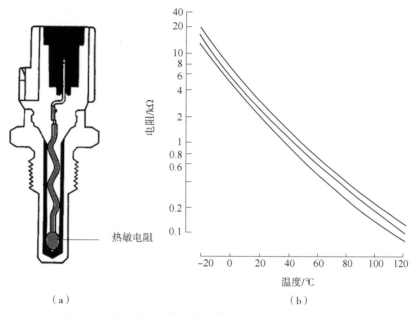

图 7-9 冷却液温度传感器结构及其电阻与温度间的关系

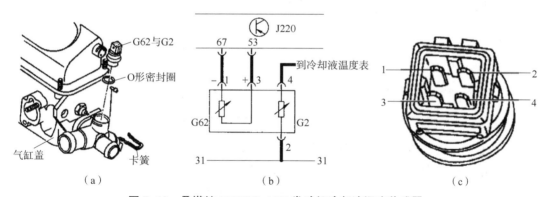

图 7-10 桑塔纳 2000GSi AJR 发动机冷却液温度传感器
(a) 安装位置；(b) 与 ECU 的连接电路；(c) 端子（图中 1~4 为 (b) 图中对应端子序号）

表 7-2 冷却液温度传感器的信号电压与冷却液温度之间的关系

冷却液温度/℃	信号电压值/V	冷却液温度/℃	信号电压值/V
-20	4.78	60	2.25
-10	4.62	80	1.99
0	4.45	100	1.56
20	3.78	120	0.70
40	3.09		

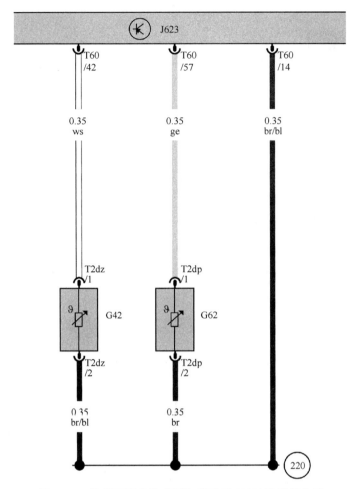

图 7-11 冷却液温度传感器与发动机 ECU 的连接电路

G42—进气温度传感器；G62—冷却液温度传感器；J623—发动机 ECU（安装在排水槽内中部）；

(220)—连接 1（安装在发动机舱导线束中）

（3）检测电阻。断开点火开关，拆下冷却液温度传感器，并将其放入装满冷却液的容器中加热，用万用表测量不同温度下该传感器两端子间的电阻值。该阻值应满足表 7-3 所示的要求；否则，应更换传感器。

表 7-3 冷却液温度传感器的电阻值与温度之间的关系

端子	温度/℃	电阻值/Ω	端子	温度/℃	电阻值/Ω
1—2	0	5 000~6 000	1—2	60	540~675
1—2	10	3 350~4 400	1—2	70	400~500
1—2	20	2 250~3 000	1—2	80	275~375
1—2	30	1 500~2 100	1—2	90	200~290
1—2	40	950~1 400	1—2	100	150~225
1—2	50	700~950			

四、排气温度传感器

1. 工作原理

当发动机起动时,起动信号开关(ST)打开,同时点火开关打开,此时,报警灯亮,这是制造厂为检查排气温度报警灯灯泡的灯丝是否良好而设置的功能。在行驶过程中,若排气温度过高超过 90 ℃时,则排气温度传感器的电阻值降到 0.43 kΩ 以下,此时排气温度报警灯点亮;当车厢底板温度超过 125 ℃时,底板温度传感器的电阻超过 2 kΩ,这时在排气温度报警灯点亮的同时蜂鸣器也发出响声;当排气温度在 900 ℃以下,底板温度也低于 125 ℃时,排气温度传感器的电阻大于 0.43 kΩ,底板温度传感器的电阻值低于 2 kΩ,这时排气温度报警系统灯不亮,蜂鸣器也无声响。排气温度传感器报警系统电路如图 7-12 所示。

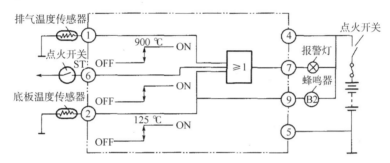

图 7-12 排气温度传感器报警系统电路

2. 结构

排气温度传感器安装在汽车排气装置三元催化转化器上,用以检测转化器内排放气体的温度。排气温度传感器的外形及结构如图 7-13 所示,其安装位置如图 7-14 所示。这种传感器用于排气装置上三元催化转化器内温度异常高时的报警系统,以防止因过热而使催化剂性能下降对车辆造成损失。正常工作情况下,该系统不工作;而发生失火等故障或工作条件极为苛刻时,该系统启动,并以排气温度报警灯点亮的方式,向驾驶人发出警告。

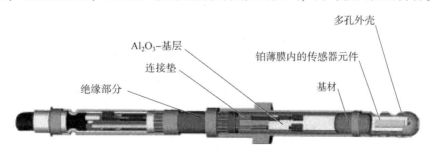

图 7-13 排气温度传感器的外形及结构

另外,排气温度传感器还用于对初级催化净化器进行热诊断、支持排气温度模式以及保护排气系统部件。

3. 检测

(1) 就车检测。在接通点火开关时,排气温度传感器指示灯亮,而在发动机起动时指

220　汽车传感器与检测技术

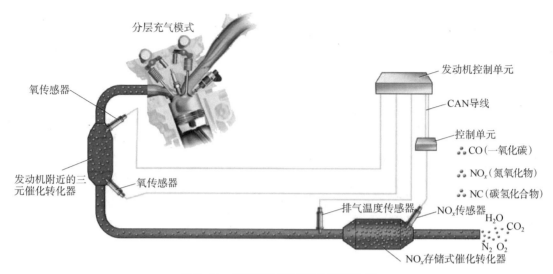

图 7-14　排气温度传感器的安装位置

示灯熄灭，则表明传感器良好。

（2）检测电压。排气温度传感器的连接电路如图 7-15 所示，打开点火开关，用万用表分别检测 T94/75、T94/32、T94/9 与搭铁间的电压应为 5 V，否则说明电路故障。

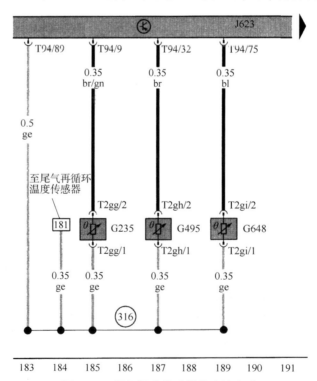

图 7-15　排气温度传感器的连接电路

G235—排气温度传感器 1；G495—排气温度传感器 3；G648—排气温度传感器 4；
J623—发动机控制单元

（3）单体检测。排气温度传感器的单体检测是测量电阻值，如图 7-16 所示。用炉子加热传感器的顶端 40 mm 长的部分，直到靠近火焰呈暗红色，这时传感器连接器端子间的电阻值应为 0.4~20 kΩ。排气温度传感器引线的橡胶管有损伤时，应当换用新的传感器。

图 7-16 排气温度传感器的单体检测

五、EGR 监测温度传感器

1. 结构与工作原理

EGR 监测温度传感器用热敏电阻制成，它的结构如图 7-17 所示。EGR 监测温度传感器安装在 EGR 阀的下游，如图 7-18 所示。在 EGR 系统中排气歧管排放气体中的部分气体再循环到进气歧管中，这一部分就由 EGR 阀控制。要保证 EGR 阀系统工作正常，必须由 EGR 监测温度传感器时刻检测 EGR 阀下游再循环气体的温度变化情况，以便判断 EGR 阀是否处于正常工作状态。在排放法规中，已强制要求安装 EGR 监测温度传感器，以监视 EGR 阀的工作状况，减少气体尾气中 NO_x 的含量。

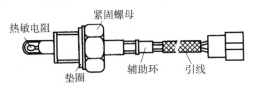

图 7-17 EGR 监测温度传感器的结构

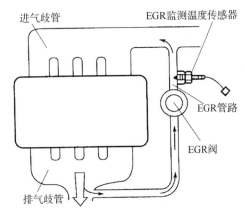

图 7-18 EGR 监测温度传感器的安装位置

在普通的行车条件下，EGR 阀附近的废气温度为 100~200 ℃，在高速、重负荷的条件下，升高到 300~400 ℃。当因某种故障没有废气循环时，EGR 阀附近的废气温度立刻下降，下降程度与当时的进气温度及发动机室内温度有关，但大致是降到 50 ℃ 以下。没有废气循环的原因可能是控制系统停止工作或 EGR 管路中的沉淀物堵塞了通路。

2. 检测

当 EGR 系统停止工作时，可能的原因有 EGR 系统监测温度传感器的连接电路短路或断路；EGR 控制系统发生故障；管路中的沉淀物堵塞了管路等。此时应对 EGR 监测温度传感器进行检测，检测方法如下：断开点火开关，拆下 EGR 监测温度传感器，并将其加热，其电阻值随温度的升高而降低，且应符合表 7-4 中列出的标准参考值，若相差很大，则应对其进行更换。

表 7-4　EGR 监测温度传感器的温度特性

温度/℃	50	100	200	400
初始电阻值/kΩ	635±77	85.3±8.8	5.1±0.61	0.16±0.05

六、燃油温度传感器

1. 安装位置

汽油机的燃油温度传感器一般安装在回油管路上，柴油机一般安装在高压油路上。不同的燃油控制系统，燃油温度传感器的安装位置有所差异。燃油温度传感器的安装位置如图 7-19 所示。

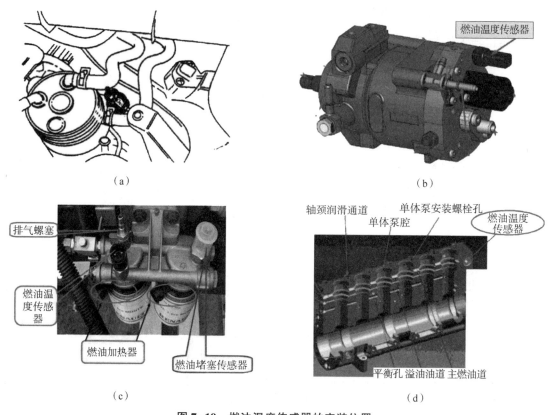

图 7-19　燃油温度传感器的安装位置
(a) 油泵到燃油冷却器间的回油管；(b) 高压泵上；(c) 燃油滤清器上方；(d) 单体泵上

2. 作用

燃油随温度升高密度变小，温度不同，燃油密度也不相同。燃油密度降低将会导致发动机功率降低。

燃油温度传感器向 ECU 提供燃油温度信号，发动机控制单元根据燃油的温度变化调节喷油器的脉宽调制信号，用于喷油量修正、扭矩修正、轨压修正及热保护。另外，此信号也用来控制燃油冷却泵开关接合。柴油机电控系统具有燃油加热功能时，必须设置燃油温度传感器来检测燃油温度并由发动机 ECU 控制加热功能。

3. 工作原理

燃油温度传感器是负温度系数（NTC）热敏电阻，当燃油温度升高时，其电阻值下降。

4. 检测

（1）线路连接。燃油温度传感器与 ECU 的连接如图 7-20 所示，燃油温度传感器的外观如图 7-21 所示。

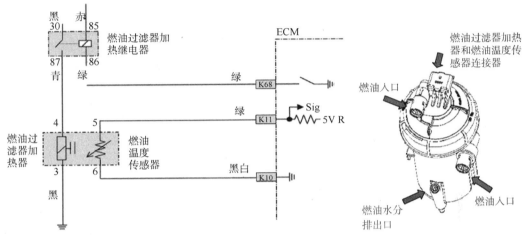

图 7-20　燃油温度传感器与 ECU 的连接　　图 7-21　燃油温度传感器的外观

（2）供电电压检测。断开接头，打开点火开关，用万用表直流电压挡测量线束侧针脚电压，应为 5 V。

（3）电阻检测。断开接头，检测燃油温度传感器单体，其电阻值应符合表 7-5 的规定。

表 7-5　燃油温度传感器电阻值

温度/℃	燃油温度传感器电阻/Ω	温度/℃	燃油温度传感器电阻/Ω
-30	26 116±2 533	60	596±23
0	5 896±430	100	187±4
25	2 057±115	115	127±3.3

七、机油温度传感器

1. 位置

机油温度传感器一般安装在发动机主油道，其安装位置如图 7-22 所示。

2. 功用

机油温度传感器用于向发动机控制单元提供发动机的机油温度，特别是在寒冷气温状态下发动机的机油温度。

图 7-22　机油温度传感器安装位置

3. 原理

负温度系数热敏电阻特性效应。

4. 检测

同其他热敏电阻传感器。

第二节 电动汽车用温度传感器

电动汽车指以电机驱动从车载电源获得动力，并且满足道路交通安全法规的车辆。电动汽车按动力电气化水平可分为两类：一类是全部或大部分工况下主要由电机提供驱动功率的电动汽车（称为纯电驱动电动汽车，如纯电动汽车、插电式电动汽车、增程式电动汽车以及燃料电池电动汽车）；另一类是动力蓄电池容量较小，大部分工况下主要由内燃机提供驱动功率的电动汽车（称为常规混合动力电动汽车）。

混合动力电动汽车一般有两个蓄电池，其安装位置如图7-23所示，分别为用于驱动电动机的HV蓄电池和用于普通供电的辅助蓄电池，如图7-24所示。下面以丰田普锐斯为例进行说明。

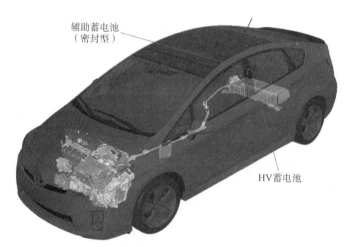

图7-23 混合动力电动汽车蓄电池的安装位置

一、HV 蓄电池温度传感器

1. 功用及安装位置

HV蓄电池温度传感器检测HV蓄电池的温度，HV ECU根据HV蓄电池温度信号控制蓄电池冷却风扇，HV蓄电池温度高于预定值时，蓄电池冷却风扇旋转。HV蓄电池温度传感器一共有4个，它们的安装位置如图7-25所示。

2. 工作原理

HV蓄电池温度传感器是用负温度系数热敏电阻制成的，其电阻值根据HV蓄电池温度的变化而变化。

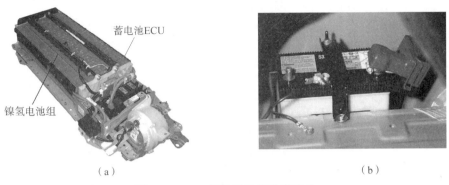

图 7-24　HV 蓄电池和辅助蓄电池

(a) HV 蓄电池；(b) 辅助蓄电池

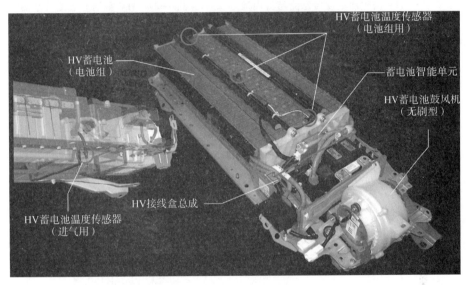

图 7-25　HV 蓄电池温度传感器安装位置

3. 检测

HV 蓄电池温度传感器与蓄电池智能单元连接电路如图 7-26 所示，测量出的各个温度传感器的电阻，应符合图 7-27 的要求。

二、HV 蓄电池进气温度传感器

1. 作用及安装位置

HV 蓄电池进气温度传感器探测从进气管进入的空气温度，HV ECU 根据进气温度传感器信号控制电池冷却风扇。HV 蓄电池进气温度传感器安装在 HV 蓄电池上，其安装位置如图 7-28 所示。

2. 工作原理

HV 蓄电池进气温度传感器电阻随进气温度的变化而变化。蓄电池智能单元用来自进气温度传感器的信号控制蓄电池冷却鼓风机总成的气流量。

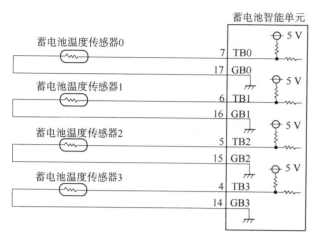
图 7-26　HV 蓄电池温度传感器与蓄电池智能单元连接电路

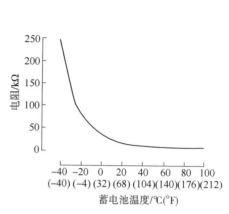
图 7-27　HV 蓄电池温度传感器特性曲线

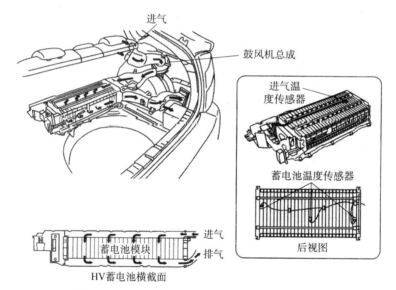
图 7-28　HV 蓄电池进气温度传感器安装位置

3. 检测

HV 蓄电池进气温度传感器与 ECU 的连接电路如图 7-29 所示。蓄电池进气温度传感器的特性与蓄电池温度传感器的特性相同（特性曲线参考 HV 蓄电池温度传感器的特性曲线）。

三、辅助蓄电池温度传感器

1. 功用及安装位置

辅助蓄电池温度传感器检测辅助蓄电池温度，HV ECU 根据辅助蓄电池温度信号调节 DC-DC（直流-直流）转换器的输出电压。辅助蓄电池温度高时，混合动力车辆控制 ECU 根据此信号减小充电电流，以保护辅助蓄电池。辅助蓄电池温度传感器的安装位置如图 7-30 所示。

图 7-29　HV 蓄电池进气温度传感器与 ECU 的连接电路

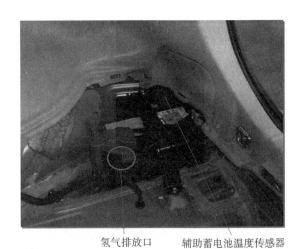

图 7-30　辅助蓄电池温度传感器的安装位置

2. 工作原理

辅助蓄电池温度传感器是运用负温度系数电阻制成的，内置辅助蓄电池温度传感器热敏电阻的电阻值随辅助蓄电池温度的改变而改变。辅助蓄电池温度越低，热敏电阻的电阻就越大；反之，温度越高，电阻越小。

3. 检测

（1）电路连接。辅助蓄电池温度传感器连接到混合动力车辆控制 ECU 上。混合动力车辆控制 ECU 的端子 THB 通过内部电阻器 R 向辅助蓄电池温度传感器施加 5 V 的电压。也就是说电阻器 R 和辅助蓄电池温度传感器串联端子 THB 的电压和电阻值随辅助蓄电池温度的变化而变化。辅助蓄电池温度高时，混合动力车辆控制 ECU 根据此信号减小充电电流以保护辅助蓄电池。辅助蓄电池温度传感器与 ECU 的连接电路如图 7-31 所示。

（2）检测电阻。关闭点火开关，断开辅助蓄电池温度传感器连接器，用万用表或检测仪连接传感器的两个端子，并测量两个端子在不同温度下的电阻。电阻应符合规定标准值，如图 7-32 所示。若不符，则须更换辅助电池温度传感器。

四、混合动力系统马达温度传感器

1. 作用

普瑞斯混合动力车辆包含两个既可作为电动机又可作为发电机的结构，分别称为 MG1

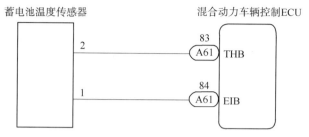

图 7-31 辅助蓄电池温度传感器与 ECU 的连接电路

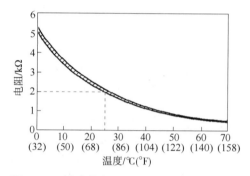

图 7-32 辅助蓄电池温度传感器的特性曲线

和 MG2,其中 MG1 以发电为主,称为发电机;MG2 以驱动为主,称为电动机(马达)。混合动力系统马达温度传感器用于检测 MG1 和 MG2 定子的温度。

2. 工作原理

混合动力系统马达温度传感器安装位置如图 7-33 所示。马达温度传感器由负温度系数热敏电阻制成。内置于马达温度传感器内的热敏电阻的电阻值随 MG2 温度的变化而变化。马达温度越低,热敏电阻的电阻值越大;反之,马达温度越高,热敏电阻的电阻值越小。

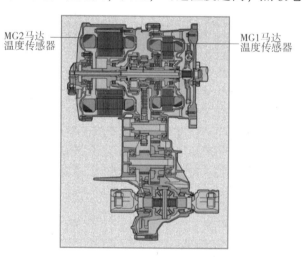

图 7-33 混合动力系统马达温度传感器安装位置

3. 检测

混合动力系统马达温度传感器与 ECU 的连接电路如图 7-34 所示。混合动力系统马达温度传感器的检测方法同其他负温度系数传感器，其特性曲线如图 7-35 所示。

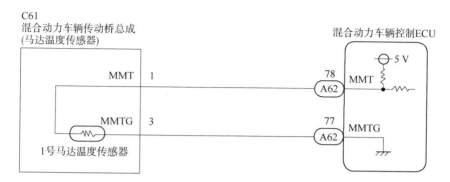

图 7-34 混合动力系统马达温度传感器与 ECU 的连接电路

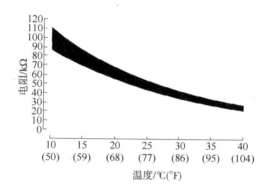

图 7-35 混合动力系统马达温度传感器特性曲线

第三节 汽车空调用温度传感器

自动空调在汽车上的使用越来越普遍，所用传感器主要有车外温度传感器、新鲜空气进气道温度传感器、仪表板温度传感器、脚部出风口温度传感器、阳光照射强度光敏传感器、蒸发器出口温度传感器等。奥迪轿车自动空调系统控制图如图 7-36 所示，空调系统相关传感器的布置位置如图 7-37 所示。

一、仪表板温度传感器

1. 原理结构

如图 7-38 和图 7-39 所示，温度传感器 G56 一般安装在中央控制台两烟灰缸之间隔栅的后面或空调控制单元上，它检测车内中央区域的空气温度。

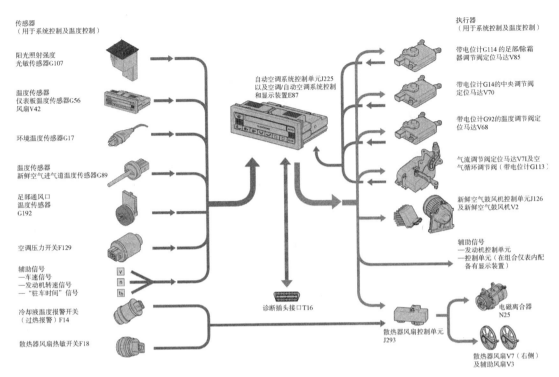

图 7-36 奥迪轿车自动空调系统控制图

如图 7-40 所示，传感器壳体内有一个 NTC 温度传感器，它通过一个小鼓风机从车内吸取空气。该传感器测量气流的温度，它可以防止温度传感器处的温升，这种温升可能会对测量结果造成负面影响。鼓风机与传感器元件安装在一个共用的壳体内。

2. 检测

仪表板温度传感器 G56 将热敏电阻装在塑料壳内，利用抽风装置将车内空气从吸气孔处吸入塑料壳内来检测车内温度。仪表板温度传感器阻值也随环境温度的变化而变化，并把这种变化信号输入给空调控制系统的 ECU，使 ECU 启动空调压缩机运转，从而保持车内温度在恒定的范围内。仪表板温度传感器 G56 的相关连接电路如图 7-41 所示。

(1) 电压测量。拆下空调控制器，但连接线不断开，将点火开关旋至 "ON" 位置，用万用表测量传感器 G56 两端子之间的电压，测量时电压会随温度的升高而下降，在 25 ℃ 时电压应为 1.8~2.2 V，在 400 ℃ 时电压应为 1.2~1.6 V。

(2) 电阻测量。拆下仪表板温度传感器，测量连接器端子之间的电阻。电阻应随温度的升高而减小。在 25 ℃ 时阻值为 1.65~1.75 kΩ，在 40 ℃ 时阻值为 0.55~0.65 kΩ。

(3) 故障的应对策略。若该传感器发生故障，则内部温度使用一个固定的替代温度值 25 ℃。

二、车外温度传感器

1. 结构原理

车外温度传感器也称环境温度传感器、外界空气温度传感器或大气温度传感器，它能影响出风口空气的温度、鼓风机的转速、进气门的位置和模式门的位置以及压缩机的工作状

第七章　温度传感器

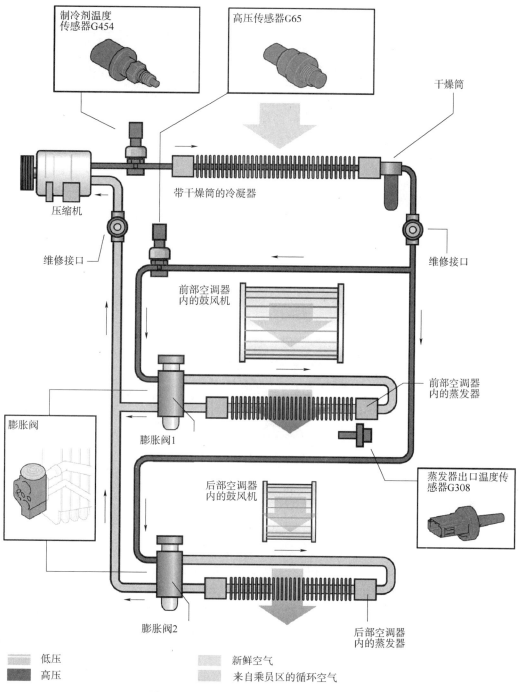

图 7-37　空调系统相关传感器的布置位置

态。车外温度传感器 G17 位于车身前部，如图 7-42 所示，它用于判断实际的外部温度。控制单元按照这个温度信号来操纵温度翻板和新鲜空气鼓风机工作，车外温度传感器的电路连接如图 7-43 所示。

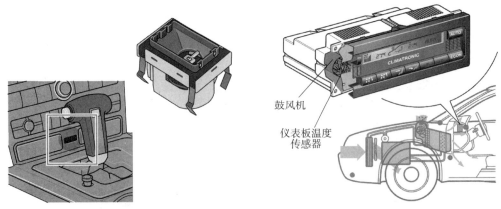

图 7-38　仪表板温度传感器 G56 外形及安装位置　　图 7-39　仪表板温度传感器 G56 的安装位置

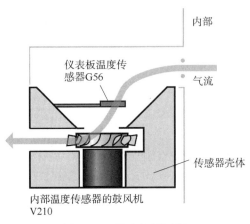

图 7-40　温度检测过程

2. 检测

(1) 电压测量。拆下汽车散热器护栅，但连接线不断开，将点火开关旋至"ON"位置，用万用表测量传感器 T32/20 和 T32/19 两端子之间的电压（图 7-43），测量时电压会随温度的升高而下降，在 25 ℃时电压应为 1.4~1.8 V，在 40 ℃时电压应为 0.9~1.3 V。

(2) 电阻测量。拆下车外温度传感器，测量连接器端子之间的电阻，电阻应随温度的升高而减小。在 25 ℃时阻值应为 1.65~1.75 kΩ，在 40 ℃时阻值应为 0.55~0.65 kΩ。如果出现故障，替代值 10 ℃阻值为 2 kΩ。

(3) 故障的应对策略。若一个传感器失效，控制单元采用完好传感器的信号。若两个传感器都失效，则关闭制冷功能并采用一个固定的值 10 ℃代替外界温度。

三、蒸发器出口温度传感器

1. 工作原理

蒸发器出口温度传感器安装在汽车空调系统的蒸发器片上或出风口处（拆卸右侧的脚部空间饰板，将蒸发器出口温度传感器 G308 插头沿逆时针方向旋转 90°，并将其从外壳中

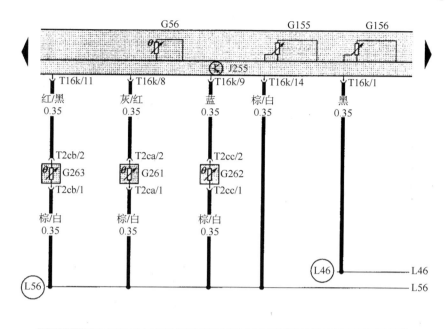

图 7-41 仪表板温度传感器的连接电路

G56—仪表板温度传感器（在空调控制面板上）；G155—左侧出风口温度调节器；G156—右侧出风口温度调节器；G261—左侧脚部空间出风口温度传感器（在空调器左侧上部）；G262—右侧脚部空间出风口温度传感器（在空调器右侧上部）；G263—蒸发器出口温度传感器；J255—控制单元（在仪表板中部）

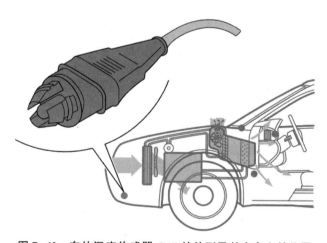

图 7-42 车外温度传感器 G17 的外形及其在车上的位置

取出），如图 7-44 所示，用以检测蒸发器表面的温度变化，控制压缩机的工作状况。使用此信号，Climatronic 控制单元可以按照乘客的要求精确地调节压缩机的输出。工作时，出口温度传感器检测蒸发器表面的温度信号，并把它转化为电信号输入给温度控制系统的 ECU，ECU 将输入的温度信号与设定的温度调节信号进行比较后，控制空调压缩机电磁离合器的通断，从而对压缩机的工作进行控制；同时还能利用此传感器检测到的温度信号，防止蒸发器出现结冰现象。空调系统原理图如图 7-45 所示。

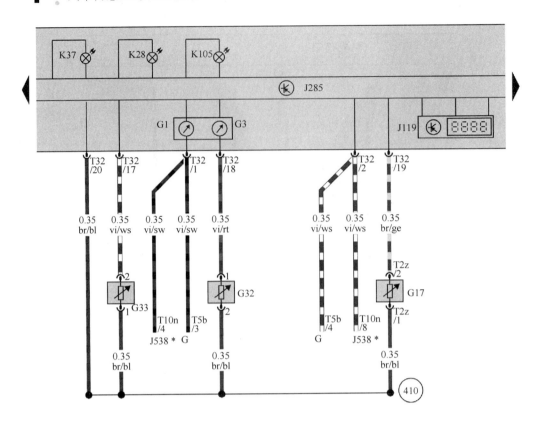

图 7-43 车外温度传感器的电路连接

G—燃油存量传感器;G1—燃油储备显示器;G3—冷却液温度表;G17—车外温度传感器;G32—冷却液不足显示传感器;G33—车窗玻璃清洗液液位传感器;J119—多功能显示器;J285—仪表板中的控制单元;J538—燃油泵控制单元;K28—冷却液温度和冷却液不足显示指示灯;K37—玻璃清洗液液位指示灯;K105—燃油存量指示灯

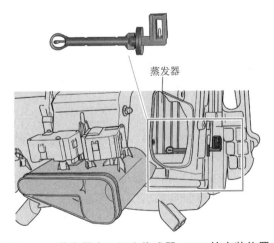

图 7-44 蒸发器出口温度传感器 G308 的安装位置

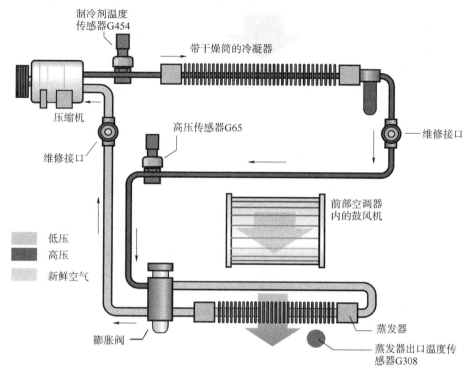

图 7-45 空调系统原理图

2. 结构

蒸发器出口温度传感器是一个 NTC 传感器，其工作温度为 20~60 ℃，其结构与特性如图 7-46 所示。当加热 NTC 元件时，它的阻抗会显著下降，如图 7-47 所示，传感器电子装置将所测的阻抗转换成电压信号，电压信号是所测温度的一种量度。若没有该传感器的信号，控制单元就无法知道蒸发器后的空气温度有多高，这样空调压缩机的自适应控制就无法进行。在此情况下，压缩机的功率输出将会降低到不允许蒸发器结冰的温度。蒸发器出口温度传感器与控制单元的连接电路如图 7-48 所示。

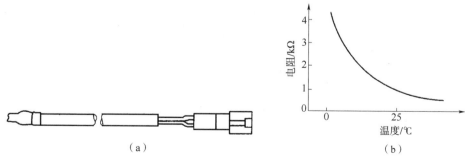

图 7-46 蒸发器出口温度传感器结构与特性
(a) 结构；(b) 输出特性

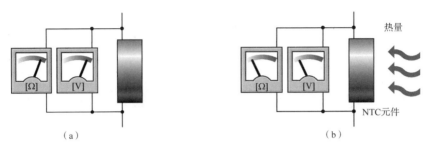

图 7-47 蒸发器出口温度传感器的特性

(a) 温度低时电阻增大;(b) 温度高时电阻减小

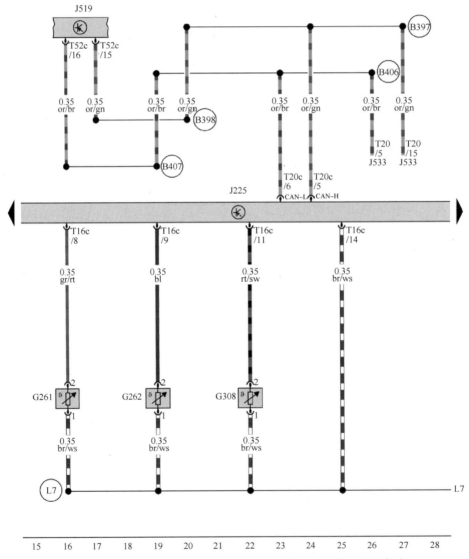

图 7-48 新款高尔夫蒸发器出口温度传感器与控制单元连接电路

G261—左侧脚部空间出风口温度传感器;G262—右侧脚部空间出风口温度传感器;G308—蒸发器出口温度传感器;
J255—Climatronic 控制单元(在中控台之后);J519—车载电网控制单元;J533—数据总线诊断接口

3. 检测方法

若空调系统发生故障,且在蒸发器的制冷剂出口处即高压管路上出现了结冰现象(冰堵),同时压缩机不能正常工作,则蒸发器出口温度传感器的连接电路可能出现断路或短路故障,此时应对蒸发器出口温度传感器进行检测,检测方法如下。

(1)检查蒸发器出口温度传感器和空调控制器总成之间的连接器及各导线的连接情况,检查空调控制器总成的状况。

(2)电压测量。拆卸右侧的脚部空间饰板,但连接线不断开,将点火开关旋至"ON"位置,用万用表测量传感器1和2两端子之间的电压,测量时电压会随温度的升高而下降,在0℃时电压应为2.0~2.4 V,在15℃时电压应为1.4~1.8 V。

(3)电阻测量。拆下蒸发器传感器,测量连接器的端子1和2之间的电阻,正常电阻值应为4.5~5.2 kΩ(0℃),2.0~2.7 kΩ(15℃)。

(4)故障的应对策略。若没有该传感器的信号,控制单元就无法知道蒸发器后的空气温度有多高,这样空调压缩机的自适应控制就无法进行。在此情况下,压缩机的功率输出将会降低到不允许蒸发器结冰的温度。

四、新鲜空气进气道温度传感器

1. 位置及功用

新鲜空气进气道温度传感器 G89 位于新鲜空气进气道中,如图 7-49 所示,该传感器实际就是外部温度的第二个测量点。控制单元按照这个温度信号来操纵温度翻板和新鲜空气鼓风机工作。如果这个温度信号失效,则会使用另一个温度传感器(车身前部的外部温度传感器)的信号,该温度传感器具有自诊断功能。控制单元总是使用车外温度传感器 G17 和新鲜空气进气道温度传感器 G89 这两个传感器获取的最低值。

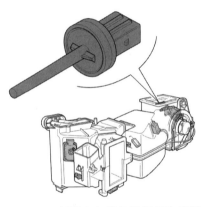

图 7-49 新鲜空气进气道温度传感器 G89 的外形及其安装位置

2. 检测

如果信号出现故障,则用车外温度传感器替代。新鲜空气进气道温度传感器 G89 电阻值应符合表 7-6 所示的规定。

表 7-6 新鲜空气进气道温度传感器 G89 电阻值

温度/℃	电阻值/kΩ	温度/℃	电阻值/kΩ
10	2	30	0.82
20	1.3		

五、脚坑出风口温度传感器

1. 结构原理

脚坑出风口温度传感器一般安装在脚部出风口位置,其安装位置及外形如图 7-50 所示。脚坑出风口温度传感器 G192 测量的是从暖风/空调中出来的空气(进入车内的空气)

温度，这个温度值是通过一个根据温度变化的电阻来获取的（其热敏电阻为正温度系数的）。如果温度下降，这个电阻值就升高。控制单元对这个信号进行处理后，将其用于控制除霜/脚坑的空气分配以及控制新鲜空气鼓风机的工作能力。

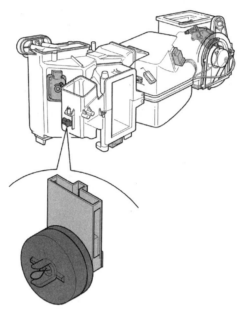

图 7-50　脚坑出风口温度传感器 G192 的外形及安装位置

2. 检测

如果信号失效了，控制单元将采用+80 ℃这个替代值，系统仍可继续工作。脚坑出风口温度传感器 G192 具有自诊断功能。

检测方法同其他负温度系数热敏电阻一样，在 0 ℃时，电阻值为 9.1 kΩ，25 ℃时，电阻值为 2.8 kΩ。

第四节　热敏铁氧体温度传感器

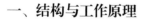

一、结构与工作原理

1. 结构与识别

热敏铁氧体温度传感器常安装在散热器冷却水的循环通路上，用于控制散热器冷却风扇的开闭，它由永久磁铁、舌簧开关、热敏铁氧体组成，其结构及安装位置如图 7-51、图 7-52 所示。它的作用是依据冷却液温度信号来控制散热器的冷却风扇工作。

2. 工作原理

热敏铁氧体是强磁性材料，当超过某温度时，铁氧体的磁导率急剧下降，即具有从强磁性体向常磁性体（弱磁性体）急速转变的性质，这种急变温度称为居里温度。利用居里特性就可以使舌簧开关导通或关断。

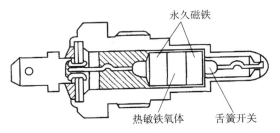

图 7-51 热敏铁氧体温度传感器的结构

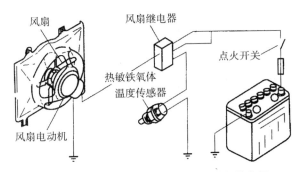

图 7-52 热敏铁氧体温度传感器的安装位置

当热敏铁氧体被磁化时，磁力线通过舌簧开关的触点产生吸引力，使触点闭合，舌簧开关闭合，如图 7-53（a）所示；当其不被磁化时，磁力线平行通过舌簧开关的触点，产生排斥力，使触点张开，舌簧开关断开，如图 7-53（b）所示。

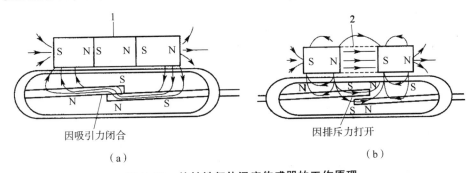

图 7-53 热敏铁氧体温度传感器的工作原理
（a）低于工作温度时；（b）高于工作温度时
1—热敏铁氧体（形成一个磁铁）；2—热敏铁氧体（与没有时相同）

在散热器的冷却系统中，舌簧开关的闭合使冷却风扇的继电器断开，使冷却风扇停止工作；反之，则冷却风扇工作。其工作电路如图 7-54 所示。热敏铁氧体的规定工作温度为 0~130 ℃。

二、传感器的检测

当散热器冷却风扇在发动机的冷却液温度值高于规定温度时仍不运转，则说明散热器冷

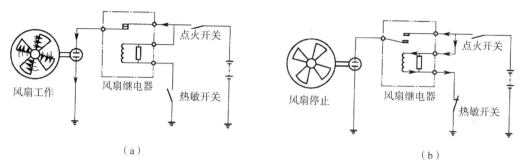

图 7-54 散热器的冷却系统工作电路
(a) 热敏开关断开,风扇开始运转；(b) 热敏开关闭合,风扇停止运转

却风扇的工作电路出现故障。若发现热敏铁氧体温度传感器处短路或断路,则应对热敏铁氧体温度传感器进行检测,检测方法如下：

(1) 将温度传感器拆下,置于玻璃烧杯中并加水进行加热,将万用表连接好。

(2) 在加热的同时检查该温度传感器的工作情况。当冷却液温度低于规定温度时,热敏铁氧体温度舌簧开关闭合、传感器导通、万用表指示 0Ω。

(3) 在冷却液温度高于规定值时,热敏铁氧体温度传感器舌簧开关断开,传感器不导通,万用表指示电阻为无穷。否则,说明热敏铁氧体温度传感器已经损坏,应当更换。

第五节 其他温度传感器

一、自动变速器油温传感器

1. 位置和功用

自动变速器油温传感器装在自动变速器油底壳内的液压阀体上,如图 7-55 所示。

自动变速器油温传感器用于检测自动变速器液压油的温度,电控单元根据液压油温度信号进行高温控制、换挡控制、油压控制和锁定离合器控制。

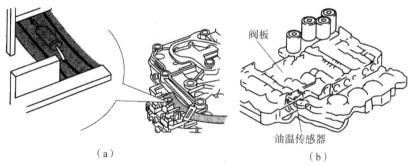

图 7-55 自动变速器油温传感器的位置
(a) 大众自动变速器油温传感器；(b) 三菱和现代自动变速器油温传感器

如果变速器油温高于 150 ℃，变矩器锁止离合器立即进入锁止工况，30 s 后如果变速器油温仍不下降，变矩器解除锁止工况，变速器退出超速挡。另外，自动变速器油温传感器自身或线束短路，数据流会显示变速器油温高于 150 ℃，同样，变矩器不进入锁止工况，变速器没有超速挡。

2. 原理

自动变速器油温传感器由负温度系数热敏电阻制成，温度越高，电阻越低。

3. 检测

图 7-56 为自动变速器油温传感器连接器接头端子与 ECU 的连接电路及外形。

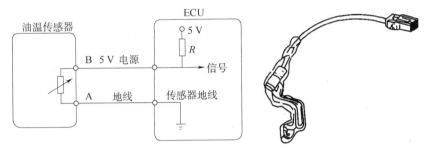

图 7-56　自动变速器油温传感器连接器接头端子与 ECU 的连接电路及外形

（1）故障征兆。当自动变速器油温连接线路发生断、短路故障时，电控单元将无法获得液压油温度信息控制自动变速器换挡，使控制系统出现故障。当故障指示灯点亮时，通过人工方法或使用专用仪器可以读取故障码。

（2）单体检测。当确认自动变速器油温传感器出现故障时，可拆下传感器，放在烧杯中，加热烧杯中的水，测量不同温度下的电阻值，电阻值与规定值相差较大时，应更换自动变速器油温。检测方法如图 7-57 所示，电阻特性如图 7-58 所示。

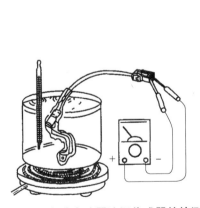

图 7-57　自动变速器油温传感器的检测

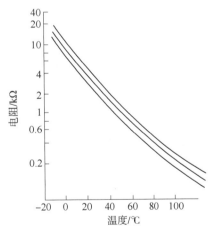

图 7-58　自动变速器油温传感器的电阻特性

二、冷却液温度表

1. 结构与工作原理

（1）传感器的结构与识别。热敏电阻式冷却液温度表由热敏电阻式冷却液温度传感器、双金属片及表盘和指针组成，如图 7-59 所示。其中冷却液温度传感器为冷却液温度表的发送部件，它由一个负温度系数的热敏电阻制成，安装在气缸的水套中，与水道中的冷却水相接触；双金属片、表盘和指针为冷却液温度表的接收件，即冷却液温度表盘，有低温区和高温区。冷却液温度表内部结构如图 7-60 所示。

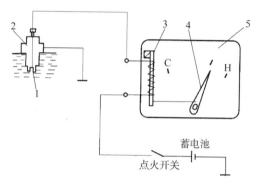

图 7-59　热敏电阻式冷却液温度表

1—热敏电阻；2—信息发送件；3—双金属片；4—指示针；5—信息接收件

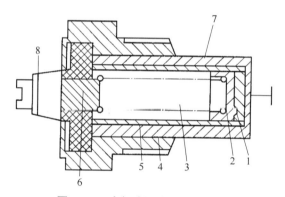

图 7-60　冷却液温度表内部结构

1—热敏电阻；2—导电套；3—导电弹簧；4—铜接头；5—铜管；6—端钮；7—导电杆；8—导线

（2）工作原理。当冷却液温度较低时，热敏电阻值较高，因此图 7-61 所示的电路中的电流较小，电热丝的发热较小，双金属片的弯曲也较小，从而带动指针指向低温；当冷却液温度升高时，热敏电阻的阻值迅速减少，使回路电流增大，电热丝的发热量也大，使双金属片的受热弯曲量增加，从而带动指针指向高温一侧。

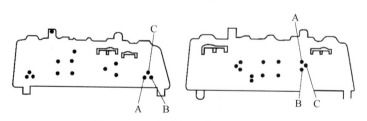

图 7-61　冷却液温度表各接头位置

2. 检测

汽车正常行驶时，指针应指在中间位置。若在交通堵塞或关闭发动机的短暂时间内，指示温度升高，行驶或起动后又恢复，则属于正常现象；正常行驶时，若指针指示高温或低温位置，则均应停车检查，检测方法如下。

（1）检测冷却液温度表性能。

① 拆下冷却液温度表中冷却液温度传感器的连接线，打开点火开关，冷却液温度表应指示在低温位置。

② 拆下冷却液温度表的一条线，然后接一只 4 W/12 V 的灯泡，并使接线一端搭铁，打开点火开关，看灯泡是否发亮，冷却液温度表指针是否指向最大位置。如果灯泡不亮或冷却液温度表不指示最大位置，则说明冷却液温度表工作不良，应继续检查或更换。

③ 用万用表就车测量冷却液温度表各接头之间的电阻，据此可判断冷却液温度表工作是否正常，冷却液温度表接头电阻值应符合表 7-7 中的规定值，若不符合，则说明冷却液温度表已损坏。

表 7-7 冷却液温度表各接头电阻值

冷却液温度表接头	电阻/Ω	冷却液温度表接头	电阻/Ω
A—B	54	B—C	229.7
A—C	175.7		

（2）检测冷却液温度表传感器的电阻。

① 就车检测。先拔下冷却液温度传感器的连接接头，用万用表电阻挡测量冷却液在不同温度时传感器的电阻值，按图 7-62 所示的方法，测量冷却液温度在不同发动机温度时的传感器电阻值，其值应符合表 7-8 规定。

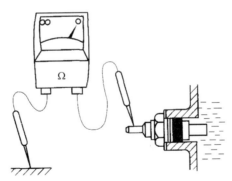

图 7-62 冷却液温度传感器电阻就车检测

表 7-8 冷却液温度与电阻值的对应关系

冷却液温度/℃	电阻值/kΩ	冷却液温度/℃	电阻值/kΩ
-20	10~20	40	0.9~1.3
0	4~7	60	0.4~0.7
20	2~3	80	0.2~0.4

② 单体检测。拆下冷却液温度传感器，将其放入水中加热，同时用万用表电阻挡测量传感器接头两端之间的电阻值，测量结果应符合表 7-8 中规定的电阻标准值，若与标准值不符，则应更换冷却液温度传感器。冷却液温度传感器电阻单体检测如图 7-63 所示。

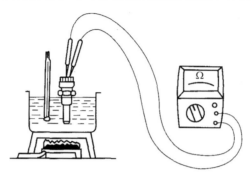

图 7-63　冷却液温度传感器电阻单体检测

第八章 爆震和碰撞传感器

△ 汽车传感器与检测技术

第一节 爆震传感器

汽油发动机是利用火花塞产生的电火花将混合气点燃，使火焰在混合气中不断扩展传播燃烧的。在火焰的传播过程中，如果压力和温度异常升高，则一些部位的混合气不等火焰传到，就自行着火燃烧，在整个燃烧室内造成瞬时爆发燃烧，产生高温和强大的压力波，这种现象称为爆震。发动机工作时，如果持续产生爆震，则不但会引起气缸体、气缸盖和进气歧管等薄壁构件高频振动，以及因运动机构的冲击载荷而产生很大的噪声，最终导致机件损坏，而且火花塞电极或活塞很可能产生过热、熔损等现象，造成发动机的严重故障，因此必须防止爆震的产生。爆震和点火时刻有密切的关系，在一定范围内，点火时刻提前，燃烧的最大压力就高，就越容易发生爆震。

一、发动机爆震的检测方法、功用及分类

1. 发动机爆震的检测方法

检测发动机爆震的方法有三种：检测发动机燃烧室压力的变化；检测发动机缸体的振动频率；检测混合气燃烧噪声。通过直接检测燃烧室压力变化来检测发动机振动的测量精度较高，但传感器安装困难，且耐久性较差，一般用于测量仪器，实际应用的压力检测传感器均为间接检测式。通过检测发动机缸体振动频率来检测爆震的主要优点是测量精度高、传感器安装方便且输出电压较高，因此现代汽车广泛采用该检测方法。检测混合气燃烧噪声为非接触式检测方法，其耐久性较好，但测量精度和灵敏度较低，实际应用较少。

2. 发动机爆震传感器的功用及分类

爆震传感器是发动机爆震传感器（Engine Detonation Sensor, EDS；或 Knock Sensor, KNK）的简称，其功用是将发动机爆震信号转换为电信号输入发动机 ECU，以便发动机 ECU 修正点火提前角，防止发动机产生爆震而降低输出功率。

爆震传感器按检测方式不同，可分为共振型与非共振型两种；按结构不同，可分为压电式和磁致伸缩式两种。通用和日产汽车均采用了磁致伸缩式爆震传感器。桑塔纳 GLi、2000GLi、2000GSi，捷达 AT、GTX 型等国产轿车则采用了压电式爆震传感器。在一般情况下，爆震传感器安装在发动机缸体侧面，其外形和安装位置如图 8-1 所示。

图 8-1 爆震传感器的外形及安装位置

共振型爆震传感器的显著特点是传感器的共振频率与发动机爆震的固有频率相匹配，因此其内部设有共振体，并且要使共振体的共振频率与爆震频率协调一致。共振型爆震传感器的优点是输出电压高，不需要滤波器，因此信号处理比较方便。由于机械共振体的频率特性尖且频带窄，因此无法响应发动机结构变化引起的爆震频率变化。换句话说，共振型爆震传感器只适用于特定的发动机，不能与其他发动机互换使用，装车自由度很小，美国通用汽车采用了这种传感器。

非共振型爆震传感器的突出优点是适用于所有发动机，装车自由度很大，但其输出电压较低，频率特性平坦且频带较宽，需要配用带通滤波器（只允许特定频带的信号通过，对其他频率的信号进行衰减的滤波器，称为带通滤波器。带通滤波器一般由线圈和电容器组合而成），信号处理比较复杂。中国、日本和欧洲生产的汽车大都采用非共振型爆震传感器。

当发动机发生爆震时，爆震传感器感应到此变化并产生较大的振幅电压信号，来自爆震传感器的含有各种频率的电压信号输入 ECU 中的爆震信号判别电路如图 8-2 所示，先经滤波电路，将爆震信号与其他振动信号分离，只允许特定频率范围内的爆震信号通过；然后将此信号的最大值与爆震强度基准值进行比较，若大于基准值，则将爆震信号电压输入 ECU，表示发生爆震，由 ECU 进行处理。

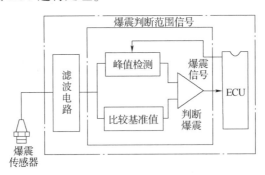

图 8-2 ECU 中的爆震信号判别电路

由于发动机振动频繁而剧烈，因此为了使传感器只检测到爆震信号，从而防止 ECU 发生错误爆震判别，判断爆震信号并非任何时刻都进行，而是有一个判断范围，如图 8-3 所示。限于识别发动机点火后爆震可能发生的一段曲轴转角范围内的振动，只有在该范围内爆震传感器的信号才能被输入比较电路。

第八章　爆震和碰撞传感器

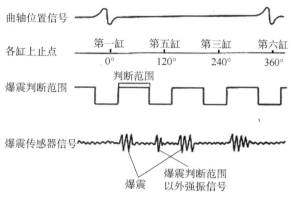

图 8-3　爆震传感器的判断范围

爆震强度则以超过基准值的次数计量，其次数越多，爆震强度越大；次数越少，爆震强度越小，如图 8-4 所示。试验表明，当发动机的负荷低于一定值时，一般不会出现爆震，这时不宜采用控制爆震的方法来调整点火提前角，可采用开环控制的方式控制点火提前角，即此时 ECU 不再检测和分析爆震传感器输入的信号，只根据有关传感器及 ROM 中存储的数据控制点火提前角的大小。而要判断在某一时刻究竟是采用开环控制还是闭环控制，可由 ECU 对负荷传感器送来的信号进行分析和判断。

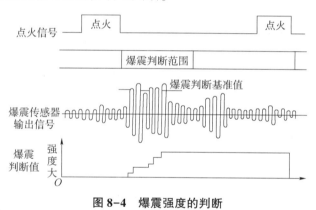

图 8-4　爆震强度的判断

当 ECU 进行闭环控制时，点火提前角的闭环控制如图 8-5 所示。当任何一缸产生爆震时，ECU 立即以某一固定值（1.5°~2.0°曲轴转角）逐渐减小点火提前角，直至发动机不产生爆震为止。然后，在一定的时间内，先维持调整过的点火提前角不变。在此期间内，若又有爆震发生，则继续以固定值减小点火提前角；若无爆震发生，则此段缓冲时间过后，则又开始逐渐以同样的固定值增大点火提前角，直至爆震重新发生，又开始进行上述的反馈控制过程。

二、磁致伸缩式爆震传感器

磁致伸缩式爆震传感器为共振型爆震传感器，其外形与结构如图 8-6 所示，其组成如图 8-7 所示，主要由感应线圈、伸缩杆、永久磁铁和壳体组成。可见其外形与结构和润滑油压力传感器的外形与结构相似，不同的是其旋入发动机缸体部分为实心结构。伸缩杆用高镍合金制成，在其一端设置有永久磁铁，另一端安放在弹性元件上。传感线圈绕制在伸缩杆的周围，线圈两端引出电极与控制线路连接。

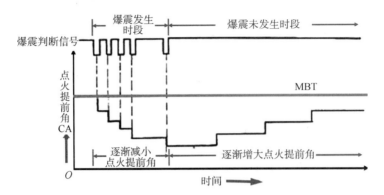

图 8-5 点火提前角的闭环控制

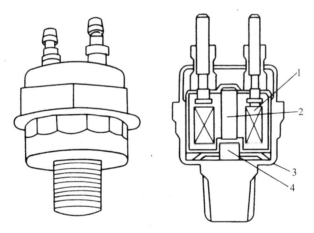

图 8-6 磁致伸缩式爆震传感器的外形与结构
1—绕组；2—铁芯；3—外壳；4—永久磁铁

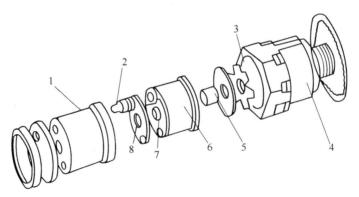

图 8-7 磁致伸缩式爆震传感器的组成
1—软磁套；2—端子；3—弹簧；4—外壳；5—永久磁铁；6—绕组；7—磁致伸缩杆；8—电绝缘体

当发动机缸体产生振动时，传感器的伸缩杆就会随之产生振动，感应线圈中的磁通量就会发生变化，由电磁感应原理可知，线圈中就会感应产生交变电动势，即传感器就有信号电压输出，输出电压高低取决于发动机的振动强度和振动频率。当发动机缸体振动频率为6~8 kHz时，传感器产生共振，振动强度最大，线圈中产生的电压最高，并将这一电压信号输入ECU，其信号波形如图8-8所示。

三、压电式爆震传感器

压电效应就是指当沿着一定方向向某些电介质施力而使其变形时，其内部会发生极化，同时在其表面产生电荷的现象。压电式爆震传感器利用结晶或陶瓷多晶体的压电效应和硅压电效应，把爆震传到缸体上的机械振动转变成电信号。压电式爆震传感器根据振动方式可分为共振型和非共振型两种。共振型爆震传感器是由与爆震几乎具有相同共振频率的振子和能够检测振动压力并将其转换成电信号的压电元件构成的，非共振型爆震传感器用压电元件直接检测爆震信息。

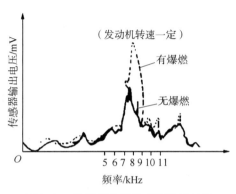

图8-8 共振型爆震传感器信号波形

1. 共振型压电式爆震传感器

共振型压电式爆震传感器如图8-9所示，主要由压电元件5、振荡片4、基座3等组成。压电元件5紧密地贴合在振荡片4上，振荡片则固定在传感器的基座3上。振荡片随发动机振动而振荡，波及压电元件，使其变形而产生电压信号。当发动机爆震，振动频率与振荡片的固有频率相同时，振荡片产生共振，此时压电元件将产生最大的电压信号。共振型压电式爆震传感器的输出特性如图8-10所示，根据此特性曲线，该爆震传感器在发动机爆震时输出的电压比较高，即可判别发动机有无爆震发生。

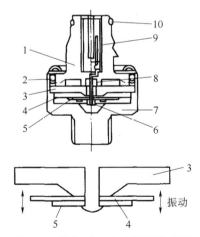

图8-9 共振型压电式爆震传感器

1—插接器；2，10—O形圈；3—基座；4—振荡片；
5—压电元件；6—引线端头；7—外壳；
8—密封剂；9—接线端子

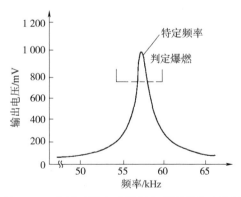

图8-10 共振型压电式爆震传感器的输出特性

2. 非共振型压电式爆震传感器

非共振型压电式爆震传感器由平衡块、压电元件、壳体、电气连接装置等组成。平衡块由螺钉固定在壳体上，两个压电元件同极性相向对接，输出电压由两个压电元件的中央取出。这种传感器与共振型压电式爆震传感器结构的不同之处在于它内部没有振荡片，而是设置了一个平衡块。平衡块以一定的预紧力压紧在压电片上。当发动机发生爆震时，发动机缸体的振动传到爆震传感器壳体上，平衡块就产生了一个与加速度成正比的交变力，壳体与平衡块之间就产生相对运动，使夹在中间的压电元件所承受的压紧力发生变化，压电元件承受推压作用力产生电压，并作为电信号输出。非共振型压电式爆震传感器结构简单，制造时不需要调整。

非共振型压电式爆震传感器的结构及安装位置示意图如图 8-11 所示。非共振型爆震传感器在爆震时的输出电压较未爆震时无明显增加，具有平缓的输出特性，不像共振型爆震传感器在爆震时会输出较高的电压。爆震是否发生是靠滤波器检测传感器输出信号中有无爆震频率来判别的。因此，必须将反映发动机振动频率的输出电压信号输送给识别爆震的滤波器中，以判断发动机是否有爆震产生。

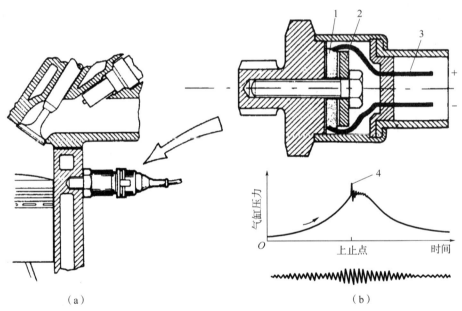

图 8-11 非共振型压电式爆震传感器的结构及安装位置示意图
（a）爆震传感器结构与安装位置；（b）爆震传感器输出信号
1—压电陶瓷片；2—惯性配重（平衡块）；3—输出引线；4—爆震压力波

四、爆震传感器的检测

以 2011 款迈腾轿车为例，2011 款迈腾发动机设有两个爆震传感器。爆震传感器 1（G61，白色插头）安装在缸体进气管侧 1、2 缸之间，用于检测 1、2 缸的爆震情况；爆震传感器 2（G66，蓝色插头）安装在缸体进气管侧 3、4 缸之间，用于检测 3、4 缸的爆震情况。爆震传感器是根据压电原理制成的，传感器由压电陶瓷（压电元件）、平衡块、壳体、导线等组成，2011 款迈腾爆震传感器的结构如图 8-12 所示。2011 款迈腾爆震传感器电路图如图 8-13 所示。

第八章 爆震和碰撞传感器

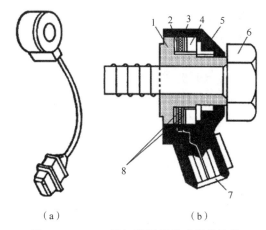

（a）　　　　　　　　　（b）

图 8-12　2011 款迈腾爆震传感器的结构

（a）传感器外形；（b）内部结构

1—套筒底座；2—绝缘垫圈；3—压电元件；4—惯性配重；5—塑料超额分配；6—固定螺栓；7—接线插座；8—电极

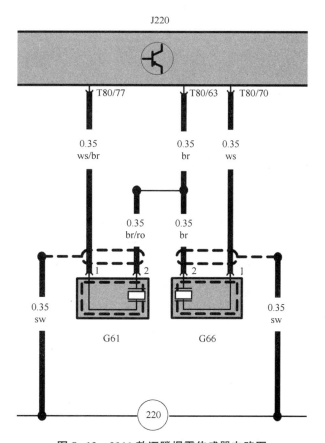

图 8-13　2011 款迈腾爆震传感器电路图

J220—Motronic 控制单元（在排水槽内中部）；J519—车载电网控制单元；G61—爆震传感器 1；G66—爆震传感器 2；
T80—80 芯插头连接；220—连接（在发动机舱线束中（传感器接地））

爆震传感器的检测方法如下。

（1）爆震传感器的随车检查。在进行爆震传感器的检查时，可轻轻敲击该爆震传感器附近的缸体，发动机的转速应随之下降。

（2）用正时灯观察点火提前角的变化。轻轻敲击该爆震传感器附近的缸体，此时如果点火提前角突然向后推迟，然后又向前提前，此现象即说明爆震传感器在起作用，爆震传感器及其线路基本没有问题；反之，则说明爆震传感器或线路出现故障。

（3）在发动机工作过程中，如果爆震传感器发生故障，则监测爆震信号中断，ECU会将点火提前角推迟一定角度，在汽车行驶过程中，驾驶员就会明显感觉到发动机动力不足，这时发动机电控系统会诊断出有故障，并使故障指示灯点亮。

（4）电阻检查。关闭点火开关，分别拔下爆震传感器的3芯插头，用万用表的电阻挡分别测量3芯插头各端子之间的电阻值，各端子间的电阻值都应大于1 MΩ。

（5）检测爆震传感器线束的导通性。关闭点火开关，分别拔下爆震传感器G61、G66的3芯插头，然后拔下ECU J220插头。用万用表电阻挡分别测量爆震传感器G61 2芯插座1、2端子与ECU J220的T80/77、T80/63及G66 2芯插座1、2端子与ECU J220的T80/70、T80/63之间的电阻值，均应小于0.5 Ω。如果电阻值过大或为无穷大，则线束与端子可能接触不良或存在断路，应及时排除。

（6）用专用诊断仪。VAS5052专用诊断仪可通过诊断插座读取有关故障的信息：00524——G61搭铁开路或短路，或者00540——G66搭铁开路或短路。

（7）敲击缸体（人工模拟）。正常情况下，爆震传感器端子间电压大于0.5 V；当发动机正常怠速时，小于0.6 V；当发动机起动时，大于0.5 V；当发动机发生爆震时，大于1.2 V。

（8）爆震传感器安装注意事项。为了避免爆震传感器误传输爆震信号，必须保证爆震传感器固定螺栓的拧紧力矩准确无误。在安装爆震传感器时若紧固转矩过大，爆震传感器感知气缸爆震信号电压太低，从而出现点火过早现象；若紧固转矩过小，爆震传感器会感知气缸爆震信号电压太高，出现点火过迟现象。

第二节　碰撞传感器

一、碰撞传感器的分类

碰撞传感器种类繁多、形式各异，常用的碰撞传感器可按用途与结构进行分类。

1. 按碰撞传感器的用途分类

碰撞传感器相当于一只控制开关，其工作状态取决于汽车碰撞时的减速度大小。碰撞传感器按用途不同，可分为碰撞信号传感器和碰撞防护传感器两种类型。

碰撞信号传感器主要用来检测碰撞强度，又称为碰撞烈度（激烈程度）传感器，安装在汽车左前与右前翼子板内侧，两侧前照灯支架下面，发动机散热器（水箱）支架左、右两侧，左右仪表台下面等。

碰撞防护传感器又称为安全传感器或保险传感器，简称防护传感器，一般都安装在安全气囊系统电控单元（SRS ECU）内部。碰撞防护传感器和碰撞信号传感器的结构原理完全相同，其唯一区别在于设定的减速度阈值有所不同。换句话说，一只碰撞传感器既可用作碰撞信号传感器，也可用作碰撞防护传感器，但是必须重新设定其减速度阈值。设定减速度阈值的原则是碰撞防护传感器的减速度阈值比碰撞信号传感器的减速度阈值稍小。如果汽车以40 km/h的速度与一辆停驶的同样大小的汽车相碰撞，或者以不低于22 km/h的车速迎面撞到一个不可变形的固定障碍物时，碰撞信号传感器便会动作，接通搭铁回路。

2. 按碰撞传感器的结构分类

按传感器结构不同，碰撞传感器可分为机电结合式、水银开关式和电子式三种类型。

机电结合式碰撞传感器是一种利用机械机构运动（滚动或转动）来控制电器触点动作，再由触点断开与闭合来控制气囊点火器电路接通与切断的传感元件，一般安装在发动机舱前纵梁上面（图8-14）。目前常用的碰撞传感器有滚球式、滚轴式和偏心锤式三种。

图8-14　安装在发动机舱前纵梁上的碰撞传感器

水银开关式碰撞传感器是利用水银（汞）导电良好的特性来控制气囊点火器电路接通或切断的，一般用作防护传感器。

电子式碰撞传感器没有电器触点，常用的有压电效应式和电容式两种，一般用作防护传感器。

二、机电结合式碰撞传感器

1. 滚球式碰撞传感器

滚球式碰撞传感器又称为偏压磁铁式碰撞传感器，其结构如图8-15所示，主要由铁质滚球、永久磁铁、导缸、固定触点和壳体组成。

两个触点分别与传感器引线端子连接。滚球用来感测减速度大小，在导缸内可移动或滚动。壳体5上印制有箭头标记，方向与传感器结构有关，有的规定指向汽车前方（如丰田雷克萨斯LS400型轿车），有的规定指向汽车后方，因此在安装传感器时，箭头方

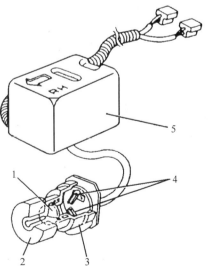

图8-15　滚球式碰撞传感器的结构
1—铁质滚球；2—永久磁铁；3—导缸；
4—固定触点；5—壳体

向必须符合使用说明书规定。

滚球式碰撞传感器工作原理如图 8-16 所示。当传感器处于静止状态时，在永久磁铁磁力作用下，导缸内的滚球被吸向磁铁，两个触点与滚球分离，传感器电路处于断开状态，如图 8-16（a）所示。

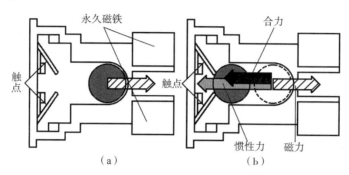

图 8-16　滚球式碰撞传感器工作原理
(a) 静止状态；(b) 工作状态

当汽车遭受碰撞且减速度达到设定阈值时，滚球产生的惯性力将大于永久磁铁的电磁吸力。滚球在惯性力作用下就会克服磁力沿导缸向两个固定触点运动并将固定触点接通，如图 8-16（b）所示。当该传感器用作碰撞信号传感器时，固定触点接通并将碰撞信号输入 SRS ECU；当传感器用作碰撞传感器时，则将点火器电源电路接通。

2. 滚轴式碰撞传感器

滚轴式碰撞传感器的结构如图 8-17 所示，主要由止动销、滚轴、滚动触点、固定触点、底座和片状弹簧组成。

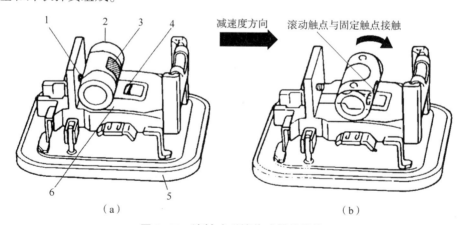

图 8-17　滚轴式碰撞传感器的结构
(a) 静止状态；(b) 工作状态
1—止动销；2—滚轴；3—滚动触点；4—固定触点；5—底座；6—片状弹簧

片状弹簧一端固定在底座上，并与传感器的一个引线端子连接，另一端绕在滚轴上，滚动触点固定在滚轴部分的片状弹簧上，并可随滚轴一起转动。固定触点与片状弹簧绝缘固定在底座上，并与传感器的另一个引线端子连接。

当传感器处于静止状态时，滚轴在片状弹簧的弹力作用下滚向止动销一侧，滚动触点与固定触点处于断开状态，如图8-17（a）所示，传感器电路断开。

当汽车遭受碰撞且减速度达到设定阈值时，滚轴产生的惯性力将大于片状弹簧的弹力。滚轴在惯性力作用下就会克服弹簧弹力向右滚动，滚动触点与固定触点接触，如图8-17（b）所示。

当传感器用作碰撞信号传感器时，滚动触点与固定触点接触则将碰撞信号输入SRS ECU；当传感器用作碰撞防护传感器时，则将点火器电源电路接通。

3. 偏心锤式碰撞传感器

偏心锤式碰撞传感器又称为偏心转子式碰撞传感器。丰田、马自达汽车的SRS均采用了这种传感器，其结构如图8-18所示，它主要由偏心锤、偏心锤臂、转动触点臂、转动触点、固定触点、复位弹簧、挡块、壳体等组成。

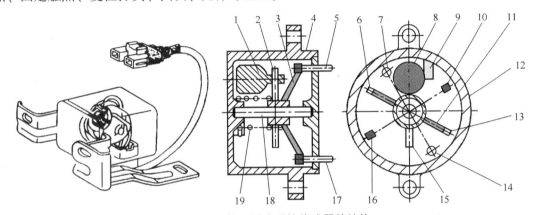

图8-18 偏心锤式碰撞传感器的结构

1，8—偏心锤；2，15—偏心锤臂；3，11—转动触点臂；4，12—壳体；5，7，14，17—固定触点引线端子；6，13—转动触点；9—挡块；10，16—固定触点；18—传感器轴；19—复位弹簧

转子总成由偏心锤、转动触点臂及转动触点组成，安装在传感器轴上。偏心锤安装在偏心锤臂上。转动触点臂两端固定触点，触点随触点臂一起转动。两个固定触点绝缘固定在传感器壳体上，并用导线分别与传感器接线端子连接。

偏心锤式碰撞传感器的工作原理如图8-19所示。当传感器处于静止状态时，在复位弹簧弹力作用下，偏心锤与挡块保持接触，转子总成处于静止状态，转动触点与固定触点断开，如图8-19（a）所示，传感器电路处于断开状态。

当汽车遭受碰撞且减速度达到设定阈值时，偏心锤产生的惯性力矩将大于复位弹簧的弹力力矩，转子总成在惯性力矩作用下克服弹簧力矩沿逆时针方向转动一定角度，同时带动转动触点臂转动，并使转动触点与固定触点接触，如图8-19（b）所示。当传感器用作碰撞信号传感器时，转动触点与固定触点接触，并将碰撞信号输入SRS ECU；当传感器用作碰撞防护传感器时，则将点火器电源电路接通。

三、水银开关式碰撞传感器

水银开关式碰撞传感器利用水银具有良好的导电特性而制成，其结构如图8-20（a）所示，主要由水银、壳体、电极和密封螺塞组成。

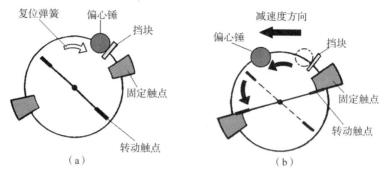

图 8-19 偏心锤式碰撞传感器工作原理
(a) 静止状态；(b) 工作状态

水银开关式碰撞传感器的工作原理如图 8-20（b）所示，当传感器处于静止状态时，水银在其重力作用下处于图 8-20（a）所示的位置，传感器的两个接线端子处于断开状态。当汽车发生碰撞且减速度达到设定阈值时，水银产生的惯性力在其运动方向的分力将克服其重力的分力而将水银抛向传感器电极，使两个电极接通。当传感器用作碰撞信号传感器时，两个电极接通，将碰撞信号输入 SRS ECU；当传感器用作碰撞防护传感器时，则将点火器电源电路接通。

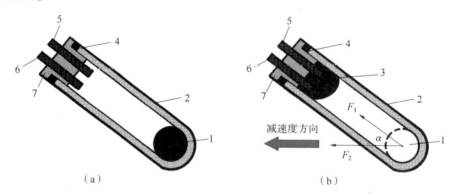

图 8-20 水银开关式碰撞传感器结构及工作状态
(a) 静止状态；(b) 工作状态

1—水银（静态位置）；2—壳体；3—水银（动态位置）；4—密封圈；5—电极（接点火器）；6—电极（接电源）；7—密封螺塞；F_1—水银运动方向分力；F_2—惯性力；α—水银运动方向与水平方向之间的夹角

四、电子式碰撞传感器

电子式碰撞传感器也就是一种压力型传感器，它在车辆发生侧面碰撞时，测量前车门内空气压力的突然变化情况。安全气囊碰撞传感器位于前车门内面板与外面板之间，如图 8-21 所示。这两种压力传感器都带有电子分析机构，传感器与电子分析机构装配在一个壳体内，传感器对车门内部空间的压力变化做出反应，空气通过一个流入通道作用在印制电路板上，印制电路板上的部件对碰撞时产生的压力快速变化做出反应，压力传感器持续测量空气压力。如果该传感器探测到空气压力提高到某一限值之上，就会向 SRS ECU 发送一个信号。传感器失灵时组合仪表内的安全气囊警告灯亮起。

第八章 爆震和碰撞传感器

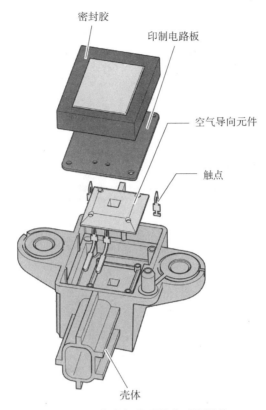

图 8-21 安全气囊碰撞传感器结构

压力传感器按工作原理分成两种，即电容式压力传感器和压电式压力传感器。

（1）压电式压力传感器。如图 8-22 所示，压电式压力传感器的传感器单元由一个密封空腔组成，在这个密封空腔中有一个带有压电晶体的张紧的薄膜。通过施加压力将薄膜压入，从而导致压电晶体中产生电荷位移。该电荷位移作为电压由电子分析装置进行处理，然后作为信号传递给安全气囊控制单元 J234。

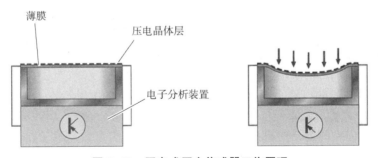

图 8-22 压电式压力传感器工作原理

（2）电容式压力传感器。如图 8-23 所示，电容式压力传感器的传感器单元结构如同一个电容器，电容板 1 安装在密封的空腔中，电容板 2 作为薄膜在空腔中被张紧，如果给薄膜施加压力，则电容板之间的距离 d 会发生变化。这种变化由电子分析装置进行处理，然后作为信号传递给安全气囊控制单元 J234。

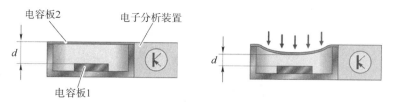

图 8-23　电容式压力传感器工作原理

五、碰撞传感器检测

以丰田卡罗拉前碰撞传感器为例，说明碰撞传感器检测的过程，安全气囊系统电路如图 8-24 所示。

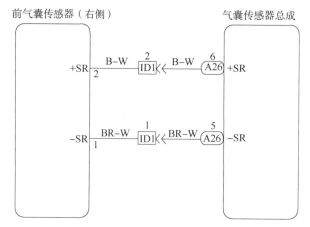

图 8-24　安全气囊系统电路

其检测步骤如下。

(1) 检测右前气囊传感器电路。断开蓄电池负极电缆并等待至少 90 s，断开安全气囊电控单元与右前气囊传感器间的插接器，接回蓄电池负极电缆。将点火开关转至"ON"位置，检测右座椅安全带预张紧器与安全气囊电控单元间的插接器（在安全气囊电控单元侧）端子 A26-6（+SR）与车身间及端子 A26-5（-SR）与车身间的电压，正常应小于 1 V。右前气囊传感器与安全气囊电控单元间的插接器（在安全气囊电控单元侧）端子 A26-6 与车身间及端子 A26-5 与车身间的电阻，正常应为 1 MΩ 或更大。右前气囊传感器插接器端子 2（+SR）与 1（-SR）间的电阻，正常应为 85 Ω。若都正常，则进行下一步检测。

(2) 检测安全气囊电控单元。将点火开关转至"LOCK"位置，断开蓄电池负极电缆并等待至少 90 s，插回右前安全气囊电控单元插接器和安全气囊电控单元插接器，接回蓄电池负极电缆并等待至少 2 s，将点火开关转至"ON"位置并等待至少 90 s，清除 SRS 故障码。将点火开关转至"LOCK"位置并等待至少 20 s，将点火开关转至"ON"位置并等待至少 60 s，读取 SRS 故障码，这时应没有故障码 B11156、B11157。若正常，则用模拟故障症状的方法进行检测；若不正常，则更换安全气囊电控单元。

(3) 检测发动机室主配线。断开蓄电池负极电缆并等待至少 90 s，断开发动机室主配线与右前气囊传感器间的插接器（图 8-25），接回蓄电池负极电缆。将点火开关转至"ON"

位置并等待至少 60 s，检测安全气囊电控单元与发动机室主配线间的插接器（在右前门配线侧）端子+SR 与-SR 的电压，正常应小于 1 V。若正常，则修理或更换仪表板配线。如图 8-26 所示，检测安全气囊电控单元与发动机室主配线间的插接器（在右前门配线侧）端子+SR 与车身间及端子-SR 与车身间的电阻，正常应为 1 MΩ 或更大。若正常，则修理或更换仪表板配线。如图 8-26 所示，检测安全气囊电控单元与发动机室主配线间的插接器（在右前门配线侧）端子+SR 与-SR 的电阻，正常应小于 1 Ω。若正常，则修理或更换仪表板配线；若不正常，则修理或更换发动机室主配线。

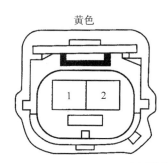

图 8-25　右前气囊传感器插接器

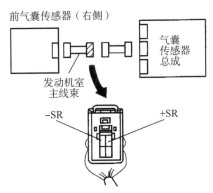

图 8-26　安全气囊电控单元与发动机室主配线间的插接器

第九章 其他类型传感器

△ 汽车传感器与检测技术

第一节 智能型蓄电池传感器

一、工作原理

智能型蓄电池传感器（IBS）内部安装的智能芯片通过电源线 B+ 为其供电，同时提供蓄电池电压信号。其工作时可以连续测量蓄电池电压、蓄电池充电/放电电流、蓄电池电解液温度。智能芯片内部的软件还负责控制相关流程和与发动机 ECU 的通信，通过数据接口将数据传送至发动机 ECU。

车辆处于驻车运行模式时，会以周期形式查询测量值，从而节省能量。IBS 的编程要求是其每 40 s 唤醒 1 次；IBS 的测量持续时间约为 50 ms，测量值记录在 IBS 内的休眠电流直方图中。此外还计算部分蓄电池充电状态（SoC）和健康状态（SoH）。重新起动车辆后，DME/DDE 读取直方图数据。如果出现休眠电流错误，则在 DME/DDE 的故障存储器内进行记录，相关数据通过位串行数据接口传输。IBS 可用于分析蓄电池的当前质量。IBS 带有自身的控制单元，是蓄电池负极接线柱的一个组成部分。

IBS 计算出蓄电池指标（蓄电池指标是指车辆蓄电池的充电和放电电流、电压和温度），作为蓄电池充电和正常状态的基础，使蓄电池的充电和放电电流保持平衡状态。IBS 能始终监控蓄电池的充电状态，蓄电池电量不足时向 DME 发送相关数据；在起动发动机时计算电流特性曲线，以确定蓄电池的正常状态，监控车辆的休眠电流，IBS 具有自诊断功能。

二、结构、安装位置

1. 结构

IBS 是电源管理系统的一个组成部分，安装在蓄电池负极，其结构及外围接线如图 9-1、图 9-2 所示，测量分流器的结构如图 9-3 所示。IBS 由机械、硬件和软件三部分功能元件组成，其机械部分由蓄电池负极接线柱及接地线组成。

IBS 是一个自身带有微型控制器 μC 的智能型蓄电池传感器。

图 9-1　智能型蓄电池传感器的结构

1—蓄电池接线柱；2—测量分流器；3—间隔垫圈；4—螺栓；5—接地线保护

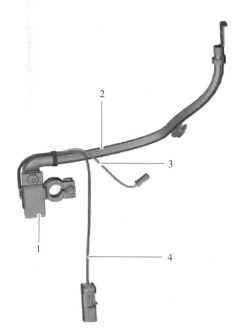

图 9-2　智能型蓄电池传感器的外围连接

1—智能型蓄电池传感器；2—接地导线；3—位串行数据接口（BSD）；4—接口 B+

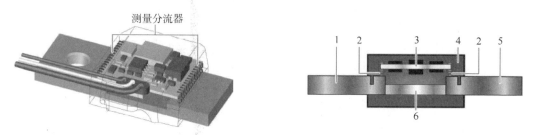

图 9-3　测量分流器的结构

1，5—铜；2—弹簧元件（鸥翼式）；3—带有电子分析装置的印制电路板；4—挤压外壳；6—锰铜

2. 安装位置

IBS 直接安装在蓄电池的负极上，如图 9-4 所示。

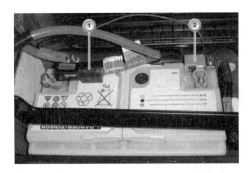

图 9-4 智能型蓄电池传感器的安装位置
1—安全型蓄电池接线柱；2—智能型蓄电池传感器

三、IBS 功能

IBSμC 中软件控制的机械方面功能包括：车身蓄电池负极的电接触；电流测量传感器元件的定位件；硬件的定位件；确保硬件温度传感器和蓄电池负极之间充足的热敏接触；保护敏感电子元件；蓄电池接线柱作为 IBS 接地端。

IBSμC 中的软件控制该功能过程以及与上级控制单元之间的通信联络，与 DME/DDE 的联系通过 BSD 完成。在行驶过程中，DME/DDE 从 IBS 获取数据。

此外，IBS 还集成有以下功能：持续测量车辆每种行驶状态下蓄电池的电流、电压和温度；计算蓄电池指示参数作为蓄电池 SoC 和 SoH 的基础；平衡蓄电池充电/放电电流。

四、电子分析装置

IBS 电子分析装置持续获取测量数据。IBS 利用这些数据来计算蓄电池的电压、电流、温度。IBS 通过 BSD 将这些蓄电池指示参数的数据传递到 DME/DDE，如图 9-5 所示。为了计算蓄电池指示参数，还要同时对蓄电池的充电状态 SoC 进行测量计算，其测量范围如表 9-1 所示。

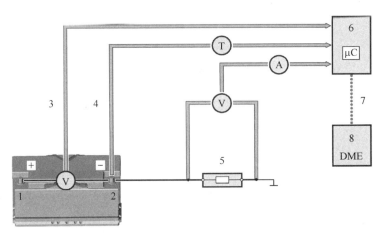

图 9-5 智能型蓄电池传感器控制原理图
1—蓄电池正极；2—蓄电池负极；3—蓄电池电压测量；4—蓄电池温度测量；5—电流测量（分流器上的电压降）；6—IBS 中的微控制器；7—串行数据接口；8—DME

表 9-1 蓄电池的 IBS 测量范围

项目	IBS 测量范围	项目	IBS 测量范围
电压	6~16.5 V	起动电流	0~1 000 A
电流	−200~+200 A	温度	−40~105 ℃
休眠电流	0~10 A		

第二节　扭矩传感器

一、新皇冠电控助力转向系统结构

电控助力转向系统是由转向控制单元控制转向电动机工作来实现助力的转向系统,如图9-6所示。驾驶员操纵转向盘的转向,力矩通过转向齿轮和转向拉杆传到汽车的转向轮上;与此同时,电子控制单元根据目前驾驶员操纵转向盘而产生的转向力矩及当时行驶的车速,计算出所需要的转向助力。而所需的转向助力是通过调整电动机的电压和电流来实现的,所以转向轮上最终得到的转向力矩是驾驶员操纵转向盘所产生的转向力矩和转向电动助力之和(后者远大于前者)。电动转向助力系统直接使用电源,它不消耗发动机的机械动力,故不会直接影响发动机的运转,从而比传统的液压助力转向系统节省燃油。极限位置转动圈数为3.4圈。

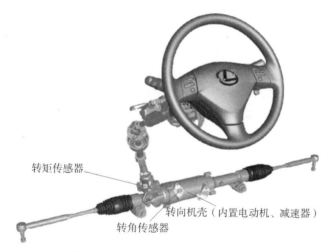

图9-6　电控助力转向系统基本组成

电控助力转向系统主要包括:由转向盘直接驱动的转矩传感器,其下部的小齿轮驱动齿条;转向电动机,装于转向管柱的中部;减速装置,采取与电动机转子内壳配套的循环滚珠式减速齿轮;转角传感器,反映助力电动机的转角和转向;齿条轴的外壳及左右横拉杆。

1. 转矩传感器

转矩传感器包括两部分,分别安装在转向盘的输入轴和转向小齿轮的输出轴上。

(1) 转子部分由上下两层构成,且均装有转矩传感器,如图9-7所示。输入轴和输出轴由一根细金属销连接成一体,转子部分上方有销孔,转矩传感器分解图如图9-8所示,其结构如图9-9所示。输入轴和输出轴两者上部是刚性连接,由汽车转向盘的转轴即输入轴驱动;其下层转子带动小齿轮推动齿条的平移,驱动转向轮左右转向。

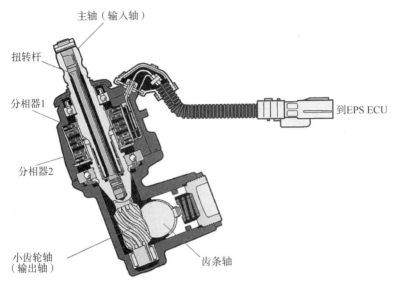

图 9-7 转矩传感器结构

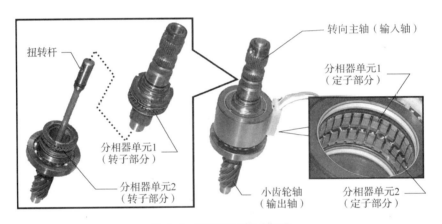

图 9-8 转矩传感器分解图

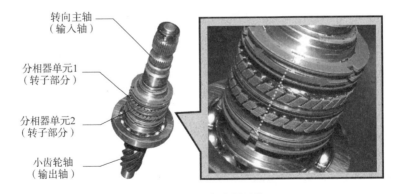

图 9-9 转矩传感器结构

转矩传感器的上层部分由转向盘直接驱动，由于下端没有负载，所以它的转动量与转向盘转轴完全同步。但转矩传感器的下层部分带有转向小齿轮（有一定阻力），中间通过细扭转杆驱动，导致下层转子的转动量相对较小，这就造成上、下层转子在机械上会产生相对角位移差。当汽车转向，在不同的道路条件下遇到不同的转向阻力时，输入轴与输出轴这两个转轴会产生与转向转矩大小相应的角度差。

（2）定子部分亦有上下两层线，分别对应转子的上下部。如图 9-10 所示，定子线圈部分有两种线圈分布，分别是励磁线圈（信号 A）和检测线圈（信号 B），其上共有七根不同颜色的细导线与外界联系。励磁线圈通过电磁感应引起转子部分线圈的励磁作用；检测线圈则将输入、输出轴的上下角差（转向转矩）检测出来，向电子控制单元输送电信号，这个电信号是以定子线圈上的两列正弦波的相位差，反映此时转矩传感器检测到的转矩大小。

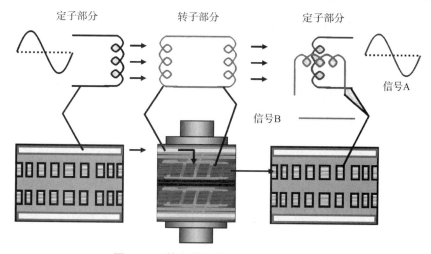

图 9-10 转向转矩传感器的线圈分解图

2. 电动机

转向器中部柱管内壁安装有助力电动机以及减速器，如图 9-11 所示。电动机与齿条轴同心，由转角传感器、定子和转子组成。

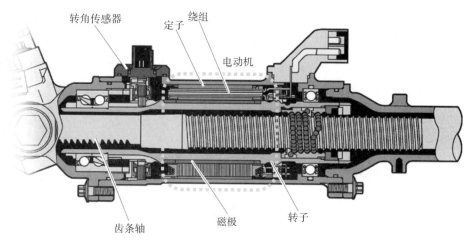

图 9-11 电动机及减速器的结构

助力电动机为无电刷的三相交流电动机，如图 9-12 所示。助力电动机的定子线圈为三相双星形连接（图9-13），电动机转子是强永磁式的。该电动机设计的转动惯量较小，便于汽车行驶时灵活地变转向操作。该电动机改变旋转方向极方便，只是将三相电源任意两相间进行换接即能实现迅速的转向助力操作。另外，该电动机具有低噪声、高转矩等特点，能克服行驶各种道路时的转向阻力，进行灵活转向操作。

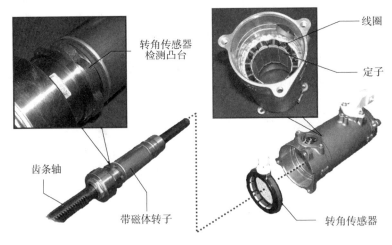

图 9-12 助力电动机

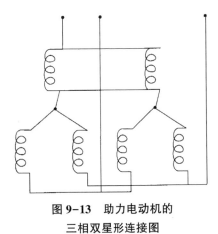

图 9-13 助力电动机的三相双星形连接图

供给助力电动机的电源为 27~34 V 的二相交流电压。电动助力转向控制单元还专门设置有提升电压的逆变器和电感储能线圈，由类似三相桥式能将蓄电池的电压转为 27~34 V 的电路完成。当驾驶员操纵转向盘时，则会自动根据转向阻力大小，输出 27~34 V 范围内的可变电压；当驾驶员未打方向或车辆直线行驶时，电动机不运转，此时电动机的电压为 0 V。

通过控制助力电动机的电流，来控制转向助力的大小。电动助力转向装置的控制单元接收转矩传感器和车速传感器的信号，并且根据转角传感器的数据判断当前车辆行驶状况，决定施加给转向电动机的助力电流大小，转向转矩和辅助动力电流输出间的关系如图 9-14 所示。转向电动机还有过热保护功能，当温度超过规定值，为保护电源和电动机不致过载，此时应限制电动机的助力电流，直至温度下降至规定的允许值为止。

3. 减速机构

为降低转向电动机的转速，以获得更大的力矩，采取了与电动机转子内壳配套的循环滚珠式减速装置。极小的钢珠在四个极光滑的槽内循环滚动减速，如图 9-15 所示，将动力传递给齿条轴做直线运动，推动两个转向轮左右摆动，以驱动汽车进行转向。由于钢珠极小，在精细加工的导槽内循环滚动，故传动噪声极微。

第九章 其他类型传感器

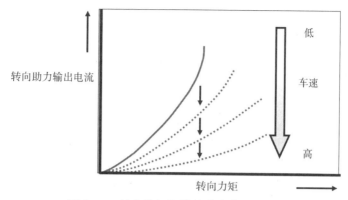

图 9-14 转向转矩和辅助动力电流间关系

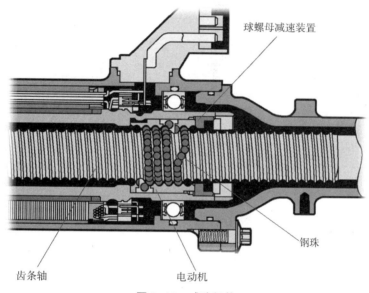

图 9-15 减速机构

二、电控助力转向系统基本工作原理

如图 9-16 所示，当驾驶员操作转向盘，驱动转矩传感器的输入轴，经弹性转矩杆驱动输出轴时，会检测到输入轴与输出轴的转角差。转矩传感器输出电信号，同时输出转向信号到电控助力转向控制电脑；电控助力转向控制电脑根据车速传感器和转矩传感器计算出供给转向电动机的电流，获取助力；钢滚珠和螺母将电动机旋转运动减速后，再转换为直线运动，以降低驾驶员的工作强度；转向控制单元将蓄电池电压提升到 27~34 V，并且转换为三相交流电，增大转向功率；转角传感器反馈转向电动机的转角大小及转动方向到电动机控制电脑。

电控助力控制有以下功能：

（1）基本控制。根据车速和转向转矩计算辅助电流大小，并以此控制电动机运作。

（2）惯性补偿控制。在驾驶员刚开始转动转向盘时改善电动机起始运动。

（3）回复控制。在驾驶员将转向盘打到底后与车轮试图回复的短时间间隔内，控制辅助回复力。

（4）阻尼控制。当驾驶员高速行驶时可打方向调节助力大小，以减缓车身摇移率的改变。

（5）增压控制。在 EPS ECU 中将蓄电池电压增大，当驾驶员未打方向或车辆直线行驶时保持 0 V，并在驾驶员转动转向盘时，根据负荷大小，在输出电压为 27~34 V 时实现增压控制。

（6）系统过热保护控制。根据电流值和持续时间估计电动机温度，如果温度超过标准值，即限制输出电流大小以保护电动机，防止过热损坏。

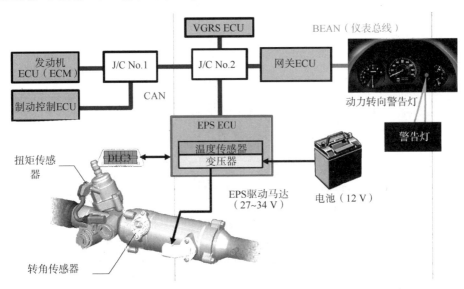

图 9-16　新皇冠电控助力转向系统工作原理

第三节　空气湿度传感器

一、安装位置和作用

各种测试方法表明，尤其是在外界温度很低的情况下，挡风玻璃上部的 1/3 会变得非常冷，因而容易起雾。为了能测量到该区域，空气湿度传感器 G355 安装在后视镜的根部，如图 9-17 所示。

来自除霜器通风口的小量连续气流确保传感器探测区域的空气可以良好地混合，这样就可以认为挡风玻璃上所测位置的空气湿度接近于挡风玻璃的其他位置，如图 9-18 所示。空气通过传感器壳体上的一个空气缝隙到达传感器表面。若空气缝隙中有脏物，则会导致传感器故障。

为了能够进行自动除霜功能的自适应控制，该传感器检测三个测量值，即空气湿度、传感器处的相关温度以及挡风玻璃温度。所有功能都集中在传感器壳体中。

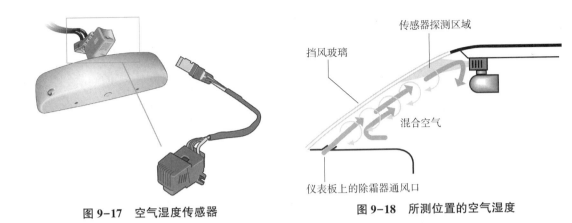

图 9-17　空气湿度传感器　　　　　图 9-18　所测位置的空气湿度

二、空气湿度的测量

测量空气湿度就是确定座舱内气态水（水蒸气）所占的比例，空气吸收水蒸气的能力取决于空气温度，这就是为什么在测量湿度等级时必须确定相关的空气温度。空气越热，吸收的水蒸气就越多。若富含水蒸气的空气冷却下来，水分就会冷凝，形成细小水滴并附着在挡风玻璃上。湿度是通过薄层电容传感器测量的，该传感器的工作模式等同于平行极板电容器。

电容器的电容即存储电能的容量，取决于电容极板的表面积、间隔以及两极板之间填充材料的特性，此材料叫作电介质，如图 9-19 所示。这种特殊的电容器可以吸收水蒸气，吸收的水蒸气改变了电介质的电气特性，从而改变了电容器的电容量，所以测得的电容值就表示了空气湿度。传感器电子装置将所测得的电容值转换成电压信号，如图 9-20 所示。

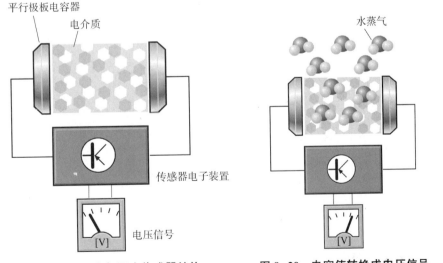

图 9-19　空气湿度传感器结构　　　　图 9-20　电容值转换成电压信号

三、传感器的温度测量

1. 基本物理原理

为了确定空气湿度，湿度位置附近的温度也必须确定。此相关温度是很重要的，因为空气湿度非常依赖空气的温度。

若湿度测量点距温度测量点太远，则该空气湿度可能不准确，因为温度的差异会导致湿度的不同。

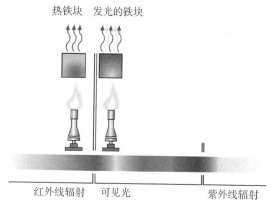

图 9-21 吸收红外线辐射

2. 测量挡风玻璃温度

每个物体都会以电磁辐射的方式与周围环境交换热量。此电磁辐射可能含有红外线范围、可见光范围或紫外线范围内的热辐射。但是，这三种范围的辐射只是整个电磁光谱的一小部分。辐射是"吸收"和"发射"。

例如，一块铁可能吸收红外线辐射，如图 9-21 所示，它会变热，即这块铁也重新发射红外线。如果继续加热这块铁，它会发亮，此时它会发射可见光范围内的电磁辐射以及红外线范围内的辐射。

由于物体自身温度不同，所发射的辐射成分可能会有变化。例如，若物体的温度变化，发出的辐射中的红外线部分也会变化。这样通过测量辐射出来的红外线，就可以无接触地测量物体温度。测量一个物体（这里是挡风玻璃）的红外线辐射，是用一个高灵敏度的红外线辐射传感器进行的，如图 9-22 所示。

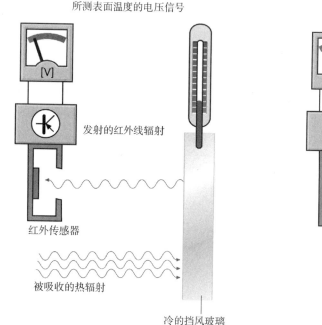
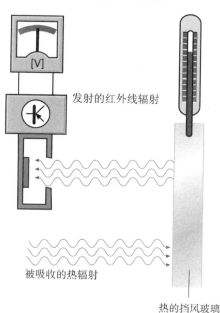

图 9-22 所测表面温度电压信号

若挡风玻璃的温度发生变化,在平垫圈发出的热辐射中,其红外线部分也会变化。该传感器检测这种变化,并且传感器电子装置将其转换成电压信号。

四、空气湿度传感器电路图

奥迪 Q5、A5、A4 等车型采用空气湿度传感器,传感器的电压在 0~5 V 范围内线性变化,因此,通过湿敏电容湿度传感器测得相对湿度值,其连接电路如图 9-23 所示。

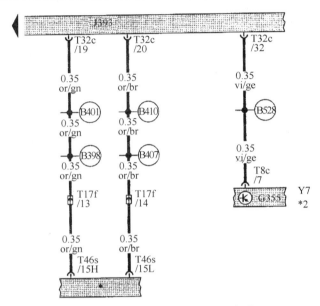

图 9-23　空气湿度传感器连接电路

G355—空气湿度传感器;J393—舒适/便捷系统的中央控制单元;Y7—自动防眩的车内后视镜

第四节　日照光电传感器

一、结构

日照光电传感器用于汽车自动空调控制系统中,该传感器由自动空调提供 5 V 电压,位于仪表板中部除霜出风口前的一个盖板下方。由于它不受环境温度的影响,能够准确地检测出日光照射量的变化,把日光照射量转化为电流,根据电流的大小判断日光照射量,并把信息送入自动空调控制单元,使自动空调控制单元根据此信号调整车内空调吹出的风量与温度。如图 9-24 所示,日照光电传感器主要由壳体、滤光片及光敏二极管组成,通过光敏二极管可检测出日光照射量的变化。光敏二极管对日光照射量的变化反应敏感,而自身不受温度的影响,将日光照射量的变化转换成电流变化,根据电流的大小就可以知道准确的日光照射量。

在日照光电传感器中,若某个光敏二极管损坏,空调控制系统将参考仍能正常工作的光敏二极管的信号,调用一个固定的替代值作为控制参量;若两个光敏二极管均损坏,空调控制系统将用两个固定替代值作为控制参量,以维持空调系统的正常工作。不过,此时空调系统的控制精度会有一定程度的变化。

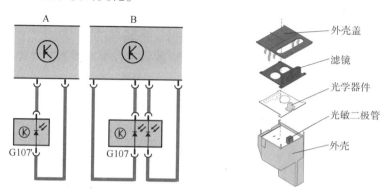

图 9-24 日照光电传感器电路及结构

二、原理

日照光电传感器的检测机理如图 9-25 所示,传感器壳体含有两个光敏二极管与一个光学元件。该光学元件分为两个腔室,每个腔室各含一个光敏二极管。当太阳光从左侧照射到传感器上时,光学元件本身的特性会使射线集中到左侧的光敏二极管上。因此,左侧的光敏二极管上产生的电流会大于右侧光敏二极管上产生的电流。当日光从右侧照射时,右侧光敏二极管上产生的电流会明显大丁左侧光敏二极管上产生的电流。因此,自动空调控制单元就可以判断出车内的哪一侧正在受日光照射的影响而升温,并采用相应的控制措施。

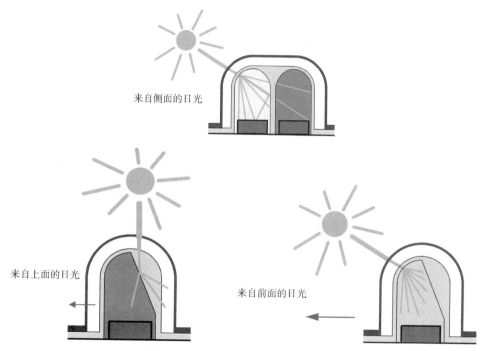

图 9-25 日照光电传感器的检测机理

三、检测

（1）拆下仪表板上的杂物箱，拔下日照光电传感器导线连接器，将点火开关打到"ON"位置，用布遮住传感器，然后用灯光照射日照光电传感器，测量日照光电传感器连接器端子 1 与 2 之间的电压值，在正常情况下，电压值应为 4.0~4.5 V，随着灯光逐渐远离，电压减小，但不应超过 4.0 V。

（2）用布遮住日照光电传感器，测量连接器端子 1 与 2 之间的电阻值，在正常情况下应为不导通（阻值为无穷大）。将日照光电传感器的遮布移开，使其受灯光照射，检测端子 1 和 2 之间的电阻值，应为 4 kΩ（灯光移开，电阻随之下降）。日照光电传感器连接电路如图 9-26 所示，在正常情况下两根导线阻值应小于 0.5 Ω。

另外，还可以拔下日照光电传感器连接器，连接好蓄电池和电流表，将传感器放在强光区，测量端子 2 与蓄电池负极间的电流；再将传感器放在弱光区，测量端子 2 与蓄电池正极间的电流。测量结果应为强光区电流大于弱光区电流，若不符合规定，则应更换该传感器。

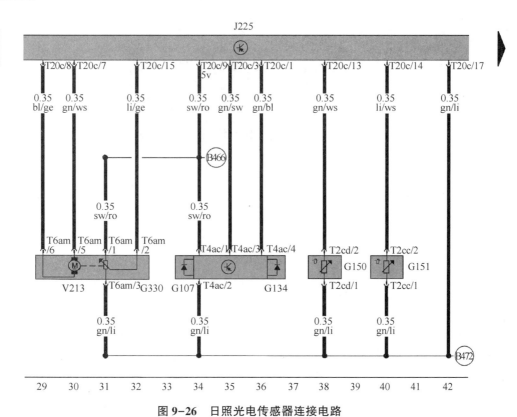

图 9-26　日照光电传感器连接电路

G107—日照光电传感器；G134—日照光电传感器 2；G150—左侧出风口温度传感器；
G151—右侧出风口温度传感器；G330—间接通风翻板伺服电动机的电位计；
J255—全自动空调控制单元；V213—间接通风翻板伺服电动机

第五节 其他传感器

一、车身高度传感器

1. 安装位置

帕萨特车配置的 DCC 自适应底盘控制系统安装有三个车身高度传感器,分别为左前车身高度传感器 G78、右前车身高度传感器 G289(图 9-27)和左后车身高度传感器 G76(图 9-28)。车身高度传感器又被称为转动角度传感器,它们安装在减震器附近,并通过连接杆与横摆臂灵活连接。

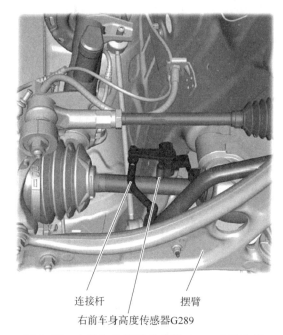

图 9-27 右前车身高度传感器 G289 安装位置

根据前后车桥的横摆臂以及连接杆的移动得出的车轮弹跳行程被传递至车身高度传感器,并被换算成转动角。转动角度传感器在静态磁场中工作,并遵循霍尔法则。信号输出为减震器控制提供了一个与角度成比例的 PWM 信号(脉冲宽度调制信号)。

三个车身高度传感器本身是完全一样的,只是安装方式、连接杆及动力学特性会根据安装位置及车桥而各不相同。

2. 结构

如图 9-29 所示,车身高度传感器被设计成一种双腔室系统。车身高度传感器一边(腔室 1)装备了转子,而另一边(腔室 2)则装备了带有定子的电路板。转子和定子是分别安装的,因此它们可独立密封。转子包含了一根黏合了稀土磁铁的无磁性不锈钢轴,稀土磁铁可用于强磁场且要求磁铁尺寸极小的场合。

第九章　其他类型传感器

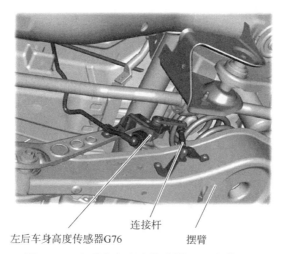

图 9-28　左后车身高度传感器 G76 安装位置

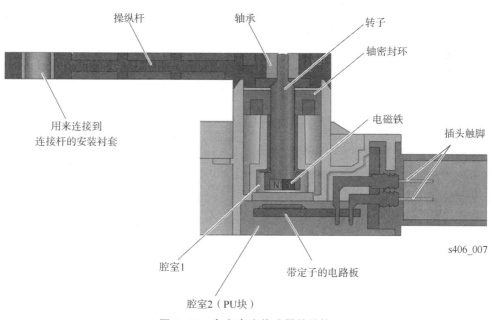

图 9-29　车身高度传感器的结构

转子通过操纵杆连接到连接杆上，操纵杆也用来驱动转子。转子安装在操纵杆内的轴密封环里面，这样能有效地保护机件不受其他零件的干扰。定子由一个霍尔传感器组成，并被安装在电路板上。电路板由 PU 块（聚氨酯）塑成，这样能保护其不受外部的干扰。

3. 功能

磁力线通过霍尔（效应）板被传输并放大。车身高度传感器与传统的霍尔传感器不同的是，这些元件能够释放出特殊的正弦和余弦信号（图9-30），信号在电路板的集成电路中被转化，使得车身高度的变化能够被电控减震控制单元 J250 所识别。

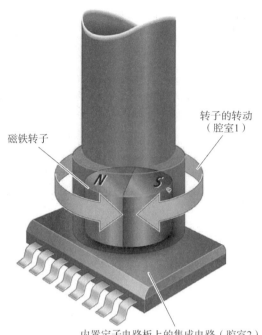

图 9-30　车身高度传感器的结构

二、车身加速传感器

帕萨特车配置的 DCC 自适应底盘控制系统安装有三个车身加速传感器，分别是左前车身加速传感器 G341、右前车身加速传感器 G342 和后部车身加速传感器 G343。

1. 安装位置

车身加速传感器测定车身的垂直加速度。左前车身加速传感器 G341（图 9-31）和右前车身加速传感器 G342 安装在车身上，靠近减震器的顶部。后部车身加速传感器 G343（图 9-32）则安装在左后减震器顶部的旁边。

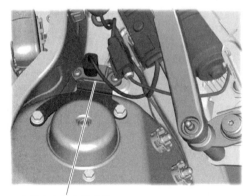

图 9-31　左前车身加速传感器 G341 安装位置

图 9-32　后部车身加速传感器 G343 安装位置

2. 结构与功能

如图 9-33 所示，车身加速传感器是根据电容测定法则来工作的。弹性模块 m 作为一个中间电极在电容器两极板间振动，使 C_1 和 C_2 电容器的电容量相应变化，变化的节奏与振动的节奏相反。当一个电容器的极板间距 d_1 增大一定量时，另一个电容器的极板间距 d_2 也相应地减少了这个量，从而改变了各电容器的电容量。一个电子评估系统向电控减震控制单元 J250 输送一个模拟信号电压。

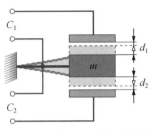

图 9-33　车身加速传感器的电容测定法则

传感器的测定范围是 $\pm 1.6g$（g 是重力加速度，$g = 9.81 \text{ m/s}^2$）。

三、主动巡航控制传感器

大众辉腾车的主动巡航控制系统在汽车前部安装了一个雷达测距传感器，用来收集交通情况，它可识别前方大约 130 m 的行驶汽车。在前方无车的道路上，主动巡航控制系统的作用如同一部定速巡航装置，它保持本车按照存储的期望车速行驶。如果距前方行驶的汽车过近，主动巡航控制系统便会相应降低本车速度，以保持足够的安全距离。如果前方行驶的汽车加速，主动巡航控制系统也会加速（最高不超过设定的期望车速）。在某些行驶状况下，需要踩下脚制动器对本车制动，以便保持与前方行驶汽车有足够的安全距离或避免追尾。

如果将本车转到超车道上且识别到前方没有汽车，主动巡航控制系统便会加速到设定的期望车速，然后保持此车速恒速行驶。驾驶员可以随时踩下加速踏板，以提高车速，松开加速踏板后，该装置会将车速重新调回此前已存储的车速。

1. 传感器结构

主动巡航控制传感器的外部结构如图 9-34，其内部结构与波形如图 9-35 所示，主动巡航控制传感器基于雷达技术。雷达采用电磁波，以光速传播。频率在 30~150 GHz 范围内的波被称为微波。本传感器的发射频率为 76.5 GHz，波长为 3.92 mm。

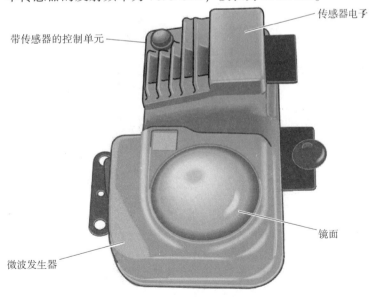

图 9-34　主动巡航控制传感器的外部结构

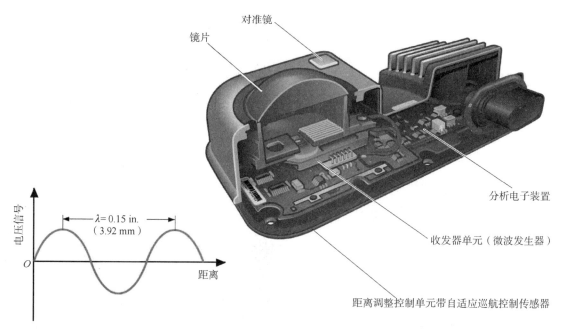

图 9-35　主动巡航控制传感器的内部结构及波形

具有高运算能力的微处理器集成在传感器中，其执行道路预测、相关物体的选择、距离和速度控制、激活发动机控制单元、制动助力器和仪表以及自诊断等方面的计算。

2. 传感器调整

主动巡航控制传感器的位置调整如图 9-36 所示。传感器调整的方法为调节右侧的两个调节螺栓 S1 和 S2。左侧还有一个单独的螺栓拧在球头上，作为传感器的第三个紧固点。紧固螺栓每转一圈有 6 个调整位置，S1 和 S2 一起均匀旋转负责水平调整传感器，单独旋转 S2 负责调整垂直位置。

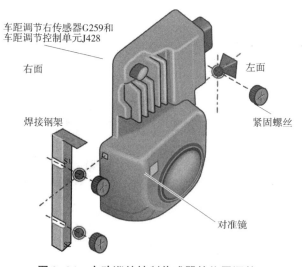

图 9-36　主动巡航控制传感器的位置调整

主动巡航控制传感器校准方法如图9-37所示,激光器从目标板上发射激光到ACC调整装置的设置镜上,并反射到目标板上。在激光发射器和主动巡航控制传感器之间放置了一个目标盘,目标盘有一个中心孔,激光穿过其中照射到巡航控制传感器的对齐镜上。当调整悬架时,测试台的测量装置与驱动轴线平行对齐,使用前桥传感器与后桥传感器来调整ACC调整装置与驱动轴线对齐。

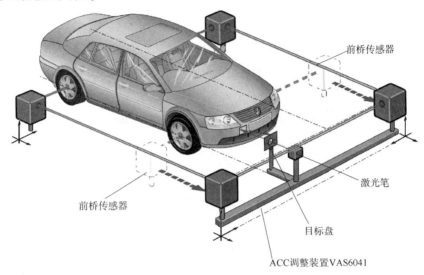

图9-37 主动巡航控制传感器校准方法

如图9-38所示,当主动巡航控制传感器校准时,激光束经中心孔反射到目标盘上。如果传感器未对齐,激光束被打到目标盘四个象限之一,但通过调整螺钉可使激光束反射通过目标盘。

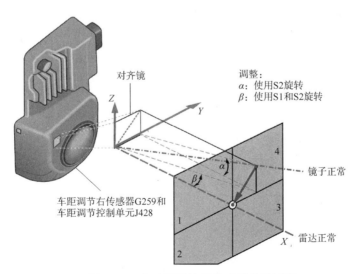

图9-38 主动巡航控制传感器校准过程

在水平面上,高度的调整精度是必需的。如果仅需粗调,可使用调整螺丝,而精确的调整必须在驾驶过程中,使用控制单元内的电子系统来执行。

数据流：AZOF 水平面的指示误差=方向偏移 ELOF 垂直平面内的指示误差=海波偏移。

四、燃油油面高度传感器

1. 结构

奥迪 A8 燃油油面的高度是由两个浸入式传感器和两个旋转角传感器来感知的。旋转角传感器的结构是新的，它是电磁被动式位置传感器，如图 9-39 所示。

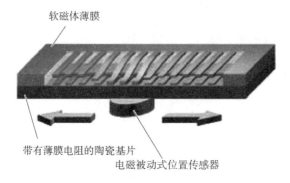

图 9-39　电磁被动式位置传感器

陶瓷基片有 51 个串联的薄膜电阻，每个电阻都有自己的分接头，离这些分接头很近（距离很小）处有一个软磁体薄膜，其上带有相同数量的弹性触点。

陶瓷基片下面的电磁被动式位置传感器会将弹性触点拉到分接头上，输出的电信号根据磁铁的位置会成比例地变化。由于使用了电磁耦合，所以测量系统可以获得极好的密封性。该测量系统是非接触式的，所以使用寿命长，可防止脏污和污物沉积，接触电流小。

2. 确定油位高度

燃油油面高度是由浸入式传感器和旋转角传感器信号的逻辑电路来确定的。当燃油油面较低时，只由旋转角传感器的测量值来确定燃油油面高度；当燃油油面较高时，只由浸入式传感器的测量值来确定燃油油面高度；当燃油油面处于中间位置时，由所有传感器信号的逻辑电路来确定燃油油面高度，如图 9-40 所示。传感器信号由组合仪表进行分析，所有传感器是并联在一起的。

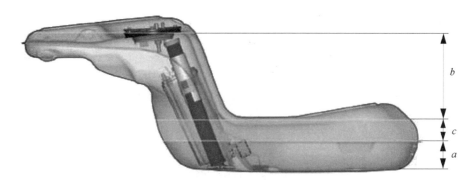

图 9-40　油位高度

连接导线在油箱下面汇集在一起，这样在测量电阻时就不需要进一步拆卸，各传感器位置如图 9-41 所示。

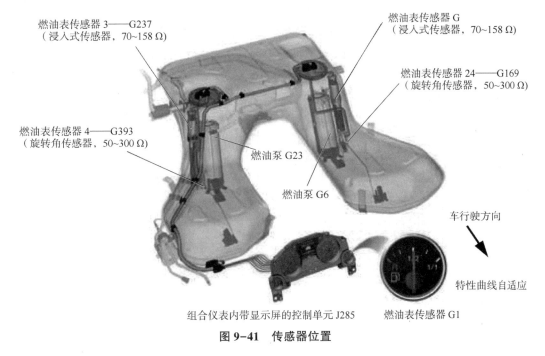

图 9-41　传感器位置

五、GPS 导航转角传感器

1. 作用

如图 9-42 所示，GPS 导航转角传感器位于无线电导航系统的壳体中。转角传感器记录车辆在行进方向上的左右变化，具有尺寸紧凑、精度更高、无须校准以及抗磁场干扰等优点。

当车辆改变其行进方向（图 9-43）时，它绕其垂直轴线转动。转角传感器探测到这个旋转动作，并通知导航控制单元，导航控制单元计算方向改变的角度。为了区分正向和反向运动，控制单元从倒车灯开关接收信号，依旧需要计算行进的距离，以计算曲线半径，这由 ABS 轮速传感器的轮速脉冲帮助确定。

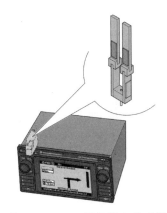

图 9-42　GPS 导航转角传感器

图 9-43　车辆改变行进方向时

2. 结构

如图 9-44 所示，转角传感器的形状像一个音叉，元件被设计成两叉式摆动机构。当点火开关接通时，电压被施加到下部压电元件，它们开始振动，振动被传送到两叉上。如图 9-45 所示，当车辆改变方向（如转弯）时，科氏力作用在传感器的振动叉上。科氏力与车辆绕转向轴转动的方向相反。音叉的上部侧向摆动，从而弯曲，音叉的变形传递到上部压电元件，从而在压电元件上产生一个电压，导航控制单元根据这个电压大小计算行进的方向变化。

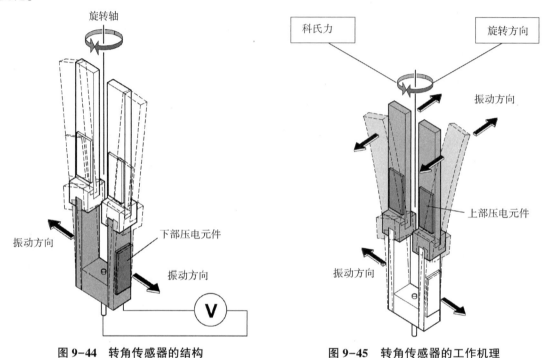

图 9-44 转角传感器的结构   图 9-45 转角传感器的工作机理

（1）转弯时。如图 9-46 所示，当车辆转弯时，音叉的上部受科氏力作用而弯曲。转角传感器的上部压电元件产生一个电压，电压的大小与行驶方向的改变有关。例如，当从左向右变向时，电压将会改变。

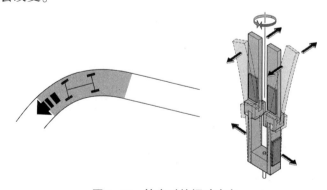

图 9-46 转弯时的振动方向

（2）直线行驶时。如图 9-47 所示，当车辆直线行驶时，没有科氏力，音叉的上部没有弯曲，压电元件便不会产生电压。

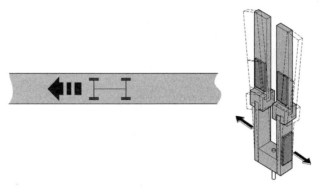

图 9-47　直线行驶时的振动方向

六、偏转率传感器

1. 作用

偏转率传感器 G202 的安装位置也应尽量离车的重心近一些，如有的车上该传感器位于左前脚坑的舒适系统中央控制单元前，偏转率传感器 G202 的外形如图 9-48 所示。偏转率传感器在 BOSCH 系统上使用的是组合传感器，而在 ITT 系统上使用的是两个独立的传感器，可分别单独更换。偏转率传感器通过三根导线与控制单元 J104 相连，如图 9-49 所示。

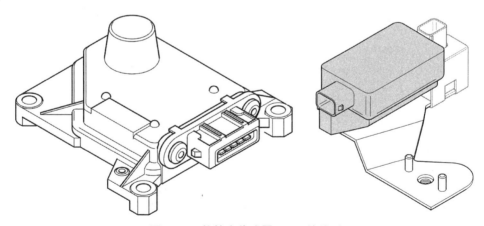

图 9-48　偏转率传感器 G202 的外形

如果没有偏转率传感器信号，控制单元就无法识别出车辆是否有离心趋势，ESP 功能也就失效了。在诊断中系统将确定是否有导线断路及是否对地/正极短路，还将进一步确定传感器信号是否可靠。

偏转率传感器是从宇航技术借用来的，用来确定物体上是否作用有转矩，按照安装位置就能确定绕空间某一轴的转动。在 ESP 系统中，该传感器用于确定车辆是否绕垂直轴线转动，人们把这个过程称作偏转率或旋转率的测量。

2. 结构和功能

(1) 压电式偏转率传感器。如图9-50所示,压电式偏转率传感器G202的基本组件是一个小的金属空心圆筒,其上有八个压电元件,其中四个使空心圆筒处于谐振状态,另外四个用于监控作用在圆筒上的振荡波节是否改变。

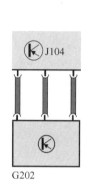

图 9-49 偏转率传感器电路

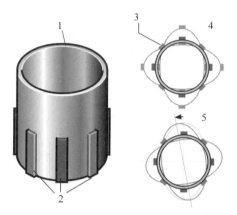

图 9-50 压电式偏转率传感器 G202 的结构原理
1—金属空心圆筒；2—压电元件；3—振荡波节；
4—处于谐振状态的四个空心圆筒；5—振荡波节的移动

如果空心圆筒上作用有转矩,振荡波节就会改变。振荡波节移动时,起监控作用的压电元件会测量到这个改变并通知控制单元,于是控制单元就可以计算出偏转率了。

(2) 音叉式偏转率传感器。音叉式偏转率传感器的基本组件是一个由硅单晶体制成的双音叉微机械系统,该系统在一个小电子部件内,这个电子部件装在传感器片上。

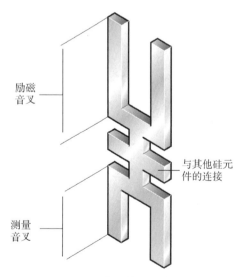

图 9-51 双音叉的结构简化图

双音叉的结构简化图如图9-51所示,双音叉在其"腰部"处与其他硅元件相连,此处未画出这部分。双音叉由一个励磁音叉和一个测量音叉构成。

如图9-52(a)所示,通上交流电压后,硅质音叉会产生谐振。这两个音叉是这样设定的:励磁音叉以11 kHz谐振,测量音叉以11.33 kHz谐振。因此,若双音叉上作用有11 kHz交流电压时,励磁音叉发生谐振,而测量音叉不会发生谐振。发生谐振的音叉对作用力的反应慢于无谐振的音叉。

如图9-52(b)所示,当双音叉的另一半和传感器与车辆一同在旋转加速度作用下运动时,双音叉中发生振动部分的反应滞后了,因此双音叉会像木塞起子那样扭动。这种扭动会引起音叉上电荷分布的改变,电极可测出这个改变,传感器将其处理后作为信号传给控制单元。

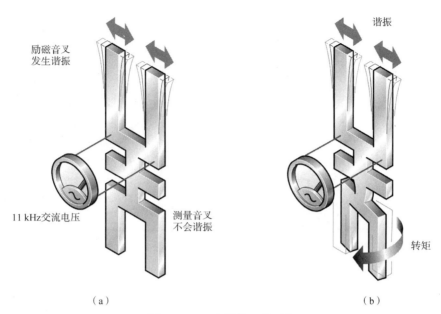

图 9-52 双音叉的工作过程

七、玻璃破碎传感器

1. 结构

在旅行车上,通过保持导体回路的方式来监控窗户。旅行车的监控部位如图 9-53 所示。玻璃破碎传感器监测后侧车窗的每个导体回路、后窗玻璃电热丝,其控制电路如图 9-54 所示。如果信号失效,前窗窗户的内部监控器仍然有效。

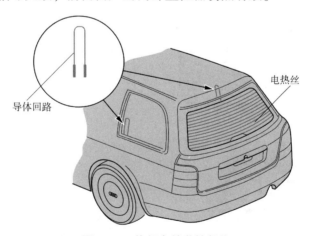

图 9-53 旅行车的监控部位

2. 控制过程

系统激活后,有小电流流过(图 9-55)。若打碎了玻璃,导体回路会被破坏(图 9-56),电流被中断(图 9-57)。

超声波传感器控制单元(图 9-58)用于检测中断,并发送信号到防盗控制单元,用于防盗报警。防盗控制单元(图 9-59)触发听觉和视觉报警。

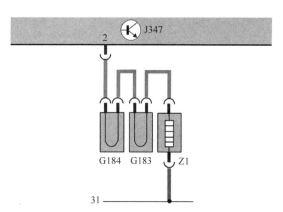

图 9-54 玻璃破碎传感器监控电路

G183—玻璃破碎传感器（边窗，左后）；G184—玻璃破碎传感器（边窗，右后）；J347—超声波传感器控制单元；Z1—可加热后风窗

图 9-55 系统激活后，有小电流流过

图 9-56 打碎玻璃，导体回路被破坏

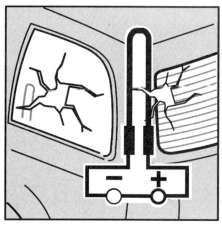

图 9-57 电流被中断

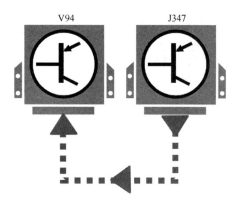

图 9-58 超声波传感器控制单元

图 9-59 防盗控制单元

参 考 文 献

[1] 吴文琳,林瑞玉. 轻松掌握汽车传感器识别与检测 [M]. 北京:化学工业出版社,2020.

[2] 于海东. 汽车传感器入门到精通全图解 [M]. 北京:化学工业出版社,2018.

[3] 周晓飞. 汽车传感器维修百日通 [M]. 北京:化学工业出版社,2019.

[4] 李伟. 新型汽车传感器、执行器原理与故障检测 [M]. 北京:机械工业出版社,2013.

[5] 文恺. 汽车传感器图解大全 [M]. 北京:化学工业出版社,2018.

[6] 何金戈. 汽车传感器原理与检修 [M]. 2版. 北京:化学工业出版社,2017.

[7] 姚科业. 汽车传感器识别检测拆装维修 [M]. 北京:化学工业出版社,2017.

[8] 李伟. 新款汽车传感器检测与维修 [M]. 北京:化学工业出版社,2017.

[9] 杨维俊. 图解汽车传感器维修技术 [M]. 北京:化学工业出版社,2017.

[10] 李能飞. 汽车传感器检测与维修快速入门60天 [M]. 北京:机械工业出版社,2017.

[11] 林瑞玉,吴文琳. 汽车传感器检修500问 [M]. 北京:化学工业出版社,2016.

[12] 吴文琳. 汽车传感器原理与检修 [M]. 北京:机械工业出版社,2013.